Corazón de mujer

[Un libro que ayuda a las mujeres a conectar con su auténtico poder interior para superar la violencia, el maltrato o el machismo que las rodea]

Con poemas de María Castejón, extraídos de su libro *Filosofía del Alma*

María Castejón y José Luis de Montsegur

KOLIMA BOOKS

Título original: *Corazón de Mujer*

Primera edición: Diciembre 2015
© 2015 Editorial Kolima, Madrid
www.editorialkolima.com

Autores: María Castejón y José Luis de Montsegur
Dirección editorial: Marta Prieto Asirón
Maquetación de cubierta: Patricia Fuentes
Collage de portada: Annita Klimt
Maquetación: Rocío Aguilar y Alejandro Juárez
Impresión: Cimapress

ISBN: 978-84-163644-5-9
Depósito legal: M-36204-2015
Impreso en España

Mujeres de todo el planeta dadoras de vida y amor
al igual que la madre tierra, tenemos
el don de la fuerza y el arte;
de regeneración continua, que desde el fondo renace.
Al igual que la resiliente ave Fénix, salimos fortalecidas
de vivencias límites y mensajes castradores,
que anulaban nuestra vida.

Todas hemos de saber, que el músculo no tiene poder.
El miedo no dominará a nadie si instauramos en nosotras
la conciencia de libertad, el coraje y el perdón
y una palabra preciosa ¡¡NO!! a toda
manipulación y chantaje.
Unidas desde el corazón, latiremos al
unísono, desde el más profundo yo.

El amor de cada mujer, ha de ser el amor propio.
Y ese amor vale la alegría y no la pena y la tristeza
reconociendo tu fuerza centrípeta y diluyendo el acoso,
construiremos caminos transitables para todas, para todos
con la firmeza de nuestro Ser en la existencia.

Afianzar vuestros pasos mujeres de todo el mundo.
Con nuestras manos unidas, no habrá
fuerza bruta ni opresión sutil
que rasgue nuestros sentimientos u
obstaculice nuestro fluir.
Con la mochila vacía de desprecios y culpabilidad,
levitaremos jugando, al descubrir nuestra potente libertad.

¡¡CANTO A LA LIBERTAD DE LAS MUJERES!!

Prólogo

Si miramos a nuestro alrededor, por muy mal informados que estemos sobre política, religión o sobre el devenir histórico-social, respiramos una información subliminal machacante, sutil y eminentemente machista. Aunque a veces no nos demos cuenta de ello conscientemente, las mujeres sí que percibimos un desequilibrio que nos inquieta y molesta sin saber muy bien por qué; no sólo en nuestro entorno vital más próximo, sino también de manera global, aunque no vivamos (afortunadamente) en esos países donde el fanatismo religioso y el aplastante peso de las tradiciones construyen hombres que consideran a las creen que mujeres como seres inferiores a las que creen que deben dirigir, reprimir y dominar en todos los aspectos de la vida.

Todavía hoy, en los comienzos del siglo XXI, en el tercer milenio de la conmemoración del nacimiento de Jesucristo, en esos países una mujer puede ser cruelmente aniquilada sin posibilidad de defensa alguna por tomarse una pequeña «libertad» respecto a lo que prescriben las reglas sociales y religiosas.

Sin ir tan lejos, decenas de mujeres son asesinadas anualmente en la España moderna a manos de sus parejas sentimentales, y los expertos calculan que existen en este país unos dos millones de mujeres que sufren malos tratos físicos o psicológicos. No hablemos ya de lo que les ocurre a miles de mujeres en el resto de la «avanzada» Europa donde países con un alto nivel de vida tienen récords de denuncias por violencia de género.

La idea de escribir un libro sobre el problema social de discriminación y maltrato de las mujeres se me ocurrió a raíz de mis repetidas consultas con clientas desorientadas y dolidas, con problemas de violencia de género en sus vidas. Pero al desear hacer un trabajo equilibrado me surgió la idea de escribir este libro con la colaboración de mi pareja, José Luis de Montsegur, psicólogo y autor de cuatro libros hasta el momento, dedicados a intentar despertar la conciencia. Al co-escribir este libro, centrado en la memoria histórica de la mujer pero que también puedan y deban leer los hombres conjuntamente con José Luis, el componente yin-yang de la obra queda más completo. La alegría interior que me causó la idea de emprender este proyecto dedicado a la mujer fue profunda y luminosa.

Además creo que, como mujer que no supo salir de una situación de maltrato sin escapatoria durante nueve años, puedo y debo transmitir el aprendizaje obtenido en mi experiencia al vagar por los laberintos de la incertidumbre y el miedo. También pretendo ayudar a las mujeres que no encuentran motivaciones para vivir su vida con alegría.

Si con este libro consigo aportar una pizca más de conciencia para que algunas mujeres sean felices, yo también seré mucho más dichosa.

Mi dedicación al quehacer de promoción de la salud y el bienestar ha sido casi continua, prestando mis servicios como naturópata y acupuntora desde hace veintiocho años a muchas personas (sobre todo mujeres) en mi centro y consulta de «El Camino».

Esta actividad me ha llenado la vida de experiencias muy gratificantes, ayudando a muchas personas con quienes he aprendido e intercambiado vivencias y aclarado incertidumbres, en un enriquecimiento mutuo.

Vivimos en un mundo dual, masculino-femenino, y esta dualidad puede ser destructiva, constructiva o complementaria. Entre el hombre y la mujer existe un bagaje histórico de relación desigual, marcada desde el nacimiento por la ignorancia proveniente de la educación y enseñanza más importante en todos los aspectos: la formación dada por una madre y un padre a sus hijos e hijas.

Con excepción de algunas personas felices y positivas, la

mayoría somos bastante inseguras, con miedos e insatisfacciones más o menos conscientes, ensimismadas en nosotras mismas, y por lo tanto, incapaces de mirar un poco más allá para valorar lo importantes que somos y lo que tenemos.

El reconocimiento del valor de la mujer como igual, complementaria, equilibradora y mantenedora de la especie humana en un plano de paridad con los hombres, es indispensable para avanzar en el camino hacia la armonía social, la paz y el bienestar mundial.

Las mujeres constituyen un mundo desconocido para muchos hombres; por eso la formación adecuada en los ámbitos educativos primario y secundario para conocer y comprender a las mujeres como familia, amigas, compañeras de vida y madres, es imprescindible para conseguir el equilibrio.

Los hombres pueden y deben investigar en su interior para ser más conscientes de esa pequeña parte femenina que poseen, la cual hará posible una relación más cercana con las mujeres, en la que la igualdad, el mutuo respeto, la admiración, el amor, la complicidad y la creatividad den paso a personas felices que podrán aportar sentimientos de amor, comprensión y tolerancia a sus hijos, y éstos a la sociedad.

Gracias por leer esta obra, escrita con todo nuestro cariño.

María Castejón

Escribir un libro sobre las mujeres no es nada fácil desde la perspectiva masculina, máxime cuando el autor vivió su infancia y adolescencia bajo el paradigma de la superioridad del varón y la sumisión implícita de las mujeres, en plena era franquista. Me crié con una madre «clásica» y tres hermanas, lo que da para mucho aprendizaje. Más tarde, una de ellas fue maltratada por su pareja, a pesar de que tenía asumido el papel de sumisión, o tal vez por eso mismo. A todo ello debo añadir mi formación y experiencia como psicólogo clínico, y finalmente, la ayuda y colaboración inestimable de mi compañera, María Castejón, también maltratada en su anterior relación, quien supo salir de ella y superar los traumas, tanto físicos como psicológicos que ocasionan estas desdichadas y terribles vivencias. Tengo dos hijas y tres nietas y me preocupa mucho que en su presente y futuro sean tratadas con dignidad y respeto, como iguales por sus respectivas parejas y por la sociedad, sin que su condición de mujeres les acarree discriminación o abuso por parte de los hombres.

La idea de escribir este libro se la debo precisamente a mi compañera de vida, María, que ha colaborado en su desarrollo, repasando, corrigiendo, aportando ideas y experiencias vividas en carne propia, escribiendo con su bella prosa, embelleciéndolo con sus poemas, y sobre todo, con su entusiasmo.

Sin su impulso esta obra nunca hubiera salido a la luz. Gracias María; eres impulsiva, fantástica, fuerte, valiente, arrolladora en lo que te propones, y auténtica.

Nuestro objetivo al escribir este libro es conseguir sacar del inconsciente sueño sumiso, conformista y autocomplaciente, a los millones de mujeres que se sienten inferiores al varón debido a la tradición, las ideas religiosas o las presiones culturales. Por desgracia muchas veces este sueño se transforma en pesadilla.

Por experiencia he conocido el tiempo, no muy lejano, en el que las propias madres decían convencidas: «Una mujer no necesita estudiar; con que sepa las cuatro reglas de cálculo y hacer las faenas de la casa, ya es bastante».

Y esto ocurría en una nación que hoy se enorgullece de su modernidad y progresismo: España.

Aunque parece que el siglo XX ha sido la centuria donde en muchos países la mujer ha alcanzado objetivos impensables poco tiempo atrás, todavía queda mucho camino por recorrer.

Afortunadamente todo cambia. Tenemos que evolucionar, adaptarnos o desaparecer. La vida, la Naturaleza, el universo, no son algo inmutable; nada permanece igual para siempre.

Mujer, no te resignes, lucha para conseguir tu dignidad y tus sueños más profundos de autorrealización y libertad. Si algo no te gusta o consideras que no es correcto en cuanto al tratamiento diferenciado que recibes, protesta, no colabores en su mantenimiento, boicotéalo, enseña a tus hijas a no seguir aceptándolo y a tus hijos a considerar a la mujer como su igual en dignidad y derechos. Tal vez tu descendencia consiga lo que tú no has podido pero siempre has anhelado desde el fondo de tu corazón.

No es éste un libro para que lo lean sólo las mujeres. También los hombres pueden y deben leerlo pues así comprenderán más y mejor a la otra mitad de la especie humana: a sus compañeras, amigas, esposas, hijas, hermanas, madres y demás mujeres; aprenderán a conocerlas, respetarlas, valorarlas y amarlas. Tenemos que darnos cuenta de que ellas forman parte de nuestra vida, de la vida de todo varón, sea cual sea su orientación sexual o su identidad de género, y que compartimos el viaje ancestral de nuestra especie en este «planeta azul».

Dejémonos de estereotipos y actitudes aprendidas, heredadas de los siglos pasados; estamos entrando en un nuevo milenio. Aprendamos los hombres todos a contemplar a la mujer con ojos nuevos y con el corazón limpio.

José Luis de Montsegur

Índice

XV

XVI

XVII

NOTA: Este libro incorpora material extra de lectura descargable mediante «bidis», códigos cuyo contenido se puede descargar a través de una aplicación en su smartphone. Si no puede obtener este material de esta forma, puede solicitarlo a la editorial al correo info@editorialkolima.com y se lo enviaremos como PDF.

El propósito de este libro

Cuando nos propusimos escribir este libro, pensamos que principalmente debería tener tres objetivos:

- Primero: Ayudar a despertar de la sumisión al mayor número posible de mujeres que están siendo maltratadas psicológica y/o físicamente por sus parejas; persuadirlas de que deben y pueden poner fin a esa vida de esclavitud sin esperanza y renuncia de sí mismas, y hacerles saber que son seres maravillosos portadores de las más altas cualidades humanas.

- Segundo: Ayudar a superar el trauma generado por este maltrato a aquellas mujeres que, habiendo conseguido liberarse de la opresión anuladora de la violencia de género, se enfrentan a un nuevo mundo de incertidumbres con la carga de una personalidad mermada por el abuso machista y una autoestima por los suelos.

- Tercero: Dar luz y conocimientos a las mujeres que, sin haber recibido propiamente un maltrato, se sienten desorientadas, insatisfechas, inferiores a los hombres, con baja autoestima y sin un propósito en la vida, en una palabra, infelices debido a la cultura patriarcal dominante que las condiciona desde su nacimiento.

Para ello hemos diseñado y planificado este libro de manera que las mujeres sepan en primer lugar de dónde vienen, damos un repaso a las respuestas de la ciencia a la incógnita de los sexos diferenciados, el sorprendente desarrollo de los embriones humanos, la (al parecer) «diferente» mentalidad y sexualidad de ambos géneros, las mujeres más relevantes de la Historia, la larga y profunda represión sufrida por las mujeres a través de los siglos por las costumbres impuestas por los poseedores de la fuerza bruta y por las religiones, la realidad cruel de la violencia de género en la actualidad, los factores desencadenantes de esta lacra; en definitiva, resucitar y sacar a la luz, la memoria histórica de las mujeres. También incluimos consejos de defensa y superación, y por fin... una mirada hacia un futuro más esperanzador basado en el enorme potencial de amor, energía y resistencia que las mujeres tienen en su interior.

A lo largo de la Historia, multitud de personas, mujeres valientes y algunos hombres, han luchado por la igualdad entre géneros y muchas –demasiadas–, han pagado y siguen pagando con su vida este esfuerzo liberador de la opresión patriarcal.

Hoy día –incluso instituciones con tanto poder mediático y coercitivo como la Iglesia Católica Romana– siguen abogando y aconsejando una tipología de mujer sumisa y sacrificada a la familia, y especialmente al marido. (No es de extrañar esta sugerencia desde una organización compuesta exclusivamente por varones en sus jerarquías y cuadros dirigentes, administrativos, litúrgicos y adoctrinadores, y que relega a las mujeres al papel de orantes, contemplativas, cocineras, y asistentas con votos de absoluta obediencia a la masculina «superioridad»).

Los tiempos y actitudes deben cambiar, pero para ello debemos empujar todos en esa dirección. Nada del estatus social firmemente establecido cambia por sí solo; siempre tiene que haber una fuerza que le obligue a hacerlo. Y esa fuerza debe ser ejercida por hombres y mujeres, con una implicación social donde se forje una fuerza constructiva en pos de la igualdad total entre géneros.

Las madres, padres y familiares deben educar a sus hijos varones en el respeto a la mujer y a que aprendan a compartir con ellas todo lo que conlleva la aventura maravillosa de la vida. Compartir desde una posición de iguales, sin estereotipos heredados del paradigma patriarcal. Es ésta una labor imprescindible y determinante si queremos en el futuro erradicar la violencia de género.

También pretendemos hacer saber a muchas mujeres que en realidad están siendo maltratadas de forma solapada por parte de sus parejas sentimentales, sin darse ellas apenas cuenta de que poco a poco van cayendo en el pozo de sentirte menos que nada. Para ello aportamos un «test de reconocimiento temprano de maltrato» que les ayudará a detectar cuándo su pareja empieza a deslizarse por la peligrosa pendiente del machismo intolerable precursor de la violencia física. Queremos aportar nuestro granito de arena para que terminen los tiempos oscuros en los que las mujeres sólo eran un vientre para tener hijos, un objeto de placer sin placer, y una asistenta para hacer la vida más fácil a los hombres sin poder desarrollar todas sus facultades intelectuales y creativas. Basta de soportar y aceptar un legado cultural que oprime y limita las expectativas del género femenino, simplemente porque es muy antiguo y «siempre ha sido así».

Gracias y buena lectura.

Yo voy buscando caminos
Entre malezas y espinas
Con mis sentidos alerta
Con la mirada perdida.

Yo voy buscando caminos
Con mis pasos al azar
Vuelo, tropiezo, me caigo
Para volver a empezar.

Yo voy buscando el sendero
Donde descansa el poema
Donde muere el egoísmo
Y nace la primavera
Donde la imaginación
El amor y fantasía
Juegan cantando locuras
Entre la noche y el día.

Yo voy buscando el atajo
Que conduce a la gran llanura
Donde se ve el horizonte
Donde no existe la duda.

TROPEZAR PARA VOLAR[1]

―――――――――

1   Todos los poemas incluidos en esta obra pertenecen al libro *Filosofía del Alma*, de MARÍA CASTEJÓN

Introducción

Sumérgete en ti y profundiza
en el infinito océano de tu Ser.

Descubre tus más valiosos tesoros
sumergidos, pero no inaccesibles.

El camino hacia el interior
no siempre está lleno de luz.

Hay que ser sincera y valiente
para descubrir qué nos frena,
por qué tropezamos en la misma piedra
por qué encontramos tantas barreras
por qué no fluye la vida.

Busca tu océano

Por las mujeres de ayer, hoy y mañana

Cuando el ser humano, sea hombre o mujer, se convierte en víctima, acoge la anulación de sí mismo y el sufrimiento como compañeros inseparables de camino, negándose a la dignidad de ser personas merecedoras del disfrute, el amor, la libertad y la verdadera felicidad.

A lo largo de la vida muchas mujeres experimentan un abanico de vivencias negativas que guían sus pasos por caminos intransitables, oscuros y dolorosos, creando incertidumbres, falsas percepciones, y embotellamientos emocionales y mentales que les impiden ver con nitidez por dónde y hacia dónde fluir.

Mujeres que llevan marcados a fuego en su alma abusos de poder masculino implantados con violencia cultural, física, verbal y sexual desde su más temprana niñez y adolescencia. Esta memoria inconsciente las predispone a repetir posteriormente las mismas experiencias, atrayendo a sus vidas más de lo mismo.

Esta marca, aunque aparentemente esté lejana y en muchos casos borrada de la conciencia, deja una huella en su memoria celular que puede manifestarse inconscientemente más tarde en elecciones de parejas inadecuadas, trabajos mal remunerados, sometimiento a abusos de poder, maltrato psicológico, y a padecer con resignación la violencia física.

Este patrón de comportamiento y la aceptación del maltrato psicológico en el ámbito laboral, familiar o social, va fortaleciendo una conducta de autocastigo, dañando y anulando su voluntad, motivación, alegría y sus ganas de vivir, que las lleva a un laberinto de dudas y desorientación que las arrastra como víctimas hacia un pozo negro, frío y oscuro, del que llegan a creer que no tienen escapatoria.

La «adaptación» continua a este tipo de abusos, físicos, psicológicos y sexuales, se convierte en una forma de vida en la cual se va restando importancia al sufrimiento a base de anular emociones positivas, sentimientos, preferencias, anhelos y bellos recuerdos, creando una gran coraza de falsa protección que no deja entrar al interior del ser gran parte de lo negativo que viene desde el exterior, pero que ahoga y sofoca todo crecimiento y realización personal.

Así, aparentemente, ante los ojos de los demás, todo parece «normal». Mientras, dentro de una mujer que pierde su dignidad y por una situación de maltrato, está ocurriendo una metamorfosis que la va transformando poco a poco, convirtiendo lo que tendría que ser un viaje positivo por la vida en una marcha atrás hacia la paralización y la involución del Ser.

Ocurre como si, en lugar de convertirse la oruga en mariposa y desplegar sus alas para volar a un nuevo mundo, fuera la mariposa la que invirtiera el proceso retrocediendo al estado de frágil oruga, reduciendo su mundo y sus facultades de expansión hasta quedarse arrastrando por los suelos, cada vez más vulnerable a cualquier depredador.

Las mujeres que sufren maltrato por parte de su pareja también soportan consecuencias negativas en su vida social. Normalmente tienen círculos de amistades muy reducidos. Suelen ser discretas, amables y complacientes, «muy buenas personas». Casi siempre desempeñan con gran eficacia muchas de sus actividades laborales y familiares, desarrollando una labor impecable. Sin embargo, detrás de todo esto se oculta su debilidad en la convivencia tóxica con su pareja.

Ellas se crean un cascarón de protección para que no les afecte demasiado esa convivencia nociva y siguen adelante sin buscar alternativas. No suelen hacer denuncias, ni comentan nada sobre su calvario a las personas de su reducido círculo. Se van anulando y conformando, sintiéndose cada vez más solas dentro de una gran multitud.

Si alguien les pregunta por algún signo de violencia que aparece en su cara o por alguna fractura, alegan que se cayeron por la escalera o cualquier otro accidente doméstico.

Este libro está enfocado a despertar y motivar a esa guerrera de justicia y amor que está implícita en cada mujer. El objetivo más urgente e importante ahora mismo es que muchas mujeres se reconozcan, se vean y se sientan tal y como son: con poder, sabiduría, amor y capacidad de transformación y comunicación, a fin de ser capaces de transmitir a sus hijos (futuras mujeres y hombres del mañana) ese legado de seres auténticos, valientes e inteligentes que harán posible el cambio, el verdadero cambio de la Humanidad.

Esta transformación ya no se realizará mediante guerras y barbaries; más bien se tendrá que hacer gracias a la gran fuerza y sabiduría que está instaurada en los hombres y las mujeres libres, sin miedos, seguros de sí mismos y con grandes conocimientos humanísticos, científicos y políticos que llevan el amor por bandera, en los que la ambición de poder sólo esté enfocada al bienestar general y la justicia verdadera.

Si queremos que algo cambie en nuestra sociedad, en nuestra política, y en nuestro mundo, sólo puede ser desde la igualdad entre géneros, la cultura, la educación, y la disciplina con amor, y por ello las mujeres deben ser libres y auténticas para que estos valores y la ausencia de temor, sean transmitidos a sus hijas e hijos. Un ser humano con miedo no es un ser humano completo, y mucho menos, feliz.

Por muy pequeño que creas el avance de tu paso,
éste es muy importante en el caudal creciente
de la evolución

La desigualdad actual entre hombre y mujer, generada por un patriarcado milenario en todos los campos de la existencia, vida social, familiar, educación, política, religión, trabajo, etc. ha menguado el verdadero caudal intelectual, artístico, emotivo, espiritual y de poder implícito en las mujeres, minimizando todo su potencial y relegándolas al servicio del hombre, a parir hijos, a realizar trabajos a veces extenuantes dentro y fuera del hogar, convirtiéndolas en una especie de entes, calentitos y humanos, sumisas, resistentes al dolor y al sufrimiento, renunciantes de sí mismas, amorosas y muy prácticas, del que se nutren, aprovechan y benefician hijos, maridos y la sociedad en general.

Lo más grave de todo es que esta inconsciencia de espíritu reprimido, enclaustrada en el seno de cada mujer por miles de años, es el resultado de la trayectoria histórica del sinsentido hasta el día de hoy, ya que el mundo ha sido dividido, guiado, manipulado y creado a imagen y semejanza de sólo una parte de la especie humana: el hombre.

Así, con un total desequilibrio entre géneros, hemos llegado hasta aquí. Un tremendo fallo en la Humanidad, y se continúa fracasando. El motivo de este error social que ha machacado a una gran parte de la especie humana es el aferramiento al poder, el afán de protagonismo, el dominio, la falta de conciencia moral elevada, la fuerza bruta y... el miedo a la mujer.

El género femenino tiene una gran misión como madres y educadoras de los hombres y mujeres del futuro. Todos los miedos que sufrimos a lo largo de nuestra existencia, traumas, creencias y actitudes, son implantados y grabados a fuego desde los primeros indicios de vida en el útero materno (porque ya sabemos que los fetos oyen y sienten las emociones maternas). Posteriormente, hasta los 6-7 años, el ambiente familiar va haciendo posible que los pequeños cerebros de los niños y las niñas se queden marcados con todos los traumas y miedos inducidos por padres y madres para toda su vida. Así es como se forman mujeres sumisas e inseguras y hombres necios y arrogantes convencidos de que el mundo les pertenece sólo por ser más fuertes y agresivos, por ser los machos de la especie, tomando como ejemplo la conducta de los animales.

Esta clase de educación en el escenario familiar se traslada al ámbito social y educativo, donde se repiten los mismos patrones. En los colegios e institutos se manifiesta un alto índice de dominio y malos tratos masculinos a las chicas que lo permiten y lo aceptan. Es increíble que, en la época que vivimos, exista un alto índice de violencia machista, más o menos soterrada, en cualquier entidad, social y educativa; muchas veces camuflada, pero ahí está.

¡Imposible continuar por este camino! Afortunadamente hay movimientos progresistas por parte de las mujeres –y de muchos hombres que se van sumando a esta acción solidariamente–, para la justicia, la libertad, y la recuperación del lugar en un mundo que le pertenece a la mujer por derecho propio.

Aún queda mucho recorrido en este camino imparable ya, en el que la sabiduría y la fuerza femenina van ganando terreno; desgraciadamente, todavía hay en el mundo muchos países en los que por culpa de las tradiciones sociales y religiosas, tardaremos más (me temo que mucho más) en llegar a la igualdad.

Sabemos que esos lugares son todavía muy inaccesibles a la libertad, pero la masa crítica de cada vez más personas emitiendo la misma onda de sanación puede dar lugar a cambios sutiles pero trascendentes. Es como una chispa que puede prender un gran fuego, solo que el viento tiene que ser favorable también.

I

Tus pensamientos, creencias y acciones, crean tu futuro

> *El mundo que hemos creado es producto de nuestros pensamientos. No se puede modificar sin cambiar nuestra forma de pensar*
> ALBERT EINSTEIN

Efectivamente no podemos resolver los problemas que hemos creado con nuestras actitudes y creencias, con esos mismos sistemas de pensamiento; no es posible, tenemos que cambiar de perspectiva.

Desde hace más de 7.000 años, la cultura y todas las formas de gobierno son patriarcales. Todas las leyes han estado orientadas exclusivamente desde la perspectiva masculina. Nuestra cultura, la política, nuestro sistema médico, la religión, la educación familiar y reglada, las actividades de todo tipo, sitúan en lugar preferente al hombre. El varón, el más fuerte físicamente, es el ser superior. El dominador decide cómo, cuándo, hasta dónde, cuánto y por qué.

En este caso, ¿qué pasa con la mujer, con la parte femenina? ¿Dónde queda? ¿Qué atributos tiene? ¿Hasta dónde puede actuar? ¿Cómo puede desarrollar unas funciones concretas con toda plenitud si ha estado y está aún vetada? Si en pleno siglo XXI las mujeres todavía cobran un salario 23% menor respecto al masculino haciendo la misma tarea que el hombre (y a veces mejor), ¿dónde estamos?

La conciencia colectiva de la Humanidad está impresa en el ADN de cada ser humano, con lo cual aún existe una forma de tendencia machista muy dañina que llevamos troquelada inconscientemente y que fluye en las ocasiones que menos esperamos, tanto en la parte masculina, dominadora, como en la parte femenina, de sumisión y disculpa continua que acarrea rabia y resentimiento escondidos, muchas veces solapados por una sonrisa, incapaces de sacar ese fuego tóxico que consume y mata poco a poco a sus poseedoras.

Aunque las niñas de pequeñas sean atrevidas, extrovertidas y libres –generalmente más y antes que los niños–, poco a poco van imitando y copiando el comportamiento de sus madres, a las que ven desenvolverse en un espacio reducido respecto al padre. Entonces dejan de pensar, se vuelven tímidas e inseguras o pierden esa fuerza creativa que les brotaba de forma natural, para convertirse en niñas complacientes, mediadoras y apaciguadoras de conflictos entre los padres. Pierden la confianza en sí mismas e intentan imitar a las preciosas y perfectas modelos que anuncian cualquier cosa en televisión. Al no poder imitarlas ni ser iguales en belleza, comienzan a minusvalorar su cuerpo, a no aceptarlo, pudiendo en muchos casos convertirse en anoréxicas.

El éxito en los niños es, en cambio, estimulado incluso en el fracaso, haciéndoles ver que si han fallado ha sido por motivos externos, y si triunfan, es debido a sus propias capacidades. Así se afianza su autoestima.

Aunque ellas no perciban en principio estas diferencias, lo harán progresivamente, sintiéndose cada vez menos valoradas, a la vez que sufrirán la injusticia del trato por la diferencia de sexo sin comprender por qué.

La creación de dependencia en las mujeres

Muchas mujeres creen inconscientemente que deben ser protegidas, que debe haber alguien que vele por ellas; naturalmente un hombre fuerte y poderoso. Esta creencia, inconscientes de que ellas mismas son las responsables de la familia y por ello están siempre dispuestas a sacrificar su carrera cuando ésta interfiera en el equilibrio de su pareja y de sus hijos; da igual que hayan estudiado en la misma universidad que el hombre y conseguido matrícula de honor, de poco les servirá ante el «deber familiar». Ellas se anularán por voluntad propia. ¿Por amor? ¿Por el servicio a los demás? ¿Por no menguar la autoestima de su pareja?

Muchos hombres no consienten de alguna manera que su pareja femenina consiga más éxito en cualquier campo que ellos; no están acostumbrados y su ego se podría resentir en muchos casos. De hecho muchas mujeres aparentan adrede menor inteligencia o habilidades profesionales y domésticas que sus compañeros, a fin de no acomplejarles o influir en su trayectoria profesional, ya que éstos podrían sentirse disminuidos o acomplejados y no tolerarlo.

Según nos han inculcado, informado y repetido hasta la saciedad, las mujeres nacen con la culpa innata (recordemos la historia de Eva y la serpiente), y por muchos méritos que hagan en su vida, aún no son reconocidas en la misma medida que los hombres haciendo exactamente lo mismo. Afortunadamente ya se van dando casos de mujeres que van escalando puestos de prestigio empresarial, cultural y político a pesar de los impedimentos que el machismo patriarcal ha puesto en su camino durante siglos.

Hay que tener en cuenta que aún vivimos en una sociedad androcéntrica en la que el mundo es contemplado desde un punto de vista masculino. Ponerse a la altura del todopoderoso varón aún es imposible para la mujer en muchos lugares del mundo.

Hoy día muchas mujeres están mediatizadas por los modelos sociales, la publicidad, la moda, las películas, recibiendo una falsa información sobre la estética femenina que la mayoría de las veces está creada precisamente por hombres (modistos, diseñadores, publicistas, productores) que manipulan las imágenes reforzando la baja autoestima corporal de las mujeres normales, difundiendo ese concepto de falsa belleza de mujeres sin curvas, masculinizadas.

La insatisfacción con el propio cuerpo es otra de las muchas causas de la violencia simbólica en este caso contra las mujeres. La identidad de muchas se fundamenta en la belleza, a través de una constante exposición y vulnerabilidad a la aprobación externa. Se impone a las mujeres un modelo de belleza que ejerce la función de control social que antes ejercieron la religión, con el modelo de madre o virgen, o con la imposición de lo doméstico con el modelo de ama de casa. Como decía Naomí Wolf, escritora norteamericana que escribió «El Mito de la Belleza»: una mujer no se puede gustar a sí misma si no puede ser libre, y la sociedad se ha encargado de que las mujeres no nos lleguemos a gustar nunca. Esta forma de control sobre las mujeres es muy poderosa. Es un estado de alerta continua sobre su apariencia externa, con una constante atención y un trabajo continuo que se imponen ellas mismas por no ser «perfectas», inducido por los medios de comunicación y sociales.

La mujer es muy crítica consigo misma, a veces casi despiadada; es como si tuviese un crítico interior dispuesto a devaluar lo femenino, las propias acciones aunque éstas sean impecables. Ya va siendo hora de soltar a este tirano interior para no aceptar el maltratador externo. Hay que colgarse todas las medallas habidas y por haber; ello ayudará a soltar lacras de muchos miles de años instauradas en nuestro Ser.

La piel, como manifestación externa del conflicto interno

El equilibrio de la piel está basado en la salud del organismo.

En una piel bonita y sana intervienen muchos factores: la herencia, la alimentación, el ejercicio regular y una buena respiración y oxigenación al aire libre.

Pero, sobre todo, es el equilibrio nervioso emocional el que juega un papel determinante en la piel, ya que una persona de trayectoria vital inestable, con exceso de pensamientos recurrentes, negatividad emocional, rabia, miedo, pena, y envidia, verá alterarse el equilibrio de su sangre y menguar todo su sistema inmune; así que por muy bien que se nutra o descanse, no podrá tener el equilibrio que la piel necesita para que sus funciones de regeneración sean positivas.

La piel constituye uno de los órganos más importantes del cuerpo; es el más grande y es insustituible. En la piel sentimos el mundo que nos rodea. De la piel no nos podemos salir. En ella están presentes toda una serie de sensaciones, estímulos y respuestas sorprendentemente ligadas a nuestro interior.

Fisiológicamente tiene una acción primaria protectora. Participa en la excreción de productos tóxicos, percibe los estímulos del ambiente y es reguladora de la función térmica y sensorial. Las alteraciones cutáneas, por muy modestas que se presenten, son preciosos chivatos de desequilibrios internos o enfermedades.

La piel también tiene una función germicida. En torno a nosotros viven una gran cantidad de microorganismos patógenos que la atacan continuamente; pero el manto ácido que ésta contiene (con un pH que oscila entre 5,5 y 6,5 aproximadamente) los mantiene a raya, ejerciendo de eficaz barrera de protección.

Toda perturbación de uno de nuestros órganos internos

se proyecta en la piel, y toda afección de una determinada zona de la piel, es transmitida al órgano correspondiente.

De sus múltiples funciones, las más importantes son:

1. Delimitación y protección
2. Contacto
3. Expresión
4. Estímulo sexual
5. Respiración
6. Exudación
7. Termoregulación

Todo lo que ocurre en la piel –mancha, tumefacción, inflamación, granito, absceso–, así como el lugar de su aparición, no es casual sino un indicativo de un proceso de desequilibrio interno. «Todo lo visible es sólo la expresión de lo invisible».

Por otro lado, la nefasta formación e información que las mujeres han recibido sobre la pureza femenina y la virginidad, lleva a muchas a un exceso de higiene corporal. Desde la última uña del pie hasta el más lejano cabello, esta exagerada pulcritud hace muchas veces estragos en la epidermis, ya que el manto ácido de la piel se deteriora disminuyendo las defensas de este precioso y envolvente tejido que nos protege.

No digas sí, si estás sintiendo no

Estás diciendo que sí, cuando estas sintiendo que no;
estás diciendo que no, cuando estás sintiendo que sí
Observa qué pasa dentro, estás dejando de existir
anulando tu voluntad, ¿has pensado de verdad en ti?

Estás diciendo que sí, cuando estas sintiendo que no;
estas diciendo que no, cuando estas sintiendo que sí
Observa lo que esa dicotomía ejerce en tu corazón,
en tus sueños, tu disfrute, en tu auténtico valor

Estás diciendo que sí, cuando estas sintiendo que no;
estás diciendo que no, cuando estás sintiendo que sí
Observa el maltrato a ti infligido
por tu ambigua indecisión,
a lo más sagrado en ti, dividiendo energía pura
en fragmentos que se extinguen en la
nada, sin llegar hasta su fin

Estás diciendo que sí, cuando estas sintiendo que no;
estás diciendo que no, cuando estás sintiendo que sí
Te estás negando a la canción del
amor que impregna tu cielo,
menguando tu auténtica e inteligente vibración.
Observa tu espíritu grande, tus deseos, tu pasión
Y grita un sí al universo o di simplemente ¡NO!

¿¿Sí o no??

El poder personal, nuestra libertad, no se regala sin más; es lo más valioso que tenemos los seres humanos aunque durante siglos se nos haya educado para ser sumisas y aceptar el dominio masculino.

Se nos ha amaestrado para servir, pero no desde el corazón, sino desde la imposición. A base de hacernos repetir siempre las mismas pautas con toda naturalidad a lo largo de la Historia, hemos llegado a creer que somos eso que han querido los hombres que seamos para ellos: serviciales, ignorantes, sumisas, complacientes, hacendosas, prudentes, amorosas, y por supuesto, siempre compuestas, guapas y simpáticas para cuando llegue el rey de la casa, «aunque estemos reventadas».

Tenemos que ser más que perfectas y no entorpecer, no inmiscuirnos en temas ajenos a nuestras tareas del hogar, es decir, «geishas», pero «todo terreno».

A base de condicionamientos adquiridos por la imposición masculina a lo largo de miles de años, hemos aprendido unas pautas de comportamiento muy ventajosas para los hombres y muy dañinas para nosotras. Estos patrones, inconscientemente implantados en el cerebro de la mujer, hacen que actuemos como ellos quieren de la forma más natural, como si realmente fuésemos así. ¿Dónde están realmente las mujeres? ¿Dónde está su poderío?

Estamos cediendo el poder continuamente. Es como si fuésemos retrasadas en todos los aspectos. Nos han ayudado mucho a ser dependientes, haciéndonos creer que somos bellas, amadas, las reinas de la casa, las santas madres de sus hijos. Estamos cediendo nuestro poder y pidiendo disculpas por haber reivindicado nuestros derechos en alguna ocasión, hasta al funcionario de turno que nos está diciendo que nos hemos equivocado de ventanilla. Primero a los padres, después a los hermanos mayores, después a algunos amigos, incluso a ciertas amigas que se creen superiores, al jefe o a la jefa, y así nos preparamos para el plato fuerte: «la pareja de convivencia» que, en muchos casos, se torna en «supervivencia». Decimos «sí» con una sonrisa, cuando en el fondo de nuestra razón estamos sintiendo un «no» como un castillo.

Y seguimos cediendo terreno y poder a nuestra pareja, a la sociedad y a las leyes sin sentido, a la tradición, a los usurpadores de la «palabra» de Dios. Lo más fácil es ceder ese poder y después dudar sobre los pasos dados cuando nos damos cuenta de que no recibimos lo que esperábamos y lo que necesitábamos. Para algunas personas ceder poder es evitar responsabilidades, es comodidad, pero luego se duelen porque no obtienen lo que esperaban.

También hay situaciones en la vida en las que un médico nos dice que padecemos una grave enfermedad –y más aún cuando nos dice que es incurable–, trasladándonos una «sentencia» que nos desorienta y nos enferma más aún, ya que estas sentencias parecen firmes y sin escapatoria posible, y tenemos que reponernos, además de la enfermedad, de las palabras de quien creemos infalible.

Pero no debemos, ni en estos casos, ceder nuestro poder. Tenemos que luchar y sobreponernos, pidiendo nuevas opiniones y deseando con todo nuestro Ser curarnos, pensando que la opinión médica no es algo irremediable; existen muchas curaciones inexplicables para la medicina alopática actual, remisiones espontáneas y errores médicos llamados «falsos positivos», así como terapias alternativas. Se han dado casos de personas que han muerto creyendo tener una enfermedad mortal por un diagnóstico facultativo erróneo, y cuando se ha examinado el cadáver, se ha comprobado que ese diagnóstico era equivocado; que la persona no estaba grave, sino que los síntomas eran de una enfermedad leve, curable. Simplemente murieron pensando en que no tenían solución; habían «entregado su poder».

Nadie, absolutamente nadie, está dentro de nosotras

como para sentenciar o diagnosticar un determinado desenlace que a veces nos predispone a materializar una enfermedad que sólo era la manifestación de un desequilibrio energético interior motivado por procesos vitales difíciles que están sucediendo o bien han sucedido anteriormente. Siempre es necesario un segundo y un tercer diagnóstico en una enfermedad grave que amenace nuestra vida, y si la medicina alopática no tiene esperanza para nuestro mal, tenemos el derecho de acudir a otras terapias alternativas. ¡No hay que resignarse!

Lee más sobre lo que piensan los autores respecto al tema de la medicina tradicional aquí:

Grita, llora, patalea,
Húndete en el abismo
De tu alma seca,
Marchítate poco a poco,
Adormece tu cerebro,
Apártate del mundo
Bullicioso y viajero.

¿Tienes sentimientos?
Qué más da, tíralos,
No sirven,
Muérete, muérete ya,
En el ocaso de la vida
Sólo existirá Satán,
Y ni tu fiel compañero
Te ayudará a despertar,
Muérete, muérete ya.

DESESPERACIÓN

Muchas mujeres, y también hombres llegan a un momento de oscuridad y depresión donde no encuentran la razón por la cual seguir luchando.

Nada tiene sentido según el prisma de ese tiempo de dolor. La desesperación ciega la mente y el raciocinio, cerrando el corazón y apagando el alma. Muchas mujeres aún se preguntan por qué llegan a entrar en ese laberinto de angustia, miedo y negatividad. Es como si alguien manejara los hilos de su existencia. ¿Por qué tenemos que dar tumbos de un lado al otro, encontrando sólo muros infranqueables a nuestro alrededor? Porque ignoramos que existen unas riendas que podemos asir para dominar nuestro caballo, para que acelere pero no se desboque.

Es la gran rueda de la vida, que a veces se para en un

determinado bache y parece que ya no volverá a girar sobre sí misma. Son momentos en los cuales la existencia nos muestra una cara en la que reconocemos muchos parajes, internos, negativos, que no éramos conscientes que habitaban en nosotras.

Cuando se ha llegado hasta este extremo y se toca fondo, es justo el momento de comenzar a vencer ese punto de fricción, de crisis total, donde nos sentimos desprotegidas en todos los aspectos: familiar, social, laboral, anímico. Es una verdadera y profunda crisis. Pero nuestra aparente vulnerabilidad es idónea para comenzar un nuevo camino, rompiendo en pedazos con el pasado, pero a la vez, reconociendo y valorando todos los pasos que hemos dado hasta desembocar en ese estado de caos, desde el cual sólo tenemos dos opciones: salir de él mediante una verdadera catarsis, o pasar a «mejor vida».

Éste es el momento en el que podemos pedir ayuda al universo entero, a nuestro Ser superior, a nuestros guías y a personas en las cuales podamos depositar nuestra confianza. Con un poco de ayuda se puede comenzar de nuevo. No es fácil; hay que ser valiente y sobre todo confiar en nosotras mismas. Esta actitud abrirá puertas y vías de acceso directo hacia la resolución de nuestro conflicto, recibiremos luz, y nuevas formas de enfoque vital.

Se trata de conseguir y trabajar una forma distinta de pensar, sentir, hacer, hablar y comunicarnos con los otros desde el corazón, y queriéndonos cada día un poquito más. Comienza la ruta hacia adelante con un enfoque diferente, donde la vida, a través de nuestra dura experiencia, nos regala el aprendizaje de la «resiliencia».

La resiliencia en psicología, es la capacidad de transformar una experiencia negativa en un aprendizaje que hará posible la superación de otras vivencias inesperadas sacando el máximo provecho de todas ellas, curtiendo y reforzando nuestra autoestima, confianza, libertad de acción y de palabra, fortaleciendo nuestro espíritu creativo en la gestión de conflictos y haciéndonos cada vez más animosas y seguras ante cualquier imprevisto o evento. Sobre todo nos enseña a reconocer nuestra verdadera capacidad interior de superación, valorando la vida que se nos regala cada día. Es decir, la resiliencia nos conecta con nuestro verdadero poder.

Existen personas que dicen «no» a todo; seguro que conoces a alguien así. Siempre empiezan por un «no» incluso antes de que termines de exponer tu petición. Esas personas se sienten superiores y poderosas; su ego aumenta enormemente cada vez que dicen «no» y se solazan cuando ante su negativa nosotros insistimos exponiendo nuestras necesidades y urgencias. Su máximo placer es vernos suplicar.

Por el contrario, existen muchas personas que siempre dicen «sí»; son incapaces de negar cualquier cosa con tal de agradar, de sentirse «buenas personas», de que hablen bien de ellas. Les produce horror que las tengan por antipáticas y soberbias, y por lo tanto dicen «sí» cuando muchas veces querrían decir «no», y si alguna vez dicen «no» luego se sienten culpables y angustiadas pensando en «qué dirán de ellas». Lo que no saben es que cada vez que contrarían su sentir, su Ser, el dictado de su corazón, su organismo se deteriora pudiendo llegar incluso a caer enfermas.

El sentido de culpabilidad es el más nocivo de todos los sentidos para frenar y camuflar nuestro verdadero sentir, nuestra libertad y, por tanto, nuestra salud y felicidad.

Al pasado se le dice adiós. Sólo tenemos que aprovechar la experiencia para no errar de nuevo. El miedo a quedar mal, al qué pensarán de mí o, a que no soy demasiado buena/o o estoy siendo egoísta, son sentimientos tóxicos para nuestra paz interior; pensar así es un error total.

Muchas veces creemos que debemos decir que «sí», incluso perjudicándonos. Obrar de esta manera, insistimos, es un paso equivocado, ya que nuestra alma o Ser superior, o nuestra sabiduría innata se rebelará con avisos físicos que debemos escuchar. Hay muchas maneras de decir «no» sin ofender a nadie. Con firmeza y serenidad, queriéndonos mucho y haciendo comprender a la otra parte nuestra actitud, y si aun así, el otro no lo comprende, es su problema, no el nuestro, no podemos hacer más. No te cuelgues de su posible opinión sobre ti.

II

Las ventajas de los sexos diferenciados

Si quieres leer sobre la historia de la reproducción sexual de las especies, descarga este contenido aquí:

La Naturaleza es particularmente ahorradora respecto al desarrollo de organismos vivientes y busca siempre la máxima eficiencia con el mínimo gasto de energía. Por lo tanto, ¿por qué en los organismos superiores y complejos ha elegido un sistema de reproducción sexual, en el que se necesitan al menos dos ejemplares de distinto sexo? Esta forma de reproducción es mucho más arriesgada y consume mucha más energía

La Naturaleza lo ha elegido así porque el intercambio de genes entre el macho y la hembra que se produce con la fecundación, y su mezcla aleatoria, hace que los descendientes se generen con ligeras variaciones, consiguiendo que todos estos organismos se adapten mejor a un entorno cambiante.

Veamos un ejemplo: si una especie de animales donde sólo existieran ejemplares asexuados se reprodujera mediante la división de ellos mismos, los nuevos individuos serían exactamente iguales (salvo por alguna mutación que podría producirse con ocasión de un bombardeo de radiaciones solares o de presión medioambiental). Perfecto mientras no cambien rápidamente los condicionamientos externos del nicho ecológico donde viven y los descendientes sean muy numerosos en poco tiempo (como ocurre con las bacterias), para dar oportunidad a que algunos tengan una mutación favorable a los cambios. Pero la estabilidad eterna de un medio ecológico es imposible.

La Tierra está en continuo cambio. Cambio de climas, continentes, mares, aunque a nosotros no nos parezca evidente debido a que nuestra vida es relativamente corta respecto a las edades geológicas en miles o millones de años; los continentes cambian de posición, aparecen nuevas montañas y mares, los ríos cambian de curso, y los nichos ecológicos van alterando sus condiciones, de forma que los animales adaptados a unas determinadas premisas de clima, ambiente, depredadores y alimentación, deben poder evolucionar, cambiar también ellos, o desaparecerán como «filum», algo que ya le ha ocurrido durante la Historia de este planeta a innumerables especies ya extinguidas.

Imaginemos ahora que (como ocurre en la realidad) tenemos un grupo de animales con individuos diferenciados en dos sexos, una especie que se reproduce con un intercambio de genes entre machos y hembras. Los descendientes no son iguales a los padres, sino que heredan los genes de ambas progenies, entremezclados. Algunos de ellos tendrán unas características especiales que les harán adaptarse mejor a los cambios del entorno. Esos individuos que han evolucionado gracias a los genes mezclados, sobrevivirán mejor que los demás, y al llegar a la edad reproductiva, pasarán sus genes adaptados a los nuevos descendientes, mientras que los que no han conseguido esa combinación de genes que les permite interactuar óptimamente con el entorno cambiante, llegarán cada vez menos a la madurez sexual e irán desapareciendo. De esta manera la reproducción sexual ha logrado que la especie persista a pesar de los cambios del nicho ecológico. Por eso los organismos complejos han «elegido» la reproducción con machos y hembras.

Muchos individuos morirán inmaduros por no haber heredado los genes adecuados, pero otros sobrevivirán, y llegando a la edad adulta transmitirán sus genes adaptados a nuevas generaciones. Nuestro ADN es un mecanismo maravilloso, y de alguna manera, el ambiente en el que vivimos y con el que interactuamos –clima, alimentación y depredadores–, se comunica con nuestros genes impulsando el cambio adaptativo.

Por tratarse del organismo viviente más complejo, la diferenciación sexual ha sido el tipo de reproducción elegido por nuestra especie, ya que, al tener nuestros cuerpos una base animal muy cercana a primates como el chimpancé, hemos conservado este tipo de sistema reproductivo que, además –y por qué no decirlo–, es sumamente agradable al menos en las «labores» necesarias para iniciar el proceso reproductivo (un tema nada baladí, pues si observamos a nuestros más cercanos parientes, los chimpancés, la cópula o acoplamiento del macho y la hembra para realizar la inseminación, suele ser muy rápida y al parecer poco placentera).

Generalmente en el reino animal, el acercamiento sexual se desencadena por feromonas sexuales emanadas por las hembras que producen la respuesta del macho. La señal olfativa comunica al macho que la hembra está receptiva y en periodo fértil. Estos periodos suelen coincidir en el tiempo con suficiente antelación para que, al acabar el embarazo, el nacimiento de la cría se produzca en las mejores épocas de abundancia de recursos alimenticios para la especie.

Suele ocurrir también que al producirse este periodo

fértil de las hembras, los machos compiten entre sí para seleccionar a los más fuertes, que serán los que transmitan sus genes a las generaciones futuras.

No parece que medie en estos encuentros reproductivos atractivo físico alguno entre ambos, sino un mero desencadenamiento de mecanismos de conducta ancestralmente programados mediante señales olfativas o exclusivamente visuales como ocurre en las aves.

Sin embargo, en nuestra especie, el atractivo físico es un factor sexual de primera magnitud, y la «llamada» o «señal» sexual de disposición de la hembra que se produce en todo el reino animal, parece prácticamente ausente. Los estudios científicos realizados sobre humanos confirman que, también en los periodos fértiles de las mujeres, se emiten feromonas sexuales en la transpiración, principalmente de axilas e ingles, pero nuestra especie ha perdido casi totalmente la capacidad de detectar estas sutiles señales que, además, eliminamos y disfrazamos con la higiene y la cosmética.

Nuestra capacidad de discernimiento, nuestra cultura transmisible por la palabra y nuestra conciencia nos dicen que, si realizamos el acto reproductivo sin tomar precauciones, las consecuencias pueden ser tener que cuidar la prole mucho tiempo, además de las consideraciones sociales de la legitimidad del acto, muy importantes en nuestra especie.

Esto es importante sobre todo para la mujer, que debe soportar meses de embarazo, con las consecuentes molestias, y afrontar un parto peligroso y doloroso y complejo por el canal por donde debe pasar el niño o la niña, y el tamaño de la cabeza que encierra el cerebro, el más grande proporcionalmente a nuestro tamaño, del reino animal. Después del nacimiento, le esperan años de crianza y cuidados hasta que el nuevo ser pueda valerse por sí mismo.

Sin embargo, el atractivo sexual entre los individuos de nuestra especie es tan grande que muchas veces obviamos estos inconvenientes. Sobre todo cuando existe una mutua atracción entre ambos sexos debido a ese sentimiento tan humano que llamamos «amor», que nos hace arrostrar toda clase de dificultades y penalidades para alcanzar nuestro objetivo.

Sin este fuerte atractivo inter-sexos, tal vez la especie humana ya se habría extinguido, aunque también tiene importancia la propensión de la mujer a ser madre, implantada en su cerebro desde tiempos ancestrales.

Bien, ya sabemos por qué la especie humana tiene individuos diferenciados sexualmente, por la idoneidad adaptativa de la reproducción. Pero no acaban ahí las ventajas de estar divididos en dos tipos de individuos.

Esta diferencia también sirve para adoptar papeles distintos en cuanto a la supervivencia y crianza de la prole.

Si estudiamos el comportamiento de los animales superiores, cada sexo sigue un papel, una conducta muy determinada en su vida. Los machos suelen ser más fuertes y corpulentos porque su papel es el de defender, proteger y asegurarse, frente a otros machos, que su generación les pertenece. Procuran por todos los medios ser ellos los que se reproduzcan. Así la especie se asegura que los genes de los más fuertes pasan a la nueva descendencia.

Los machos suelen competir entre sí para garantizarse un lote de hembras a las que fecundar y éstas suelen aceptar sólo a los vencedores.

Por otro lado, las hembras tienen su cuerpo preparado para recibir y fecundar sus óvulos con el semen del macho, hacer crecer el feto y formar un nuevo individuo completo de la especie y parirlo y alimentarlo durante la lactancia. Al mismo tiempo se someten al macho más fuerte, el que ha ganado la pugna por fecundar a las hembras, ya que están condicionadas por el instinto ancestral a consentir el apareamiento precisamente con el que se supone más sano, fuerte, y más capaz de su entorno.

Estos roles sexuales han pasado a la especie humana de forma más o menos larvada, ya que tenemos algo que nos diferencia (algunas personas más y otras menos) del resto de los animales: un cerebro más desarrollado, y lo que es más importante, una conciencia auto-reflexiva y una enorme capacidad de aprendizaje y adaptación a los cambios.

Muchos de los comportamientos humanos están influenciados por esa herencia ancestral de nuestros antepasados animales. No cabe duda de que la base de nuestros cuerpos y su fisiología es de procedencia animal. Tanto si la especie humana apareció sobre la Tierra como culminación de un proceso de creación (según las religiones) o evolución (según la ciencia), el cuerpo que tenemos tiene una gran similitud, en cuanto a sus bases celulares y funcionamiento, al de nuestros «parientes» animales, y muchísimo más a los grandes monos, principalmente el chimpancé.

Cómo ocurrió el despertar de nuestra conciencia y el maravilloso don del lenguaje, es algo que la ciencia trata de explicar, desde la evolución de un antepasado primate. No es éste el lugar para abrir un debate sobre la forma ni el momento en el que nos convertimos en seres autoconscientes y autorreflexivos. Todas las posibilidades están abiertas: desde la intervención divina, hasta una manipulación genética alienígena, pasando por una oportuna y casual evolución ascendente.

Fuera como fuese, el caso es que estamos aquí preguntándonos qué y quiénes somos, de dónde venimos y hacia dónde vamos.

Si quieres saber más sobre la conciencia entre lo «masculino» y lo «femenino», descarga el contenido aquí:

Las conclusiones de este maravilloso proceso, en el cual una sola célula se convierte en un ser humano completo, van a sorprender a muchos hombres.

Tal vez el conocimiento de cómo se desarrolla la gestación, en la cual el feto humano se transforma en uno de sus individuos sexuados diferencialmente, sirva para apartar a muchos hombres de la creencia en la superioridad masculina, que sólo podemos aceptar en cuanto a la diferencia de la fuerza bruta, algo que no justifica de ninguna manera el sentimiento determinista de dominio de un género sobre el otro, salvo en la ley de la selva.

III

El corazón, ese cerebro desconocido

El corazón, ese otro «cerebro» que tenemos albergado en nuestro tórax con un 60% de neuronas (recientemente se ha descubierto que el corazón tiene neuronas iguales a las del cerebro), capacitadas para pensar, sentir, deducir, buscar soluciones, improvisar con acierto, y crear lo más insólito en un momento dado, es capaz de amar por encima de todas las cosas y de perdonar de verdad. El corazón es la generosidad y el momento presente, el «aquí y ahora».

El corazón emite un campo electromagnético[1] que sobresale de nuestro cuerpo como un halo áurico que abarca de 2 a 3 metros a nuestro alrededor, impregnando el entorno cercano que habitamos. Este magnetismo puede percibirse como honestidad, bondad, autenticidad, verdad, empatía y compasión, en forma positiva, o todo lo contrario, como odio, egoísmo, rencor, mentiras y crueldad, en la versión negativa. En las personas que emanan energía positiva, aunque no se pueda ver, percibimos enseguida que son seres especiales; se suele confiar en ellas desde el primer momento y a veces decimos que tienen «carisma». Todo ello no es ni más ni menos que lo transmitido desde su corazón y su intención. No es magia, es Naturaleza y Ciencia. Eso es lo que deberíamos transmitir todos los seres humanos. Cuando somos más conscientes y tenemos el sentir más desarrollado, podemos captar la calidad del magnetismo que irradia una persona, hacia la cual sentimos bienestar o desconfianza desde el pri-

---

1   La física cuántica está difundiendo con veracidad la comunión entre la ciencia, el espíritu, y las emociones. Es decir, que es «una ciencia con conciencia».

mer momento, así como un ambiente que nos produce atracción o rechazo sin saber por qué. Esa confianza o aversión la captamos de corazón a corazón. Son frecuencias de energía a las que nos vamos haciendo más sensibles, afinando nuestra conciencia y sintiendo y actuando desde nuestro «cerebro» cardíaco.

Tenemos que expandirnos por dentro desde el amor, para que toda la basura almacenada en nuestro subconsciente, todo el dolor infligido muchas veces por nosotras mismas justificando el castigo, sea anulado, trascendiendo el sufrimiento interiorizado en nuestra alma por esa falta de valoración personal que nos han introducido en la mente durante siglos, que ha conseguido que seamos nosotras mismas las que quitemos importancia a los maltratos para no alterar una convivencia de pareja, de familia o laboral, sacrificando nuestro Ser íntegro por no quedar mal ni levantar tormentas de las cuales nunca sabemos cómo vamos a escapar. Desde siempre hemos dado mucho más de lo que tenemos.

Manipuladores y manipuladas, verdugos y víctimas, convirtiendo a las personas en ovejas dóciles y obedientes, de forma camuflada como si fuera natural; nada extraño pasa de cara al exterior de la pareja, aunque de puertas a adentro se desarrollen escenas escalofriantes donde muchas veces la escapada de la víctima es imposible debido a una sumisión aprendida a base de anulación personal. La indefensión, la dependencia económica y las ataduras psicológicas y culturales, van debilitando a la víctima que se deja llevar por la corriente de un fango pegajoso que impide la rebeldía y la visión de posibles nuevos pasos liberadores.

La constante amenaza, el sufrimiento callado, la sensación de estar atrapadas, hace que las mujeres maltratadas se sientan impotentes, perdidas e indefensas. Salir de esta situación cuesta mucho. Pero, afortunadamente, la inteligencia emocional de la mujer nunca puede ser anulada del todo.

Existe una fuerza interior en las mujeres, que cuando se rebela, mueve el motor de la justicia y la vida, sin importar la muerte, que de alguna manera, se convierte en una «liberación».

Es entonces cuando ellas se pueden elevar desde sus propias cenizas hacia una realidad superior, dando paso a una nueva percepción y a una conciencia más presente viva y expansiva que va abriendo una cortina que les impedía ver más allá de la terrible realidad cotidiana. Al recobrar las fuerzas de sí mismas, se muestran ante ellas todas las herramientas necesarias para vencer adversidades y comprender por qué han llegado hasta ese momento y a esa situación insufrible.

Entonces se difuminan las nieblas del miedo y surge una sensación de ligereza y libertad que desborda el corazón de la hasta ese momento víctima sin salida.

A partir de ahí se comienza a edificar con una base sólida desde los cimientos para levantar un nuevo futuro. La pregunta «¿y por qué a mí?» puede surgir en la mente de la mujer maltratada. Muchas veces no tiene respuesta inmediata. Sólo después de la tormenta, con el descanso merecido, acunando el Ser en las alas de la serenidad, se comprende ese por qué. ¡Observa tu propia experiencia! ¡Mírala de frente!

Todas las experiencias desagradables en nuestra vida hay que observarlas desde otra perspectiva; hay que mirarlas fríamente, analizarlas y eliminar lo antes posible el sufrimiento que causa la aversión o el apego a las mismas. Cualquier trastorno emotivo, intelectual, físico o económico, hay que mirarlo de frente, sin huidas, y cavilar sobre todas las posibilidades a nuestro alcance, con toda la fuerza, información y confianza que seamos capaces de reunir.

Ante un maltrato insufrible, ante la imposibilidad de solucionar la convivencia desde el amor y la comprensión mutua, hay que plantearse estrategias que nos sirvan para perder el miedo y liberarnos, recabando información, conectando con personas e instituciones que nos puedan apoyar y socorrer en un momento dado, preparar la escapada, ahorrar dinero a escondidas de la pareja, y tener a mano lo necesario por si hay que «salir corriendo».

La falta de dinero siempre va vinculada al temor, al miedo, al surgimiento de carencias escondidas. Miedo a no llegar, a no conseguir, a no poder responder a los pagos de fin de mes, a no poder escapar con un mínimo de apoyo económico y a no atreverse a pedir ayuda. Cuando se activa este temor, estamos conectando con nuestra inseguridad, con la baja autoestima; creemos que no merecemos las cosas buenas de la vida. Este miedo continuo baja nuestras defensas internas y externas. Estamos dañando la energía ancestral ubicada en su mayoría en los riñones (La energía ancestral, según la medicina tradicional china, es el caudal con el que nacemos, nuestra herencia energética y ésta puede menguar a pasos agigantados cuando tenemos cualquier tipo de miedo mantenido en el tiempo). Los seres humanos, y todo cuanto nos rodea, disponemos de una frecuencia vibratoria particular. Cuanto más rápida es esta vibración, mejor salud, fluidez, paz y armonía hay en el ser humano. Pero cuando tenemos miedo, baja la frecuencia de las vibraciones; el temor a no tener dinero con el que vivir, por ejemplo, es extensible y acrecienta los miedos de otras categorías.

Nuestro organismo pide socorro. Aparecen la ansiedad, el cansancio, el insomnio, la falta de interés y motivación y se comienza a aceptar todo lo que nos perjudica porque nuestra capacidad de lucha desciende y nuestras defensas menguan.

Nuestras creencias y actitudes marcan nuestra vida

Desde mí oscuridad nace mi luz
y se esparce a los cuatro vientos
abriendo mi corazón desde el miedo a la libertad
desde la periferia a mi centro.

Desde mi estancamiento consciente
surgen arroyos de fluidez
engrosando su caudal
hasta un río de confianza
de comunicación recíproca con la vida
y con la alegría del despertar.

Desde mi ceguera me rindo a lo evidente
permitiendo la aceptación de lo que es,
diluyendo barreras debilitadas
y naciendo a una nueva y feliz niñez
de arco iris de luna y estrellas de sol.
Desde mi debilidad se confecciona mi fuerza,
ensanchando mi visión, sujetando bien las riendas
con flexibilidad, firmeza, tenacidad y decisión
para crear la belleza que me acune con amor
para bañar con colores la danza que alimenta mi pasión.

Desde mi ignorancia despierto a mi aprendiza dormida
con actitud ilimitada abriendo llanos caminos
resurgiendo desde ese lugar interior mágico e infinito
donde es posible captar el sentir de tu hermana y hermano
porque ya me sentí a mí misma, con todo mi poder y amor.

Reconocimiento

Si yo creo que no valgo nada, me va a extrañar que alguien me pueda querer; creeré que no actúo bien, que no doy la talla, que mi imagen no es agradable y poderosa.

En este caso estaremos creando una realidad desfavorable para nuestra vida. Aunque la baja autoestima que sentimos no la expresemos verbalmente, la estamos transmitiendo con nuestra actitud. Podemos creer firmemente que no vamos a estar a la altura de un buen puesto de trabajo que se nos presenta, así es que nos dejamos castigar por un jefe que abusa de esa inseguridad y de la baja autoestima que emanamos.

Por supuesto pensamos que tampoco nos merecemos una buena pareja o unas buenas amigas ya que no valemos gran cosa. Entonces atraeremos a listos y aprovechados que surgirán como setas, hombres y también otras mujeres que sólo quieren sacar partido de esa sumisión y desvalorización a cambio de unas migajas de cariño fingido.

Cuando creemos que no nos merecemos lo mejor, cualquier placer que obtengamos producirá la sensación inquietante de que después de ese dulce momento lo pagaremos caro, es decir, que nos costará algún sufrimiento, pues creemos que no hay gusto sin dolor. Así, cuando imaginemos una experiencia agradable, a la vez estamos pensando «no lo merezco» y convocando continuamente al castigo. Es decir, que si algo me hace feliz, se complementará con otra cosa que me produzca sufrimiento.

De alguna manera querremos compensar esa incoherencia que provoca desazón, ansiedad, angustia, inseguridad e incertidumbre. Por ese motivo muchas mujeres realizan compras compulsivas de cosas que después abandonan y se arrepienten de haber comprado, pudiendo pasar de la avaricia al extremo opuesto, en el que el dinero desaparece rápido, sin control, como dopaje para de paliar la desesperanza de vivir.

Tener mucho dinero no significa forzosamente que haya seguridad y autoestima. La abundancia no es un tema de cantidad, es una actitud. El dinero y el bienestar forman parte de nuestra energía creativa y de nuestra conciencia.

Un buen nivel de conciencia genera luz, y la luz atrae la prosperidad.

El dinero es una parte de las energías que alimentan el mundo, aunque la mayor energía de todas es el AMOR. El amor es una verdadera y poderosa fuerza capaz de transformar cualquier situación o persona.

El dinero en nuestra vida lo mueve nuestra mente con pensamientos e interpretaciones que generan emociones, que son mandatos internos nuestros que no controlamos. El miedo y la baja autoestima especialmente producen el alejamiento de la fortuna. Las carencias y los problemas económicos son indicadores claros de que algo no va bien en nuestro mundo emocional.

Estos bloqueos suelen estar muy camuflados; por ello es tan difícil a veces avanzar. Cuanto más confiemos en nuestra fuerza interior, más abundancia y prosperidad tendremos.

Esta afirmación no es una expresión lanzada sin fundamento; realmente una persona sin autoestima no se valora lo suficiente como para emprender empresas arriesgadas en lo más mínimo; no se atreve a pedir un trabajo mejor, un aumento de sueldo, un puesto más importante; rechaza empleos que necesitan personas seguras de sí mismas, en una palabra, desaprovecha multitud de oportunidades pues piensa firmemente que no vale para nada importante.

Por el contrario, una persona segura de sí misma, con alta autoestima, se atreverá a dar los pasos necesarios y a solicitar entrevistas para cubrir puestos importantes, y acometerá empresas y negocios arriesgándose al máximo a veces.

Indudablemente, la abundancia económica no es cuestión de milagros sino de decisión y de quererse mucho a uno mismo, haciendo una potente transformación desde la oscuridad hacia la luz y reconociendo la escalada de un tortuoso camino hasta llegar a la cima, desde donde se puede divisar y comprender todo el proceso.

La energía *yin* de la tierra y su conexión con la mujer

La teoría del *yin yang* mantiene que todas las cosas que nos rodean están compuestas de polos opuestos y a la vez complementarios. Ambos están interrelacionados, pudiendo pasar la energía de un extremo al otro, a través de un sinfín de variaciones intermedias.

Dependiendo de esta escala central, la desviación hacia el polo *yin* o *yang* marcará la diferencia y el acercamiento hacia las características propias de cada elemento.

Es decir, que *yin* y *yang* se encuentran en contradicción e interdependencia a la vez, de crecimiento y decrecimiento: cuando el *yang* disminuye, el *yin* aumenta y viceversa.

Los antiguos utilizaban el fuego y el agua para expresar la naturaleza del *yin* y el *yang*. Como ejemplo, la propiedades básicas del *yin*, comparándolas con el agua serían: pesadez, tendencia a fluir hacia abajo, oscuridad, y humedad. En cambio el fuego se identifica con el *yang*: calor, brillo, tendencia a subir, y energía. En ambas concepciones no hay que ver elementos peyorativos, positivos o negativos. Ningún atributo es mejor que otro y todos son complementarios.

Relaciones *yin*	**Relaciones *yang***
Noche	Día
Tierra	Cielo
Materia	Energía
Mujer	Hombre
Pesado	Ligero
Profundo	Externo
Agua	Fuego
Sueño	Vigilia

Todos los seres humanos estamos conectados con la tierra y con el universo, pero con la tierra, las mujeres en especial. Ellas no saben que están conectadas a esta energía telúrica con mucha más intensidad de manera natural. La tierra es atractiva y fértil, es como un imán que atrae la vida para protegerla y crear abundancia. Así, la mujer al tener ese vínculo con la tierra, emana una fuerza encantadora y atrae hacia ella lo que desea cuando es consciente de ese don natural.

Las mujeres sólo necesitan descubrirse a sí mismas, y cuando descubren quiénes son en realidad, tienen la fortaleza, la adaptabilidad, la inteligencia, la creatividad, la tenacidad, el amor y el valor para salir de la oscuridad y deslumbrar con su propia luz. Sólo necesitan recobrar la confianza, su autoestima total. Entonces esa energía centrípeta de la tierra actuará a su favor aportándoles seguridad y serenidad para recobrar su poder.

El poder femenino es un don aparentemente sutil e invisible en el que va implícito un caudal de recursos resolutivos, que brotan justo en el momento en que se precisan. Es fruto de la intuitiva inteligencia femenina. Es la sabiduría innata que, al hacerse consciente, crece para guiar cada paso a fin de encontrar los caminos que llevarán a una percepción y visión de la vida donde la justicia y la igualdad serán los vectores que muevan la acción y la motivación para seguir adelante. No olvidemos que la mujer es creadora de vida.

Cuando las mujeres consiguen pasar las etapas de más urgencia resolutiva para superar el maltrato y el desprecio recibido, comprueban con sorpresa que van recuperando su poder y su sabiduría, dando paso a un reconocimiento propio que abrirá grandes ventanas hacia un saber y hacer innatos.

¿Conocemos nuestro cuerpo?

Todos los estados internos, creencias, actitudes, emociones, sensaciones, vivencias, pensamientos, actividad física, relaciones afectivas cercanas, amigos, intercambio social, trabajos y formas de vivir, van dando forma a nuestro cuerpo y a nuestros diversos estados de salud. Incluso a nuestro volumen físico. Por ello, tenemos que cambiar nuestras formas de pensamiento heredadas, nuestras creencias y actitudes, para que cambie todo lo demás.

Cuerpo, emociones, mente y espíritu, están íntimamente unidos, y a su vez, el Ser auténtico también. Estamos en conexión con todos los demás seres humanos, animales, plantas, cielo, mar y tierra. Somos Uno con el Todo, una afirmación que, cada vez más, corrobora la ciencia avanzada, la física cuántica.

El cuerpo es esa unidad compleja y perfecta capaz de amar, detestar, sentir, intuir, crear y manifestar, muchos estados de conciencia que muestran una amplísima gama de matices, en cualquier tema o campo que podamos pensar. Una persona, lo mismo puede enfermar y morir en unos días, que crear el milagro de la curación súbita. No obstante, la mayoría de las personas no tienen desarrollado un control total de la acción mediante la propia voluntad como para decidir en cada momento lo que quieren y deben, o no, hacer.

La mayoría de las personas, mujeres y hombres, se dejan llevar, como hojas secas, hacia donde las lleve el viento. Si son desgraciadas, castigadas u ofendidas grosera o sutilmente, piensan que así tiene que ser o que tienen mala suerte en la vida, o quizás que no se merecen algo mejor. La manipulación social familiar, religiosa y docente es un hecho cuyos efectos no podemos ignorar en el descontrol de conciencia, anímico y espiritual de casi todos los individuos tocados por esta varita mágica sombría de la represión coercitiva.

Es posible que muchas personas, sobre todo mujeres, hayan aceptado el sufrimiento de manera inconsciente, pero si se detienen un poquito a sentir lo que les dicta su corazón, descubrirán muchas vías de acceso hacia el reconocimiento de su valía para no tener que llegar a extremos conflictivos o peligrosos de convivencia. Cuando esta confianza no es firme, el propio cuerpo lo manifiesta con alteraciones físicas y psicológicas, desarrollando enfermedades que nunca se curan mientras no exista un cambio de forma de pensar y actuar. Suelen ser «enfermedades» del alma que también tienen su sede en la ignorancia, la peor de las enfermedades. Normalmente solemos maltratar nuestro cuerpo con comidas inadecuadas, falta de ejercicio, medicamentos auto-recetados, y productos tóxicos (alcohol, tabaco). Pero tenemos que aprender a escuchar a nuestro cuerpo.

El cuerpo grita y lo hace con el dolor para llamar nuestra atención. Pero nosotros, en lugar de escuchar y observar con cuidado, lo agredimos más aún administrándole medicamentos que la mayoría de las veces no necesitamos; descuidamos la nutrición por pereza y por creer que ya no hay solución y, para colmo, no nos movemos del sofá frente a la televisión, o hacemos cualquier cosa que nos aísle y nos aturda, agravando ese estado insensible y ralentizando y menguando nuestro sistema natural de recuperación, nuestro sistema homeostático (que la Organización Mundial de la Salud ha definido como «un bienestar sentido física y psicológicamente»).

Utilizamos nuestro cuerpo como una máquina; le exigimos, lo castigamos con exceso de trabajo (muchas veces adictivo), usando la siguiente frase: «al cuerpo hay que darle caña» como si se tratara de algo ajeno a nosotros y al que tenemos que acostumbrar al esfuerzo continuado para que se haga más duro, hasta dejarlo reducido a un aparato de funciones mecánicas.

Este modo de actuar anula el sentir y la compasión hacia nosotras mismas y hacia los demás, exigiéndonos y exigiendo el máximo para rendir hasta la extenuación. Las pequeñas grandes cosas pierden su valor, la sonrisa, la Naturaleza, la música, la belleza, los sentimientos que engrandecen el alma, el juego de los niños porque molestan, mirarnos al espejo y sonreírnos diciéndonos, como en la canción de Serrat: «hoy puede ser un gran día, duro con él». Cuando dejamos de valorar las cosas sencillas de la vida que nos rodean por doquier, nos vamos quemando por dentro hasta que el cuerpo dice: «¡¡basta!!» y estalla. La vida nos puede parar en seco. ¡Es la hora del cambio!

En esos momentos entramos en una gran crisis, que siempre tiene un motivo poderoso: es una oportunidad que nos obliga a descubrir y disponer de todos nuestros recursos si queremos salir de ella.

Después de la pataleta y la impotencia ante las dificultades surgidas, se desarrollan mucho más la paciencia, la comprensión, y la introspección respecto a los hechos que nos han llevado a la crisis.

Primero llega la autoculpabilidad, seguida del perdón, la aceptación y la recuperación de recursos olvidados que ayudan a remontar el vuelo. Creatividad, confianza, iniciativa, tenacidad y una actitud positiva son imprescindibles, ya que, de lo contrario, probablemente nos dirigiremos hacia la depresión más profunda.

La crisis de la enfermedad es una revolución interna que nos fuerza a profundizar en el abismo de nuestros más recónditos recuerdos y sentimientos a fin de descubrir nuestra verdad y nuestra mentira, revelando y reconociendo fuerzas y habilidades olvidadas e idóneas para poner en marcha el motor de la expansión de la conciencia y por tanto de la recuperación.

En la mayoría de los casos, los mejores medicamentos son el PERDON y el AMOR junto al reconocimiento de quiénes somos en realidad. En esta fase diremos «¡NO!» al sufrimiento, venga de donde venga (bien entendido que el perdón no significa que volvemos a permitir al maltratador que siga siéndolo con nosotras). Nos perdonamos y le perdonamos, pero continuamos nuestro navegar por la vida alejándonos de él lo máximo posible aunque ya sin el lastre del odio y la culpabilidad.

IV

¿Cómo sabemos que es el momento del cambio total?

Tal vez una nueva luz impregne mi alma.
Tal vez se rompa el telón que encubrió la dicha.
Tal vez he de navegar y cambiar de rumbo
En la inmensidad de mi Ser profundo
Para despertar.

Tal vez no cuente las horas ni un minuto más.
Tal vez valore fallar y acepte después.
Tal vez aprenda a escapar de un mundo pequeño
Para trascender del miedo al amor y la libertad,
Y aprenda a escuchar desde el corazón
Y ver el color de un nuevo universo
Sintiendo mi piel vibrar con la vida,
Cantando a lo bello, sembrando sonrisas.

Tal vez despliegue mis alas y me una al viento.
Tal vez encuentre el aroma que cubra mi cuerpo.
Tal vez por una palabra descubra el misterio
Y caminaré, ya sin vacilar
Por un mundo nuevo sin miedo al azar.

Tal vez el curso de mi historia ejerza un gran giro.
Tal vez lugares sagrados palpen mis manos,
Tal vez la cuna del día me meza y me arrope
Con una manta de besos, engarzando caricias
De infinita ternura, de amor y de paz.

Tal vez pueda conectar con mi íntima amiga.
Tal vez pueda perdonar mi tiempo perdido.
Tal vez escriba un poema y después lo viva,
Encontrando la magia de una fuente dormida,

LO INESPERADO

¿Y cómo saber que estamos preparadas? Se sabe por las ganas de cambio. Por la necesidad vital de encontrar los recursos, las personas, los libros, los estudios, las guías, la información, y las peticiones de nuestro Ser superior. En definitiva, cuando se tiene verdadera hambre y sed de salir, de resurgir después de haber sido maltratada y haber enfermado por ello, entonces comienza a moverse todo favorablemente y, ante nuestra sorpresa, aparece lo nunca esperado.

Nuestro Ser superior

Nuestro Ser superior es un sentir que nos hace cambiar de rumbo en un segundo sin saber a veces por qué. No es un cambio vacío, por indecisión o capricho, sino una sensación que con mucha certeza te indica lo que debes hacer. La decisión siempre suele ser buena, y cuando no lo es de inmediato, también tenía que ser así para después llegar al acierto total.

Algunas personas sabias y sensibles definen al Ser superior como nuestro guía que siempre nos acompaña, nos escucha, nos avisa y nos envía señales frente a nuevos cambios. Nos hace percibir muchas cosas buenas y solucionar problemas que parecían sin solución, de una manera sencilla y casi mágica. Todo esto lo sentimos cuando estamos alerta, pues nuestro Ser superior no grita sino que susurra, nos muestra señales, produce «casualidades» que indican el camino a seguir. Pero nosotras tenemos que darle permiso para que pueda actuar, pues él respeta nuestra parte de libre albedrío.

Otras personas lo definen como nuestro otro Yo, es decir, nuestro propio observador incansable, nuestra propia conciencia. Esa vocecita que escuchamos en nuestro interior a la que muchas veces llamamos «corazonada» y que nos hace cambiar de rumbo en un momento dado de nuestra vida.

También lo llamamos «impulsos», aunque esa percepción e intuición que nos guía surge también de una conciencia creada por conocimientos y experiencias adquiridas a través de fracasos, aciertos, incertidumbres y resoluciones, y que con el tiempo se convierten en sabiduría.

Nuestra sabiduría individual se conecta con la sabiduría universal y con el intercambio cultural y vivencial de nuestros semejantes.

Las mujeres somos fuertes y sabias pero no lo sabemos porque siempre nos han hecho creer lo contrario. Aunque esta mentira se está pasando de moda a pasos agigantados.

Hoy es hoy y podemos mirar de frente toda la manipulación y esclavitud vertidas sobre nosotras, sin rencor, sin quedarnos colgadas en el papel de víctimas, fortaleciéndonos con esa herencia de horror e injusticia. Podemos mirar adelante haciéndonos más «resilientes», es decir, renaciendo con más fuerza después de haber sido machacadas, cogiendo las riendas con suavidad, y a la vez con firmeza, para que nuestro caballo no se desboque ni se duerma.

A las mujeres se nos ha tachado de «sexo débil», un estereotipo que interesa al hombre. Precisamente de «débiles» tenemos muy poco. Podemos demostrar cada día, que a pesar de todas las trabas, zancadillas y condicionamientos impuestos por la represión cultural y la fuerza bruta, estamos logrando recuperar nuestra posición en todos los ámbitos, no sintiéndonos superiores ni inferiores, sino iguales a los varones, social, laboral e intelectualmente.

Por desgracia, aún tenemos que vencer esa grave epidemia de la violencia de género que se ceba con el maltrato de muchas mujeres en nuestros días. Mujeres que son insultadas, golpeadas, minusvaloradas, despreciadas y hasta asesinadas por querer simplemente ser ellas mismas, por reclamar los mismos derechos que tienen los hombres.

Aun así, con todo este currículo de amargas experiencias, es posible superponer capas de amor, comprensión y perdón hacia nosotras mismas y hacia los hombres, de aceptación del pasado y de una apertura infinita al aquí y ahora, que es donde se asienta la vida y donde germina el futuro.

Mientras avanzamos debemos conectar con nuestra inteligencia innata para mantener la calma a pesar de la tempestad, dirigiendo nuestra meta hacia la liberación, de manera que nuestro Ser integral no esté en peligro de ser atacado violentamente, ni interna ni externamente.

Tenemos que mirar y sentir cada día, cada vivencia, sin restarle importancia, mirándola de frente y sabiendo que estamos en el camino adecuado para salir de una experiencia que, por diferentes motivos en cada persona, hemos consentido y hemos dejado que nos atropelle. Todos los pasos que nos llevan a situaciones de inferioridad frente al hombre tienen un denominador común: el desamor a nosotras mismas, el miedo y la culpabilidad.

El miedo paraliza y eso es algo que no nos podemos permitir. El temor es precisamente lo que busca el maltratador porque con el miedo nos quedamos sin defensas, sin alternativas, sin estrategias, sin creatividad para defendernos, sin vida, porque la energía del miedo ataca el riñón paralizando esa virtud natural de reacción que tenemos ante un peligro cuando las glándulas suprarrenales segregan la adrenalina y el cortisol preparando el cuerpo para luchar o huir ante un peligro.

Con el miedo en alto grado se paraliza esa función de reacción defensiva natural en el ser humano. Hay que medir cada acción, estratégica y serenamente, compartiendo la situación con personas o entidades que nos puedan ayudar, visualizando todo el proceso, midiendo todos los puntos importantes que pueden surgir, y solucionándolos en nuestra mente de la forma más serena que seamos capaces antes de pasar a la acción, para salir ilesas frente el peligro de una posible agresión física.

Cuando hay oscuridad no debemos asustarnos; sólo son sombras que ocultan nuestra propia la luz. Son como las nubes que ocultan el sol. Sólo nos hace falta un poco de viento y el cielo azul con su luz brillante nos inundará de calor, claridad y visibilidad nuevamente. Un puntito de luz anula la oscuridad. Y ese puntito de luz está dentro de todos los seres humanos; sólo tenemos que buscarlo muy dentro, tener confianza en nuestro poder; no dejar que la apatía congele nuestra vida por ninguna razón, y decir, ¡basta ya!

¡Basta ya!

Me dejé robar la libertad
Dejando escapar mí centro
Regalando mi poder,
Con inconsciencia severa
Para posponer mis miedos
Y aliviar mi gran ceguera.

Engañándome a mí misma
A fin de no sucumbir
En el mar de la ansiedad
Que aumentaba su dominio,
En mi oscuro porvenir
De prisión y soledad.

Si yo ya estoy muerta en vida
Si ya no tengo opinión
Si me ronda el desosiego
Y el dolor en mi corazón,
Sólo me queda girar 360 grados
Decir que no al sufrimiento
Que ya aprendí la lección.

Y correr, correr con fuerza
En la nueva dirección
Y volar, volar muy alto
Desplegar sin dañar mis alas
Hasta una nueva dimensión
Donde mi alma conecte
Con el centro de mi Sol.

¡Basta Ya!

¿Por qué algunas las mujeres no ponen fin a las ofensas, anulaciones y maltratos de su agresor, perdonándole una y otra vez?

¿Por qué minimizan o niegan el sufrimiento recibido por parte de la pareja, defendiendo al varón y quitándole importancia a hechos que son violentos de palabra y obra? ¿Por qué se vuelve a convivir con el maltratador después de una separación que parecía firme? ¿Por qué estos hechos se dan por igual tanto en mujeres con una base cultural amplia y de carácter potente, capaces de realizar en su vida profesional grandes proyectos, como en mujeres que son todo lo contrario?

¿Por qué hay mujeres que atraen a sus vidas todo lo peor en su convivencia, repitiendo el mismo error una y otra vez? ¿Por qué hay mujeres que dan, y dan y dan hasta quedarse vacías y sin fuerzas?

Son muchas las razones sin razón. Son muchos los caminos no caminados. Son muchas las sombras que impiden ver más allá de lo que alcanza la visión ordinaria.

Son muchas las generaciones de mujeres en compañía del sufrimiento, del castigo, del desprecio, de la falta de respeto y del desamor, acumulado en los genes femeninos. Si además de ello, se nace en una familia conflictiva en la que el apoyo y el cariño brillan por su ausencia, y se vive una represión larvada o expresa con una convivencia entre los padres problemática y agresiva psicológica o físicamente, se aumenta de manera exponencial la inseguridad infantil y se disminuye la autoestima.

Entonces comienza a menguar en la niña –y más tarde en la adolescente y después en la edad adulta– el desarrollo de actitudes positivas de convivencia. El aprendizaje de relaciones problemáticas puede marcar unas pautas erróneas en la coexistencia con otras personas y con la pareja, que nos llevarán a elegir inconscientemente compañeros que nos conducirán al maltrato y a los abusos de distintas categorías, y esto no sólo en la vida afectiva sino también en la vida laboral y social.

Una niñez feliz se establece normalmente en familias emocionalmente equilibradas, donde el amor, los juegos, la convivencia, el fomento de la creatividad, el aprendizaje de la resolución de conflictos, junto a la lucha por conseguir metas, constituyen el motor con el que se madura social y anímicamente para poder crecer y florecer, evitando y defendiéndose de las pequeñas trampas que salen en el camino, y acumulando experiencias para posteriores eventos vitales.

De este entrenamiento vivo nace el discernimiento que hará posible una mente abierta para tomar decisiones claves para el futuro.

Generalmente esta formación de seguridad y confianza suele darse en familias que apoyan a sus hijos y los respetan, ejerciendo una autoridad con comunicación, ejemplos y una disciplina basada en el amor paterno-materno-filial, resaltando los derechos y deberes de ambos lados de una forma flexible y firme a la vez.

La mujer que se descubra a sí misma será una verdadera maga que utilizará su verdadero y gran poder para sanarse, descubriendo todo su potencial energético, intelectual, anímico y espiritual.

Voy a confiar en mí
Para saber lo que puedo.
Voy a confiar en mí
Para llegar donde quiero.
Voy a confiar en mí
Para encontrar mi otro puerto
Para dejar en el aire
Dudas sin fundamento.
Para arrastrar al abismo
La indecisión y el fracaso.
Para pisar tierra firme
Para sentirme flotando.
Voy a confiar en mí

Superación

Por ello, nunca hay que aislarse ni dejarse aislar (eso es lo primero que quiere un tirano maltratador) en una relación violenta. En ese momento, cuando él pretende cortar nuestras relaciones sociales, más que nunca hay que comunicar, gritando a los cuatro vientos, a la gente, las amigas, la familia, la sociedad, al universo, al mundo, todo lo que nos está pasando.

Hay que activar la autoestima, la confianza y la motivación, ingredientes mágicos indispensables para remover y eliminar las sombras, o al menos, por erradicarlas y almacenarlas todas juntas en el último rincón de nuestro cerebro hasta que estén listas para evaporarse. Mientras, hay que centrarse en hacer emerger la luz interna para alumbrar un nuevo camino.

¿Quién dijo imposible?

A punto está de expirar
La era del enojo y el maltrato
Caducarán la cizaña y los miedos,
Se unirán manos y corazones
A favor de un tiempo futuro
Pleno de satisfacciones
En un ser humano profundo
Que rompe limitaciones.
Reconociendo nuestro auténtico Ser
Dispondremos de nuevas herramientas
Que nos impedirán retroceder.
Tiempo sin tiempo, alma creciente
Dejándonos llevar por el río de la vida
Sanando viejas estructuras
Recuperando nuestro poder

Nueva Era

Todas las mujeres del mundo tenemos que unirnos, apoyarnos, defendernos, reclamar y demostrar lo que somos para recuperar nuestra dignidad, para que los hombres dejen de tenernos tanto miedo. Porque en el fondo ése es y ha sido siempre el problema: nos tienen miedo; miedo a nuestra capacidad, a nuestra inteligencia, a nuestra forma de sentir las emociones, a nuestra sexualidad, a nuestra sensibilidad... y utilizan la desvalorización y el propio temor para que no avancemos, ya que su ego se vería muy disminuido, y en muchos hombres (no en todos) el ego de «macho», su fuerza y su tan valorado vigor sexual, son lo más importante.

Pero lo que algunos ignoran aún es que nosotras no somos como ellos. Que no deseamos el poder, ni la dominación, pero sí la justicia y la igualdad. Nosotras no vamos a «machacar» a nadie cuando hayamos recuperado todos nuestros derechos. Y no vamos a tardar mucho en conseguirlo, al menos en los países democráticos occidentales. Desde nuestra sabiduría de mujeres apoyaremos a nuestros compañeros de camino si demuestran humildad y amor en la convivencia, honestidad, limpieza y respeto en todas sus formas de vida familiar y social.

Las cosas cambian cada día; la rueda de la vida va girando y cada ciclo corresponde a unas determinadas energías que hacen posible que se inviertan los polos. Las mujeres no queremos «maltratar» a los hombres; queremos ser sus aliadas y que ellos sean nuestros compañeros en la aventura de la vida, ambos libres y unidos por los lazos del amor.

Deseamos un mundo feliz para nuestras hijas e hijos, que son las mujeres y los hombres del futuro. Sobre todas las cosas queremos ser felices. Bastante tiempo hemos padecido carencia de libertad, opresión, servilismo forzado y desprecio a nuestra capacidad intelectual. Solamente deben temer el resurgir femenino aquéllos que están afincados en una posición de poder y prepotencia. Los que ven a la mujer como un ser inferior al hombre tienen los días contados. Vamos a participar, pero no «detrás del telón», sino en el mismo escenario.

Un amigo mío, budista desde la cuna de una gran sabiduría, me dijo una frase que me ha ayudado mucho en mi camino. Siempre la recordaré para alimentar ese motor incombustible que poseo. Me dijo:

—Las mujeres sois la fuerza creativa y el equilibrio de la vida, pero os falta una cosa.

—¿Qué nos falta? —contesté yo con interés y extrañeza.

—Que no sabéis volar. Que tenéis grandes alas pero no os es posible volar porque ignoráis que las lleváis puestas.

Desde entonces, siempre me ha acompañado el pensamiento de mis propias alas. De hecho, las reconozco. He realizado pequeños vuelos y me gusta la aventura de volar.

Indudablemente, la castración y la anulación sufrida e impuesta desde hace generaciones, ha creado mujeres sumisas que han escondido su fuego para no ofender al hombre, aceptando su sinrazón discriminadora, halagando sus quehaceres aunque no fuesen admirables con el fin de no ofender su ego varonil, haciendo de mediadoras para mantener la paz y la armonía en el hogar o en cualquier sitio donde la soberanía del hombre estuviese presente. Y eso no es sano, ni para la mujer ni para el hombre, ni para la Humanidad. Hay que sacar fuera la fuerza femenina y protestar expresando nuestro desacuerdo, pero sobre todo, actuando.

¿Cómo correr si no se puede caminar? ¿Cómo volar si no se puede correr? Para utilizar esas alas, primero tenemos que descubrirlas. ¿Cómo? Aprendiendo a querernos, reconociendo la fuerza interior de la cual somos portadoras. Meditando para descubrir esa niña interior carente de amor, y mimándola con toda la ternura y la comprensión que podamos sacar de nuestro caudal interno. Perdonándonos y perdonando, ya que el regalo del perdón hace posible la liberación de un peso oscuro que hace menguar la vida y la alegría.

Reír, reír de todo y ante todo. Buscar ese punto de humor en lo cotidiano, pues la risa limpia la sangre, moviliza la energía y aviva el espíritu. Hay que buscar motivación en lo más sencillo para llegar a poder hacer grandes cosas que nos curtan en positividad y autoconfianza.

Una herramienta de ayuda increíble es escribir un «decreto» con todo aquello que creemos que más urge en nuestra vida; sólo lo más importante, ya que si creamos un decreto demasiado largo nos vamos a cansar porque hay que mantener durante su lectura una atención plena, leerlo cada día a la misma hora, con convencimiento y emoción, dando poder a nuestros guías para que muevan los hilos de la sincronía y así se manifieste en nuestra vida todo lo que deseamos.

Tenemos que visualizar todo aquello que nos gustaría para vivir, aquellas cosas que más nos urgen, las de primera necesidad para nuestra cotidianidad, poniendo en ellas la mayor dosis de emoción. Tenemos que sentir las personas y lugares con quienes y dónde nos gustaría estar, así como las actividades que siempre quisimos hacer y a las que nunca nos atrevimos. Saber cuáles son las cosas o situaciones que más entusiasmo nos producen, descubrir y retomar nuestras cualidades artísticas, manuales, creativas, sociales, todo aquello que surja en nuestro interior.

Y una vez descubierto el filón, hay que ponerse en marcha sin desviarse del camino ni un solo momento.

Si se produce una «casualidad» no tiene nada que ver ni con la buena, ni con la mala suerte. Es simplemente la respuesta, la reacción movida por una acción (es la ley de causa y efecto).

El futuro que soñemos es aquél que tendremos si confiamos en nuestro potencial de creatividad, en nuestro Yo superior, y trabajamos para lograrlo.

V

La concepción del ser humano y el desarrollo temprano de mujeres y hombres

Puedes descargar el contenido extra sobre «La concepción del ser humano y el desarrollo temprano de mujeres y hombres» aquí:

Cuestión de género

En la vida, hombres y mujeres no siempre se comportan totalmente como tales. El género es algo mucho más complicado que una simple división en dos sexos.

El «género» es el estado social y legal que nos distingue como hombres o mujeres. Es la cultura la que determina de forma total lo que se considera femenino y masculino (otra cosa es la orientación o preferencias sexuales de la persona, que puede ser diferente a lo que se espera de su género).

La identidad de género es el sentimiento íntimo de cada

persona al sentirse perteneciente a un grupo sexual. Un individuo «transgénero» es una persona cuyo sexo biológico no coincide con su propia identidad de género.

Como vemos, sólo los humanos podemos trascender lo que la Naturaleza nos ha asignado al crearnos de un determinado sexo. Y no sólo en cuanto a la intervención de las hormonas cruciales en su desarrollo, sino también y de manera muy importante, por nuestro aprendizaje vital, nuestras emociones, nuestra educación, cultura y época en la que vivimos.

Si quieren leer sobre el proceso de reproducción llamado *partenogénesis*, descarga el contenido de este bidi:

El cuerpo femenino es el único que permite la existencia dentro de él de un organismo multicelular extraño que va creciendo durante meses.

Aunque el feto tiene la mitad de los genes de la madre, su ADN es distinto al de ella. Todos los seres vivos tenemos un mecanismo por el cual reconocemos los organismos extraños que entran en nuestro cuerpo para defendernos y rechazarlos. Pero algo pasa en el cuerpo de la mujer cuando queda embarazada, pues no rechaza el nuevo ser que crece en sus entrañas sino que lo alimenta.

Los tumores que se forman en el cuerpo no son rechazados porque están formados por nuestras mismas células, con idéntico ADN. Pero estas células anómalas no se comunican con las normales; siguen un desarrollo inarmónico, no coordinado con el resto del cuerpo. Cuando estas neoplasias envían emisarios a otras partes del cuerpo generando nuevos tumores, se convierten en un cáncer con metástasis.

Otro método reproductivo que se ha implantado artificialmente hace poco tiempo son las clonaciones efectuadas con animales. Se realizan eliminando de un óvulo los cromosomas maternos y luego se inyectan los cromosomas completos de la madre extraídos de una célula cualquiera.

Los hombres no tienen razones para sentirse superiores a las mujeres fisiológicamente... ni en ningún otro campo, salvo en el hiperdesarrollo muscular y la fuerza bruta... (aunque se han constatado casos de mujeres con una fuerza excepcional, incluso superior a la de muchos hombres, aunque esto no es significativo).

La Naturaleza ha diseñado al hombre para proteger y fecundar a la mujer. Podemos decir que es un organismo con un diseño más sencillo que el femenino.

La mujer está diseñada para producir y conservar la vida; su organismo es mucho más complejo, pues debe guardar en su interior durante nueve meses al futuro ser mientras se desarrolla, y además de alumbrarlo, debe proporcionarle la mejor nutrición posible, la leche materna.

Aceptemos por lo tanto, para dolor de los machistas, que los hombres no somos totalmente hombres sino que tenemos una base femenina sobre la que se ha desarrollado un cuerpo de varón.

Las campanas de réquiem por la pretendida superioridad masculina deben echarse a volar.

VI

El poder interior de las mujeres

Siempre admiré, y admiro, a esas mujeres valientes en la Historia de la Humanidad que, a pesar de las grandes dificultades que enfrentaron, fueron capaces de hacer aquello que parecía imposible.

Nunca, ni en mis duras experiencias, descarté el sentimiento de reconocerme como parte inseparable de estas mujeres valientes, fuertes, inteligentes, audaces estrategas, revolucionarias, grandes, que han dejado –y dejan–, un gran legado como regalo para todas nosotras.

Cuanta más confianza adquiramos en nosotras mismas, más se manifestará nuestro fuego de amor, creatividad y vida. Tenemos que conocer, leer y estudiar las grandes hazañas de estas maravillosas personas que supieron sobresalir por encima la represión de la cultura machista y destacar en campos prohibidos en su época.

Indudablemente, el tesoro femenino es un legado que tenemos integrado en el fondo de nuestro Ser sensible, intuitivo, delicado y potente a la vez. Somos capaces de adaptarnos sin recelo y con resistencia, flexibilidad, comprensión y amor, atributos que deberían reconocer muchos varones.

Muchos hombres se creerían menos varoniles al reconocer esa otra pequeña parte de *yin* (energía femenina en la medicina tradicional china), en su gran parte de *yang* (energía masculina). Este *yin* es una parte complementaria en el hombre para la más maravillosa y difícil experiencia de la convivencia con la mujer y, sobre todo, para estar y sentirse más completos y equilibrados.

Los seres humanos no estamos aquí para sufrir, ni para morir por la patria, ni por Dios, ni para esconder nuestro cuerpo bajo las túnicas negras del «chador» o los «burkas», ni mucho menos para ser esclavos de nadie.

No hemos nacido para ser castigadas, manipuladas ni anuladas por otras personas iguales a nosotras que decidieron un buen día aunar su ambición de poder para controlar a millones de personas, en base de un programa perverso basado en el miedo, la división, la separación y la ignorancia.

El hombre ha sido fortalecido en su ego desde la cultura machista imperante, marcando a fuego en su inconsciente el dominio sobre la mujer, y haciéndole ver y sentir que él es el rey de la creación, apuntalando así su egocentrismo y dificultando el respeto y la colaboración con su parte complementaria, la mujer.

Aun así, con todas las limitaciones patriarcales y machistas de un sistema castrante en el cual a la mujer le han adjudicado la mayor parte de las represiones, ellas han demostrado su inteligencia, su amor, su sensibilidad y su fortaleza interna, desarrollando su potencial equilibrador, mediador, intuitivo y adaptativo en la familia, la política, el arte y la ciencia. Aunque en la mayoría de las intervenciones relevantes siempre actuó desde «detrás del telón», a la sombra de un hombre. No le dejaron otra opción.

La mujer ha sido capaz de superar y sobreponerse a unas experiencias demoledoras que casi anularon su Ser, adquiridas gracias a la implantación de un sistema cultural donde el pecado, la moral, el sufrimiento, el autocastigo, la falsa ética, el desarrollo de la hipersensibilidad femenina y la fuerza bruta del varón, aseguraron la sumisión y la anulación de todo su potencial latente.

Todo ello con un método de control soterrado utilizado por la sociedad machista para condicionar a los padres y educadores que creían que actuaban libremente y no como elementos de una estrategia muy sutil, donde se prestaba la mayor atención, protección e inversión, a la formación cultural del género masculino, viendo como algo natural el «moldeado» de la hija para el servicio de la casa, del hombre, los hijos y de todo lo que hiciese falta. ¡¡Fabricaban una «todoterreno» eficiente y sumiso!!

Los seres humanos no estamos aquí para el servilismo, para comer, trabajar, consumir, ver la televisión y «hacer el amor sin amor», entretenidos en la supervivencia y estafándonos a nosotros mismos, cayendo en la rutina, cediendo nuestro poder sin darnos cuenta y sintiendo que no tenemos una vida plena. Y, sin embargo, seguimos engañándonos pensando que ya vendrán tiempos mejores.

En realidad estamos sumergidos en una hipnosis inducida desde el poder manipulador, que introduce en nuestra mente esquemas con subterfugios y adoctrinamientos bien formulados a fin de que no «despertemos».

Cuando se está semidormido o semidespierto, el nivel de consciencia es bajo. En este nivel, la abulia y el egoísmo se implantan inconscientemente en nuestra mente.

La base de una buena formación masculina o femenina debe estar en sus inicios tempranos, en la madre y educadora. Ella, con una formación amorosa y libre, puede enseñar los valores más elevados del ser humano a sus hijos e hijas: amor, conciencia y libertad. Estos valores son los que pueden cambiar la sociedad.

La conquista de nuestra libertad se basará en la expansión de la conciencia, que descubrirá la presencia de nuestra mente superior y el reconocimiento de nuestra fuerza interior, en la unión espiritual con los demás seres humanos, los animales y las plantas, a fin de recuperar y preservar nuestra vida, la salud y la armonía de un ecosistema con el cual vibramos, nutriéndonos, respirando y creciendo, aportando nuestra energía de pensamiento y acción a fin de equilibrar la tierra con la que nos fundimos energética, física y espiritualmente.

La ciencia de vanguardia está descubriendo que la conciencia humana es una parte fundamental del ecosistema. No somos individuos aislados de nuestro entorno; querámoslo o no, influimos de manera determinante en todo lo que nos rodea, en la Tierra, en el universo. El mundo será lo que nosotras, mujeres y hombres, queramos que sea.

Cuando hombre y mujer, u hombre y hombre, o mujer y mujer, se comunican y conviven en la igualdad y en el amor verdadero sin aversiones ni apegos, desaparece el depredador y aflora lo mejor de cada uno contribuyendo a la felicidad y la libertad del otro.

Entonces nacen la armonía y la paz interior, donde no hay luchas de poder, manipulación, culpabilidad, minimización, egocentrismo, mentiras ni falsos velos que intenten ocultar actos no acordes con nuestra verdadera naturaleza y nuestro Ser superior.

Cuando esto sucede a pequeña escala —como puede ser en la pareja, la familia o con los amigos—, la experiencia es extensible a toda la Humanidad, con la que puede desarrollarse una gran unión con nuestros semejantes que impulse la creatividad, la motivación y la lucha por la justicia y la igualdad de derechos y obligaciones.

El *yin* y el *yang*, el hombre y la mujer, son totalmente complementarios y no contrarios.

Algunos hombres, al negar su parte femenina, que influye signos de sensibilidad, comprensión, colaboración y complicidad en la sana convivencia con una mujer, están machacando su plenitud, su verdadero crecimiento, su capacidad de compartir desde el corazón, su fluidez con el todo, y su agradecimiento a la vida. El ego masculino es un constructo artificial forjado en nuestro entorno por la cultura judeo-cristiana que ha retrasado siglos de evolución de la Humanidad y ocasionado guerras, atrocidades y genocidios.

El universo masculino tiene que unirse con el océano femenino o viceversa, haciendo desaparecer los escollos que los separan. Ya es hora de demostrar que eso es posible. ¿Cómo? ¡¡Queriendo!! Adquiriendo conciencia de lo que somos, de lo que queremos y lo que podemos, comunicándonos desde el corazón, siendo sinceras con nosotras mismas y con los demás, aunque a veces esta sinceridad no sea bienvenida.

¡No nos engañemos! Con el camuflaje y la apariencia no se llega muy lejos, y menos en esta nueva era donde todo se tiende a clarificar, resaltando los valores humanos y la fuerza de la conexión desde el verdadero Ser.

Poder, violencia y represión es la triada de la fuerza masculina que ha movido y mueve el mundo. Sinceramente, creo que sin la mano amorosa, dulce e invisible de las mujeres que han actuado como moderadoras de mentalidades masculinas con egos hipertrofiados, el mundo ya no existiría. Hubiese estallado en pedazos.

El ego es hermano del orgullo; tanto si eres hombre como si eres mujer, debes intentar eliminarlo de tu vida, ya que sólo engendra sufrimiento.

El orgullo

El orgullo es una emoción autoconsciente pero aprendida, como muchos otros hábitos y emociones que asumimos equivocadamente como innatas. Ha sido implantado en nuestro aprendizaje a lo largo de nuestra vida y lo admitimos como nuestro. Lo archivamos y le damos poder para que anule nuestro auténtico Yo. No hay que confundir el orgullo con la autoestima, que es muy necesaria para nuestro desenvolvimiento personal.

Siendo el orgullo un componente social importante,

muchas veces es transmitido de una generación a otra como «orgullo familiar», resaltando el estatus social económicamente elevado, los títulos y apellidos ilustres, o haber nacido en determinado sitio. El orgullo nos hace arrogantes y mirar a los demás como seres inferiores. También es una coraza que ponemos a nuestro alrededor y nos impide ser más sensibles.

El orgullo hace mediocre a su poseedor, creándole barreras difíciles de saltar en su convivencia familiar y social, actuando como un freno en su propia evolución interior.

El orgullo divide y separa a las personas mucho más que los intereses o las diferencias de carácter.

Hay unos comportamientos generalizados que definen el orgullo, pero estas formas de actuar varían en cada persona, ya que se trata de una emoción, y puesto que cada persona la siente de forma distinta, también el grado y la clase de orgullo se expande o se contrae según la formación y el estado de su poseedor.

Pero... ¿es siempre negativo? Por supuesto que no en su justa medida, si lo asociamos con la autoestima y sirve para no dejarnos pisotear ni perder nuestros más elementales derechos: el derecho a ser libre, el derecho a tener conciencia elevada, y el derecho a amar y ser amada, el orgullo de pertenecer a la especie humana, de poseer un intelecto y un alma. Pero nunca puede servir para crear un abismo entre nosotras y nuestros semejantes, o entre nosotros y el resto del universo.

Se nos ha dotado de sentimientos y emociones por algo; son una gran riqueza interior que todas poseemos y no debemos infravalorar.

El orgullo está hermanado con el *ego* y, al igual que éste, en su justa medida nos impulsa hacia la realización de acciones en las que el esfuerzo motivado y la creatividad hacen posibles verdaderas hazañas, expresando un sereno regocijo y un comportamiento social de ayuda altruista.

Desde esta perspectiva, nuestro «orgullo-ego» sirve para afianzar nuestra confianza, imprimir fuerza de voluntad positiva y elevar nuestra autoestima. ¿Cuándo es entonces realmente negativo? Cuando sobrepasa nuestra conciencia y hacemos daño a alguien; entonces se convierte en nuestro tirano, ya que las reacciones generadas por él nos alejan de nuestro propio centro, de nuestro auténtico sentir y de nuestra alerta como observadoras de nosotras mismas.

En ese caso nos aislamos de la verdad, de la belleza, de lo natural y sencillo, perdiéndonos el disfrute de las pequeñas grandes cosas al encontrarnos atadas y obsesionadas por una posición rígida y tormentosa, que muchas veces nos cierra nuestras propias puertas impidiéndonos reconocer sus límites con humildad.

El orgullo nos aparta de la fluidez social, de tal manera que no entendemos cómo, siendo nosotras tan «maravillosas y perfectas», los demás nos rechazan y nos dejan solas.

Las principales conductas que definen un orgullo nocivo son:

- Vivir pendientes de las apariencias y necesitar estar en primera fila, por suponer que perteneces a una clase superior
- Creer que tienes preferencia sobre todos
- Pensar que nunca te equivocas y los demás sí
- Estancarte en una idea y no admitir otras opiniones, ya que lo tuyo es lo perfecto
- Hablar siempre y apenas escuchar
- Creerse imprescindible y que todo lo que posees es mejor que lo de los demás
- No aceptar sugerencias para mejorar algo, sólo porque no se te ocurrió a ti
- Aferrarse a una postura numantina, defendiéndola sin límites y sin aceptar un margen de error o corrección, sin

reconocer una posible equivocación
* Hacer cosas contrarias a las que te dictan tus sentimientos aun dañando y dañándote

¿Para qué sirve pues el orgullo? Para estancar y ocultar nuestra grandeza real y, paradójicamente, nuestra pequeñez. El orgullo crea una ceguera intrínseca que nos lastima severamente en lo físico, lo psíquico y lo espiritual.

Aunque nos engañemos a nosotras mismas con conceptos erróneos aceptados y digeridos, a nuestras células y a nuestro Ser no los podemos engañar, con lo cual, todo nuestro organismo se confabula para generar un conflicto mediante señales de aviso como la rabia, la frustración, el aislamiento, el pesimismo, el insomnio y la intolerancia hacia nosotras mismas.

Si obramos en contra de nuestros sentimientos, entramos en disonancia con nuestro Ser y nada podremos hacer desde fuera. Habremos creado tantos nudos y bloqueos internos que nos impedirán la correcta circulación energética y sanguínea y estancarán nuestra vida. Entonces nuestro cuerpo comenzará a manifestar síntomas inequívocos de la situación que nos hemos creado a nosotros mismos: el trastorno físico.

Aparecerá la tensión en músculos y articulaciones, produciendo rigidez, dolor y más tarde, inmovilidad. La medicina convencional sólo puede paliar las molestias con fármacos cada vez más potentes a fin de apaciguar los síntomas, y cuando ya no hay más remedio, emplear la cirugía como último recurso.

En estos momentos de gran trastorno corporal, la solución más efectiva es reconocer ese orgullo nocivo y diluirlo lo antes posible pues no vale para nada.

¿Cómo podemos abandonar el orgullo que nos daña?

1. Reconociéndolo, y sabiendo que es este sentimiento nocivo precisamente lo que nos está dañando. Sin este primer paso, es imposible avanzar

2. Visualizándonos desde un punto de vista cósmico, viéndonos como lo que realmente somos: una parte de la unidad total del Universo. No somos nuestra tarjeta de crédito, ni somos nuestro coche, ni nuestra casa o nuestro estatus social. No somos nuestro físico, ni nuestro carácter, ni nuestro ego, ni nuestro orgullo o enfermedad, ni nuestra profesión o nuestro DNI, aunque eso es lo que creemos; *estamos por encima de todo eso, somos centros de percepción consciente. Pura luz*

3. Perdonándonos a nosotras mismas por nuestra ceguera, pero a la vez, comprendiendo y dando las gracias, porque ella nos enseña algo importante para seguir avanzando. Sin algunas experiencias duras, no despertaríamos nunca pues la rutina y el letargo son muy adictivos y en ellos no hay ningún esfuerzo

4. Aceptando a los demás con todas sus diferencias y viendo que en la diversidad está la verdadera riqueza. Si compartimos nuestras opiniones desde el corazón, también progresaremos. Primero por el disfrute de poder transmitir y dar algo, y después, porque recibiremos información que nos complementará o simplemente nos divertirá. En este intercambio nace la verdadera amistad entre las personas, y si alguien es tóxico o agresivo para nuestra vida y no tenemos herramientas para luchar con él ni para aceptarlo, hay que poner tierra de por medio

El orgullo tóxico es una emoción que debe ser eliminada y reemplazada por tres sentimientos: la dignidad, la autoestima y el amor. La comprensión, junto con la dignidad, la autoestima y amor, nos protegen de las bajas vibraciones que puedan interferir en nuestro estado anímico. La dignidad nos pone a salvo de toda forma de esclavitud y nos avisa cuando alguna persona quiere usarnos como medio para lograr sus fines, sin importarle nuestros sentimientos. La autoestima nos ayuda a valorarnos como seres humanos, dignas del mayor respeto y capaces de alcanzar las mejores metas. El amor nos permite superar todos los obstáculos con una sonrisa y el corazón alegre.

El orgullo personal del bien hacer es la humildad. Generalmente, las grandes personas, sabias, escritoras, científicas o artistas, son muy humildes; no se dan importancia y no se sienten orgullosos de sus acciones. Son fáciles de tratar, accesibles y nada arrogantes. Seamos humildes, aunque sin dejarnos pisotear.

Mujeres violentas

Muy machacadas deben estar algunas mujeres para que actúen de una forma contraria a su naturaleza. ¿Mujeres violentas? ¿Interesadas? ¿Solitarias? ¿Depresivas? ¿Sin rumbo? ¿Egoístas? Hay una palabra que define semejantes actitudes: el desamor. Cuando ya no importa la vida, ni la moral, ni la aprobación de nadie, cuando ya nada importa, sólo queda la manifestación de la rabia escondida durante mucho tiempo sujetada por el miedo. Cuando se ha traspasado esa puerta, sale la parte animal escupiendo fuego como un dragón para sanear todo lo podrido y acumulado que quedó en el interior. Llegadas a este punto, ya da igual quien caiga. Son mujeres que, de participar en una guerra, saldrían victoriosas por la furia e inteligencia defensiva incubadas en una fase anterior, cuando sufrieron el castigo.

Generalmente, cuando una mujer actúa fríamente y sin sensibilidad está intentando demostrar a los demás que puede comportarse «como un hombre» (tenemos el ejemplo de algunas líderes políticas que intentan ser duras e inflexibles para que no las critiquen por su condición de mujer; algunas veces incluso llegan a superar en belicosidad a los varones). Incluso suelen ser tachadas de lesbianas[2], cuando nada tiene que ver una cosa con la otra.

Muchas de ellas han tenido experiencias repetitivas de convivencias nefastas con varones, en las que la igualdad entre hombres y mujeres fue imposible, y en las que ellas por lo general tuvieron que ceder.

Esto supone una anulación, una negación de la verdadera conciencia que muchas veces las mujeres se imponen a sí mismas. Esta anulación, elegida en numerosas ocasiones para salvar una convivencia, tiene un desgaste y una involución dentro del cuerpo femenino, algo nefasto para las mujeres que lo practican, pues anula su creatividad, su sexualidad, sus sentimientos, su libertad de expresión, de amor hacia sí mismas, y por lo tanto, su salud.

Normalmente, las mujeres que dan demasiado a base de negarse a sí mismas y de hacer cesión de su propia dignidad, caen enfermas. Su energía vital se desmorona y su sistema inmunológico no restablece su fuego interior, que se

---

2   El lesbianismo es de lo más natural, a pesar de que durante siglos se ha considerado algo antinatural para la doctrina patriarcal dominante. La ciencia todavía no se ha puesto de acuerdo sobre si esta tendencia homosexual se debe a los genes o a disfunciones endocrinas perinatales, pero no es menos natural querer buscar la felicidad con el mismo sexo por la afinidad de comunicación, entendimiento, delicadeza y complicidad existente entre las mujeres. ¿Cómo puede ser antinatural algo que produce la misma Naturaleza? Las lesbianas no lo son por «vicio» —aunque algunas mujeres quieran «probar» esa relación por mera curiosidad morbosa—, sino que es un sentimiento legítimo que pueden tener desde que acceden al razonamiento. Las personas con esos sentimientos no pueden hacer otra cosa que sentirse atraídas por personas de su mismo sexo, igual que los homosexuales masculinos.

va apagando poco a poco a base de un desgaste continuo por alteraciones emocionales, nerviosas y anímicas. A este estado podemos sumar el desequilibrio sobre el aparato locomotor, una nutrición incorrecta y alteraciones del sueño, que crean más caos aún.

Frente a un impacto negativo

Frente a un fuerte impacto, producido por un suceso negativo inesperado, siempre se ponen en movimiento dos fuerzas opuestas pero complementarias. La primera es una fuerza centrífuga, donde todo se desborda hacia el exterior sumergiéndonos en una tormenta de ofuscación, desequilibrio mental y pérdida de control. Semejante estado hace que reaccionemos con respuestas imprevisibles, desde la total inmovilidad hasta la acción más heroica jamás pensada, y todo ello en un corto intervalo de tiempo, en el que se destapa la caja de las sorpresas camuflada en cada ser humano, de agresividad, creatividad inconsciente para la retirada o el disimulo, y respuestas inesperadas que todas llevamos almacenadas en nuestra memoria celular.

Esta reacción espontánea e imprevista nos puede liberar de un inminente peligro en segundos.

La segunda fuerza es centrípeta, «hacia el interior» desde donde se profundiza con urgencia en una búsqueda consciente, intentando llegar al núcleo de nuestra sabiduría almacenada en la memoria ancestral, a fin de encontrar la respuesta más inmediata y acertada en un instante crítico e importante de la vida.

Normalmente, en este tipo de experiencia reactiva e inesperada juegan un gran papel nuestra formación, nuestras carencias, fobias, ignorancias, nuestros deseos y nuestras expectativas, así como los apegos y la conciencia sobre ese determinado momento.

En una situación límite, una fuerza actúa en la periferia con el ímpetu de una acción física y expresión verbal, y otra fuerza nos hace profundizar hacia el interior para asimilar la experiencia y buscar nuestros archivos de conocimiento auténtico basados en el amor, en la información acumulada en el cuerpo y el alma para encontrar la respuesta adecuada.

No sabemos cuántas generaciones de aprendizaje grabadas en nuestra conciencia genética portamos en estos momentos de gran cambio para la Humanidad.

En el impacto emocional negativo es donde más fuerte se marca el aprendizaje, ya que en él intervienen las emociones, los sentimientos, el espíritu, el carácter natural y adquirido, y toda una mezcla de resortes inconscientes, como la reacción de lucha, la inmovilización o la huida, la supervivencia, la ética, el ego, los conocimientos, la conciencia, la compasión, la resolución, la aceptación, la transmutación, el amor y luz.

Este proceso puede ser asumido en segundos, en horas, o seguir enganchadas toda una vida a las trampas mentales de imágenes preconcebidas sobre las cosas, situaciones y personas, sin aceptar la realidad, viviendo en la ilusión e intentando modificar el comportamiento que no nos gusta de los demás.

En busca del equilibrio perdido

Sabemos que somos energía, materia y espíritu; nos nutrimos de las energías del cosmos en equilibrio con la energía de la tierra. Formamos parte íntegra del Todo: cielo, tierra, plantas, animales, colores, viento, temperatura, altitud, latitud... Nuestro cuerpo es sabio; inconscientemente sabe elegir su tonificación y nutrición, siempre que esté abierto y sin bloqueos.

Nacemos con un caudal energético llamado –según la medicina tradicional china– «energía ancestral». Esta energía es nuestra herencia más valiosa. Es la herencia genética de nuestros padres, madres, abuelos y abuelas, y muchas más generaciones pasadas. También tenemos la «energía nutritiva» que se obtiene de los alimentos. Dependiendo de la proporción y calidad de la química natural que contiene la comida que ingerimos, y dependiendo de la vida más o menos equilibrada que tengamos física, psíquica y emocionalmente, reforzaremos y mantendremos con menor desgaste la energía ancestral, nuestra mejor herencia.

Estamos protegidos, absorbemos mente, energía, conciencia y sabiduría universal gracias a la cual nos nutrimos, nos movemos, respiramos, pensamos, captamos información y la intercambiamos, formando parte de un Todo.

Cuando percibimos esta verdad, sentimos que somos tan afortunadas que se va despertando en nosotras el deseo de dar gracias al universo. Cuando nos percatamos de nuestro poder, del poder que poseemos de transformar nuestra vida, ésta da un giro de 180°. Cambiamos el «chip» mental comenzando a ser creativas, motivándonos y poniéndonos en acción, para crear una vida más plena y entusiasta.

A pesar de que haya momentos o etapas en las cuales todo nos resulte caótico, interminable y fatal, siempre existe una lucecita que alumbra el camino a seguir. Cuando parece que nos hundimos irremediablemente en el fango, surge en nuestra vida una solución con cara de persona, situación, o cambio inesperado. Hay que estar alerta para que esa lucecita no se nos escape.

Todas disponemos de guías personales; podemos llamarlos «ángeles», «espíritus», «santos» o «energías». Ellos nos ponen en contacto con nuestro propio Ser para salir adelante en cuanto nosotras lo demandemos.

Otra vía de absorción de energía y recuperación de la misma es el contacto con la tierra; directamente con los pies descalzos, con luz natural en el cuerpo todo el tiempo posible. Según la naturópata, acupuntora, investigadora y autora de varios libros sobre la salud y las energías, Ángels Elías Valls, eso potencia nuestra fuerza vital y descarga energía residual inservible y perjudicial para el cuerpo humano.

La tierra, fuente de vida y energía, tiene zonas que son nocivas para la salud humana y para algunas plantas; no perjudica a los animales ya que éstos poseen un sentido territorial y energético gracias al cual intuitivamente no habitan en zonas que no sean aptas para ellos. No ocurre lo mismo con los humanos, que podemos construir una casa en un terreno con carencias energéticas o radiaciones negativas para la salud por «geopatías» como vetas telúricas, redes de Harman y otras anomalías que pueden menguar la calidad energética de ciertas zonas del lugar. En Alemania, por ejemplo, antes de construir una casa, se mide la energía del terreno por si hubiera anomalías que pueden incidir en la salud de sus futuros habitantes.

Las alteraciones energéticas de la tierra son estudiadas e investigadas por la *geobiología*, una ciencia que investiga las diferencias energéticas del suelo, algo muy útil para construir una casa en un terreno sano y con buen caudal energético.

Estas anomalías se pueden producir por corrientes de agua subterránea que contienen y arrastran componentes nocivos para la salud que son irradiados hacia la superficie. Por tanto, si se edifica una casa sobre una zona telúrica que emana energía negativa para el ser humano, y por casualidad vivimos dentro de ella, comenzaremos a debilitarnos, a no descansar bien, a sentir inestabilidad nerviosa, insomnio, agotamiento físico, cefaleas y facilidad para atrapar cualquier virus que deambule por ahí; es decir, que el sistema inmunitario se verá perjudicado. La mayoría de las veces no sabremos a qué puede ser debido ese estado precario de cansancio, y podemos llegar a desarrollar alguna enfermedad que ya teníamos latente aunque no se hubiese manifestado hasta entonces, pues normalmente se destapa el desequilibrio por aquella parte del cuerpo, órgano o sistema que teníamos más débil, algo que en cada persona se puede manifestar de forma diferente.

Sugiero buscar y consultar «radiestesia» en Internet, para más información. Mediante la radiestesia también se pueden medir diferencias energéticas, que pueden revelarse a través de mediciones con péndulos, varillas de metal y dispositivos electrónicos.

Si quieres leer más sobre la energía de los distintos lugares, descárgate el contenido de este bidi:

Las emociones negativas como bomba de desgaste energético

Es importante saber que cuando un ser humano se encuentra mal anímicamente o está muy estresado, o bien cuando piensa repetidamente una misma cosa (pensamiento recurrente), o tiene problemas de los cuales no sabe cómo salir, se produce uno de los mayores desgastes del organismo que sufrimos las personas sin ni siquiera saberlo. El pensamiento obsesivo, repetitivo y negativo es una bomba consumidora de vida que paraliza nuestro sistema de recuperación.

En estos casos el proceso de la digestión, independientemente de la calidad y el equilibrio del alimento, no aprovecha los nutrientes en su totalidad, ya que todo el aparato digestivo se altera negativamente. Por otro lado, el sistema nervioso simpático, más activo de lo normal, ralentiza todo el proceso digestivo, ocasionando fermentaciones intestinales y una mala metabolización de los nutrientes, alterando la función enzimática y biliar y produciendo anomalías que desestabilizan la función real de la nutrición que es «generar energía». Esta energía se consume tontamente en una digestión lenta, creando fermentaciones, distensión abdominal y estreñimiento por lo pronto, para después pasar a otra fase más avanzada donde se pueden ir desarrollando verdaderas patologías del aparato digestivo.

Así pues, toda la energía que se invierte en una mala digestión se resta a otras funciones de recuperación del cuerpo, con lo cual las personas que comen lo suficiente y no saben por qué están cansadas, deben investigar la causa que está menguando su vigor.

VII

Diferencias fisiológicas, físicas y psicológicas entre hombres y mujeres

En términos generales, pues siempre hay excepciones, la mujer es más pequeña que el hombre, tiene menor cantidad de sangre, menos hematocritos, y sus pulmones son de menor tamaño. Su capacidad de oxigenación por término medio es un 10% menor que la del hombre. Tiene mayor cantidad de grasa corporal (ya que produce más cantidad de estrógenos que favorecen este fenómeno) y, por tanto, menos volumen de musculatura. También tiene mayor frecuencia cardiaca que los varones, suele sudar menos y cuenta con una mayor flexibilidad.

El hígado de la mujer es más pequeño y metaboliza el alcohol con mayor dificultad, por lo que con la misma cantidad de bebida un varón puede apenas presentar síntomas de alcoholemia, mientras que una mujer puede estar embriagada y sentir los problemas que acarrea esta intoxicación con mayor fuerza que un hombre.

Los hombres tienen más fuerza bruta y la pueden utilizar con rapidez, con «estallidos» de potencia puntuales; los andrógenos favorecen el desarrollo de la musculatura. Sin embargo, las mujeres a lo largo de un periodo de tiempo prolongado, presentan mayor resistencia al agotamiento y su grasa corporal las hace más resistentes a los cambios de temperatura. Es conocido el caso de las buceadoras japonesas que cultivan perlas en aguas frías (tradicionalmente son mujeres porque, antes de inventarse los trajes de neopreno, soportaban mucho mejor que los hombres las bajas temperaturas del agua donde se sumergían diariamente).

En definitiva, el cuerpo del hombre se ha diseñado para

la lucha y la caza, es decir, para la selección del ejemplar más adaptado, la protección, y la búsqueda de alimentos. Por eso es fuerte, agresivo y capaz de desarrollar mucha potencia en poco tiempo.

El cuerpo de la mujer está diseñado para tener una resistencia prolongada frente a la fatigas y los dolores, así como para desarrollar en su seno un nuevo ser, parirlo, alimentarlo y cuidarlo. Por eso su carácter es menos agresivo y más paciente.

Estos roles primigenios no tienen razón de ser en la moderna civilización, en la que los alimentos se compran en el «súper» de la esquina, y las leyes y la policía protegen a las personas, y por lo tanto, las tareas domésticas y de cuidado de la prole y crianza pueden y deben compartirse en igualdad de condiciones.

Si quieres leer más sobre las diferencias fisiológicas entre hombres y mujeres, descárgate el contenido de este bidi:

Pero ya es hora de hablar de las diferencias psicológicas.

Recientes estudios científicos realizados con muestras amplias, de más de 10.000 personas entre hombres y mujeres y con un gran abanico de cuestiones, han mostrado ciertas diferencias en la forma de ver la vida y de comportamiento entre ambos.

Por lo general, las mujeres tienen más habilidades sociales de tipo verbal. Necesitan hablar de sus actividades cotidianas, comunicar sus alegrías y tristezas, son más emotivas, intuitivas, detallistas y humanas.

Los hombres son más prácticos, menos intuitivos, no tienen tanta necesidad de hablar de sus problemas o vivencias emocionales (o al menos eso es lo que se les ha enseñado desde hace milenios), tienen menos habilidades verbales, menos necesidad de hacer confidencias, y menor labilidad emocional.

Naturalmente que estas diferencias son discutidas por otros estudios, y existen hombres con habilidades que podríamos llamar «intrínsecamente femeninas» muy desarrolladas y que superan incluso a muchas mujeres, y lo mismo podríamos decir de mujeres que tienen habilidades que se consideran «masculinas».

Lo más probable es que todas estas diferencias psicológicas sean también producidas por los condicionamientos culturales. El más importante de todos ellos es el «determinismo patriarcal» o los paradigmas androcentristas inculcados desde hace milenios en las mentes de hombres y mujeres que han modificado los circuitos neuronales de ambos géneros.

El cerebro de las mujeres es aproximadamente un 10-15% más pequeño que el del hombre, pero eso no implica menor inteligencia, ya que, aunque la mujer tiene menos neuronas, las utiliza con mayor eficacia. Tengamos en cuenta que el índice de encefalización es el mismo y el cuerpo de la mujer también es más pequeño que el del hombre en general.

La inteligencia no depende del tamaño del cerebro (si fuera así, las ballenas serían los seres más inteligentes del planeta), sino de su mejor aprovechamiento y eficacia, así como de la proporción que guarda respecto al cuerpo. Una persona de dos metros de altura y cien kilos de peso, puede tener proporcionalmente un cerebro más grande que otra persona de un metro sesenta y cinco y setenta kilos, pero la eficacia de funcionamiento de su cerebro puede ser exactamente la misma (a veces mucho mejor en la persona con cerebro más pequeño); depende más del índice de encefalización que del tamaño intrínseco del cerebro.

El factor de inteligencia, por lo tanto, es el mismo en hombres y mujeres, aunque parece que hay otra diferencia entre ambos sexos en la orientación espacial.

Los hombres suelen tener ventaja en cuanto a la rotación tridimensional de figuras en el espacio, es decir que se orientan mejor pero, por contra, las mujeres suelen ser mucho más intuitivas y con mayores habilidades verbales y sentimentales. Todo esto podría ser debido a los roles que durante milenios ha ejercido cada género en la especie: si los hombres salían a cazar y guerrear, debían desarrollar una mayor orientación para localizar la presa o volver al poblado. Las mujeres, al quedarse en el hogar, tenían ocasión de desarrollar el lenguaje, las relaciones y la expresión de los sentimientos.

Tengamos en cuenta que los roles de cazador y de madre recolectora se han venido desarrollando en la Humanidad durante cientos de miles, incluso más de un millón de años hasta el descubrimiento de la agricultura y la ganadería, hace tan sólo unos 15 o 20.000 años; por lo tanto, esos comportamientos ancestrales están muy arraigados en nuestras mentes y han tenido tiempo de desarrollar y modificar conexiones neuronales específicas para cada género.

En la infancia, las niñas son más precoces en la adquisición del lenguaje y las habilidades motoras, es decir, verbalizan y andan antes que los niños, y en la escuela infantil son más aventajadas, aunque estas diferencias desaparecen conforme avanza la edad.

En cuanto a la vida sentimental y sexual, las diferencias se centran en los roles asignados por la cultura dominante de cada sociedad y por la Naturaleza.

Tengamos en cuenta que los individuos, sean hombres o mujeres, configuran su personalidad y conducta dependiendo de diez factores principales, que son:

1. La genética heredada de los padres y antepasados, el fenotipo y el genotipo (el cuerpo físico, el sexo, la identidad de género, vulnerabilidades, niveles de extraversión e introversión, magnitud de neuroticismo), el cual influye casi en un 50% en la formación del carácter y la personalidad

2. El aprendizaje, tanto en el ámbito de la familia, como en las instituciones académicas y los modelos sociales (conocidos, maestros, profesores, artistas, deportistas)

3. Las cogniciones, formas de procesar la información recibida, estereotipos y modelos heurísticos y las actitudes

4. Las emociones, forma de sentirlas, cómo reconocerlas, entenderlas y afrontarlas adecuadamente

5. Las conductas y los hábitos adquiridos y expresados como consecuencia de todo lo anterior. Ambos se interrelacionan mutuamente: las conductas crean hábitos, y los hábitos crean conductas

6. Las relaciones sociales entre iguales, de pareja, de amistad, de constelación familiar y organizacionales

7. El desarrollo laboral, el grado de satisfacción por el tipo de trabajo realizado, las perspectivas económicas y de futuro

8. El tiempo histórico de la Humanidad (Edad Antigua, Media, Moderna, Contemporánea, Tecnológica, etc.) No es lo mismo vivir en un tiempo histórico que en otro; cambian los paradigmas sociales, políticos y religiosos domi-

nantes, que afectan a nuestras vidas, actitudes, creencias y comportamientos

9. El ámbito cultural en el que estamos inmersos, al menos hasta la edad adulta (occidental cristiana, musulmana, oriental, animista, etc.)
10. La espiritualidad, las creencias en el más allá, las supersticiones, el nivel de autoconciencia

Si casi el 50% de nuestra forma de ser y desenvolvernos en nuestra vida viene dado por la genética, y el otro 50% de la educación recibida, la cultura de inmersión y el tiempo histórico, poco podemos hacer. O hacemos despertar nuestra conciencia y nos preguntamos qué hay más allá de nuestros condicionamientos heredados y adquiridos o tratamos de pertenecer a un género distinto al asignado por nuestros cromosomas.

Con posterioridad a nuestro nacimiento, somos criados y educados; el tipo de crianza y la educación que recibimos depende de forma determinante de nuestra pertenencia a un género u otro.

En nuestra cultura, ya de entrada los colores de las ropitas son diferentes: rosa para las niñas y azul para los niños. Desde muy temprana edad, los juguetes son discriminatorios, así como el vestido, que pronto empiezan a diferenciarse: faldas para las niñas, pantalones para los niños.

Por lo tanto, la forma de crianza de los niños y las niñas de manera diferenciada es muy determinante para el desenvolvimiento de la personalidad, al margen de que, además, las mujeres tengan una forma diferente a los hombres de ver, interpretar, valorar y decidir sobre los avatares de la vida.

La moderna psicobiología postula que los comportamientos culturales, repetidos a lo largo de siglos, pueden cambiar la forma de procesar la información que recibimos y modificar ligeramente la anatomía cerebral. Es decir, que estas diferencias apreciadas entre hombres y mujeres pueden deberse a condicionamientos culturales prolongados en el tiempo y no a distintas maneras filogenéticamente determinadas y troqueladas de comportamiento.

En realidad es más positivo para una especie que ambos sexos puedan intercambiar con relativa facilidad sus papeles, en el caso de que uno de ellos falte, en el cuidado de la prole. Salvo en la gestación, alumbramiento y primera lactancia, hombres y mujeres están capacitados para proteger y criar a sus criaturas.

El uso mayoritario de uno u otro lado cerebral no quiere decir que no existan hombres con sensibilidades del hemisferio derecho y mujeres cerebralmente más masculinas pero, en general, podemos afirmar que las mujeres utilizan mucho más el hemisferio derecho que los hombres. Tal vez este hecho se deba también a la crianza diferenciada, ya que a los varones se les reprime más, desde la cuna, la expresión de sus sentimientos. Pensemos en esa famosa frase dedicada a los infantes: «Los niños no lloran, eso es de niñas».

Si quieres leer más sobre los hemisferios cerebrales, descárgate el contenido en este bidi:

Las niñas y niños durante la infancia son auténticas esponjas de todo lo que acontece y se dice a su alrededor, y sobre todo, aprenden gran parte de su comportamiento de los roles paterno-maternos, aprendizaje que empieza ya en la cuna y que continúa y se reafirma en la infancia y preadolescencia.

La madre siempre es más cercana y tierna, más atenta a las necesidades del niño o la niña. El padre es percibido como más lejano, menos tierno, más duro. No es difícil haber escuchado eso de: «Cuando llegue papá le voy a decir lo mal que te has portado».

Muchas veces el papel del padre que aprenden los niños es el de patriarca justiciero, un ser que ven en casa apenas los fines de semana, y que habla con voz grave amenazando con castigos si no se portan bien.

Los niños crecen aprendiendo los roles de cada progenitor que ven en sus casas diariamente. Este aprendizaje temprano en la infancia es determinante para su futuro y muchos conflictos emocionales que padecerán de adultos proceden de este periodo, y están soterrados en la mente, ignorados a veces incluso por los propios protagonistas de los mismos, lo que hace muy difícil su diagnóstico y superación.

Debido a estas diferencias físicas y psicológicas, los hombres deben aprender a mirar, tratar y comprender a las mujeres como seres físicamente más delicados, pero al mismo tiempo, resistentes y flexibles, más emocionales, con una mayor capacidad de expresión de sus sentimientos, con más necesidad de recibir muestras de cariño y ternura, más propensión a comunicarse verbalmente, y con una mayor percepción de los detalles de todo tipo, sentimentales y materiales. A veces ellas se dan cuenta de cosas, de pormenores que a los hombres no les parecen muy importantes o les han pasado desapercibidas.

Una mujer es capaz de «sufrir» y soportar incomodidad por estar bella para ella misma y ante los demás, o por seguir la moda, lo que un hombre no soportaría, debido claro está, a los condicionamientos culturales.

Las mujeres por su parte deben comprender que los varones son distintos, más fuertes y agresivos, pero más toscos y tímidos en la expresión de sus sentimientos, con menos habilidades para mostrarlos, con menor necesidad de hablar de sus problemas, más territoriales y con mayor deseo de sentirse integrados y aceptados en algún grupo de iguales. La agresividad y las deficiencias en la expresión de los sentimientos son claramente resultado de influencias culturales milenarias tendentes a forjar individuos válidos para la guerra.

Dentro del marco cultural que vivimos, los comportamientos, cogniciones y actitudes de ambos géneros son complementarios, aunque se pueden producir diferentes formas de interpretar la realidad que pueden llevar a la incomprensión mutua y a la ruptura de relaciones.

Una fuente de conflicto muy importante se puede originar por la diferente percepción en las relaciones sexuales.

Diferentes percepciones en las relaciones sexuales

Generadoras de satisfacciones y frustraciones, las relaciones sexuales entre hombre y mujer dependen en gran parte del mutuo conocimiento del funcionamiento de sus cuerpos, del desarrollo individual y de pareja, de los paradigmas culturales dominantes, así como de los sentimientos y emociones que entran en juego en ambas personas.

En los animales más cercanos al ser humano no existe el erotismo, sólo la función sexual de reproducción. Puede haber cierto cortejo en algunas especies, estereotipos de señales visuales, olfativas, auditivas y táctiles que preceden al acoplamiento. Generalmente estos cortejos tienen como misión principal asegurarse de que los dos protagonistas reúnen las condiciones adecuadas de salud y vigor para engendrar buenos descendientes. Una vez realizado el coito puro y duro y conseguida la fecundación, todo contacto sexual entre ambos ejemplares pierde interés.

En los seres humanos las cosas son de otra manera, aunque todavía hay individuos (casi exclusivamente masculinos), que actúan como si fueran animales.

Generalmente, en el hombre sano y en edad conveniente, casi siempre existe el deseo de acoplamiento con la mujer. Basta una insinuación de ella para que el «macho» esté dispuesto a copular, medien o no sentimientos de amor.

Sin embargo, en la mujer ocurre otra cosa muy distinta. Recientes estudios parecen mostrar que las mujeres no son tan diferentes en cuanto al deseo de contacto sexual con los hombres, pero saben reprimirlos y sublimarlos, la mayoría de las veces de forma inconsciente por varias razones.

Para el hombre las consecuencias de una cópula sin compromiso sentimental son casi inexistentes. Lo más que le puede pasar es que la mujer quede embarazada, pero el padre puede ignorar su responsabilidad para con el hijo o la hija que va a nacer. De hecho ocurre muy a menudo y las mujeres se ven ante la decisión de abortar o seguir adelante solas. La crianza de los bebés humanos es larga, fatigosa y cara económicamente. Por lo tanto una mujer tiene que pensárselo varias veces antes de copular, pues lo que arriesga es mucho más de lo que expone el varón.

Por otra parte, todavía existe una presión social diferencial. Los hombres que copulan con muchas mujeres son considerados «vividores» en el mejor sentido de la palabra, varoniles, conquistadores, seductores, machos prototípicos y hábiles en las lides amorosas. La sociedad ve bien o tolera perfectamente que un varón tenga aventuras galantes antes de casarse o visite prostitutas, pues así será «más estable» sentimentalmente después de su matrimonio y más hábil para satisfacer a su esposa. Existe un viejo dicho que postula «quien no la corre de soltero, la corre de casado». Este paradigma cultural es aceptado incluso por muchas féminas.

Con la mujer, las cosas cambian. Una mujer atrevida, «ligera de cascos», con múltiples aventuras amorosas antes del matrimonio, es considerada una prostituta, aunque no cobre por sus intercambios sexuales. Pocos son los hombres que querrán tener una relación estable y comprometida o casarse con ella. Y menos si la conducta de la mujer es del dominio público.

Después de casados las cosas siguen más o menos igual. El adulterio masculino se contempla con cierta normalidad y tolerancia social, pero nunca el de la mujer. Afortunadamente en los países más avanzados este paradigma va cambiando.

Debido al coste emocional, social, físico y económico, no debemos extrañarnos de que las mujeres sean más reacias que los hombres a mantener relaciones sexuales promiscuas, incluso ahora que existen métodos bastante cómodos para evitar la fecundación.

La «píldora» supuso un antes y un después en la libertad sexual de las mujeres, ya que pudieron acceder con mayor facilidad al mundo del sexo, al no tener que temer al embarazo fuera del matrimonio ni a las consecuentes críticas sociales.

También interviene en este lance del sexo, el temor a la pérdida de la virginidad femenina. La mujer es la única hembra entre los animales superiores que tiene una membrana que cierra parcialmente la entrada al conducto vaginal. Los posibles motivos biológicos de la existencia de esta membrana se han justificado científicamente por las mismas razones que antes hemos expuesto que empujen a la mujer a tener menor promiscuidad sexual, al menos mientras conserva su himen intacto.

Todavía existen serios prejuicios sobre este particular. Muchos hombres, en muchos lugares del mundo, exigen que la esposa sea virgen (algo que ya no está garantizado totalmente, pues la cirugía hace milagros). En esta exigencia intervienen varios factores ancestrales y culturales. El primero es ciertamente ancestral: el tener la seguridad de que ningún macho ha «plantado» su semilla anteriormente, y por lo tanto que la descendencia tenga la más alta probabilidad de ser hijo o hija del varón que copula. La segunda causa es cultural, ya que varía desde prácticas como la infibulación y ablación, hasta el más íntimo reconocimiento físico exploratorio vulvar que se realiza en algunas etnias inmediatamente antes de la ceremonia, por parte de los familiares del novio, con muestras públicas de sangre incluida para acreditar fehacientemente la virginidad de la novia.

Afortunadamente, la virginidad va perdiendo importancia en los países más avanzados sociológicamente; a la mayoría de los hombres no les importa la vida pasada de su mujer, sino que sea una pareja adecuada a su personalidad, creencias y actitudes.

Si quieres saber más sobre cómo sienten y denominan la sexualidad ambos géneros, descárgate el contenido de este bidi:

Afortunadamente, las féminas van dejando atrás sus limitaciones en todos los campos, impuestas por la sociedad machista, y van recuperando su poder de ser ellas mismas.

Por lo general las mujeres necesitan mayores atenciones cariñosas en las relaciones sentimentales. Son más proclives a sentir emociones a través del oído, al escuchar frases y susurros de amor. El hombre es más visual, olfativo y táctil. Debe gustarle lo que ve, el cuerpo y el rostro de una mujer, oler su perfume y sentir su piel y su cuerpo.

Sobre estos comportamientos sexuales tienen mucha importancia –casi definitiva– los modelos sociales que aparecen en los medios de comunicación. Sólo tenemos que ver las revistas antiguas o las películas de los años veinte o treinta del siglo pasado para darnos cuenta de los cambios en los paradigmas de belleza.

Ancestral e inconscientemente las mujeres buscan hombres fuertes y altos porque se supone que pueden protegerlas y cazar mejor. Los hombres «buscan» mujeres de caderas diferenciadas, fuertes glúteos y grandes pechos, porque piensan que serán buenas madres.

En realidad, desde lo más recóndito de nuestro cerebro animal, ambos géneros estamos buscando cómo perpetuar nuestros genes y hacerlo con los mejores ejemplares para asegurar que nuestra descendencia sea sana y fuerte.

Por supuesto que estos impulsos primarios están modulados por la cultura dominante, las costumbres y las tradiciones que han sustituido los arquetipos de antes por nuevos requerimientos a las posibles parejas como el dinero, el trabajo, la fama, la posición social, las conveniencias familiares, etc.

Pero todos estos convencionalismos sociales pueden venirse abajo con la emergencia de un sentimiento incontenible de atracción, de algo que solemos llamar «amor», que en determinadas personas y momentos puede alterar cualquier decisión «sensatamente» razonada en la búsqueda de una pareja sexual.

Recientes estudios psicológicos muestran que, en el periodo de la ovulación, las mujeres se fijan más en hombres de estereotipo «macho alfa»: altos, viriles, fuertes y guapos. Pero en los periodos intermedios suelen preferir al hombre tierno y sensible que puede ser una buena pareja estable y un buen padre. Las mujeres sienten e intuyen que el hombre «macho alfa» puede ser muy inconstante en el amor, promiscuo y tener muchas relaciones sentimentales.

La sexualidad femenina en la Historia

La sexualidad femenina fue un tema tabú durante siglos y hasta fechas tan recientes como finales del siglo XIX y principios de XX.

Si quieres saber más sobre la sexualidad femenina en la Historia, puedes leer el contenido de este bidi:

No fue hasta la década de los 60 del siglo pasado, cuando el ginecólogo norteamericano William Masters y su ayudante, la trabajadora social Virginia Johnson, emprendieron el trabajo de estudiar seriamente la sexualidad humana realizando miles de entrevistas. En 1966 publicaron el libro *La respuesta sexual humana* que, aunque estaba destinado a médicos y psiquiatras, tuvo una gran difusión inesperada entre el gran público.

Fue el primer estudio de la historia médica y psicológica, sistematizado, objetivo y científico, sobre el comportamiento sexual humano. Sus conclusiones fueron las siguientes:

- En las relaciones sexuales humanas se producen, tanto en hombres como en mujeres, cuatro etapas: excitación, meseta, orgasmo y resolución. En la excitación masculina, la sangre llena los cuerpos esponjosos del pene produciendo la erección necesaria para insertarlo en la vagina; ésta se lubrica, a su vez, mientras el clítoris se expande y los labios menores y mayores se agrandan y llenan de sangre. Puede ocurrir que aparezca el rubor sexual en varias partes del cuerpo. En la mujer los pechos se agrandan y los pezones se endurecen. En ambos la respiración se agita y aumenta la frecuencia cardiaca y la presión arterial.
- Durante la meseta, el placer se incrementa y la estimulación nerviosa del glande, así como la estimulación directa o indirecta del clítoris y otras partes del cuerpo, producen un aumento de la tensión nerviosa que se descarga con el orgasmo.
- Tras éste ocurre la resolución, en la cual el cuerpo vuelve a los valores homeostáticos anteriores. En los hombres, si hay eyaculación, se manifiesta inmediatamente un «periodo refractario» más o menos largo hasta la segunda erección y orgasmo, tiempo que se incrementa con la

edad. Este tiempo de rechazo no ocurre en la mujer. El periodo refractario de la mujer se debe a una hipersensibilidad del clítoris, que puede manifestarse tras uno o varios orgasmos, lo que requiere una estimulación más suave o un pequeño tiempo de espera.

Existe una variabilidad múltiple para este guión, dependiendo de los gustos personales, del aprendizaje de ambos, y de las experiencias personales. Por ejemplo, hay hombres que tienen orgasmos sin eyacular. En este caso no hay periodo refractario. Otros pueden tener una eyaculación precoz, simplemente con tocar a la mujer o incluso verla desnuda. También algunos hombres pueden tener más de un orgasmo con eyaculación sin periodo refractario, aunque no es la regla general.

Al no ser eyaculatorio su orgasmo, la mujer puede seguir excitada y tener varios clímax seguidos con relativa facilidad si continua la estimulación, lo que no puede ocurrir en el hombre que necesita siempre un descanso más o menos prolongado, aunque este descanso puede ser la primera vez muy corto si hay suficiente excitación y energía.

En la mujer, el orgasmo puede ser provocado por la estimulación del clítoris, de la vagina o de otras partes del cuerpo, como los pechos, los muslos, las orejas o los labios, aislados o en conjunto, dependiendo de cada persona. En realidad, todo el cuerpo puede ser una zona erógena y muchas personas se sorprenden cuando exploran alguna parte de su anatomía por primera vez. Lo importante es saber que cualquier tipo de orgasmo femenino puede ser satisfactorio y considerarse «natural» si la mujer así lo siente.

Durante mucho tiempo, quizás demasiado, se supuso que la mujer debía experimentar un orgasmo similar al del hombre copulando, rápido y vaginal. Cuando no se producía de esta manera (lo cual era lo más normal) durante siglos se le achaca toda la culpa a ella, nunca a la poca habilidad y paciencia del varón. Esto no solamente la frustraba, sino que le hacía pensar que su cuerpo era defectuoso.

En la mujer puede producirse anorgasmia y frigidez, es decir, excitación pero sin poder llegar al orgasmo, o frigidez absoluta, con total falta de apetito sexual y ausencia de placer en las estimulaciones vulvares.

Generalmente esta falta del orgasmo se debe a factores psicológicos y de aprendizaje. En el segundo caso, se ha dicho frecuentemente que no hay mujeres frígidas sino amantes inexpertos. Una mujer con una morfología normal y sin antecedentes de abusos o agresiones sexuales en la infancia o adolescencia, no tiene por qué dejar de sentir excitación o placer si es bien estimulada por una pareja que le resulte agradable, o por una manipulación que se realice a sí misma.

La falta de placer y excitación siempre se debe a represiones y miedos psicológicos motivados por una deficiente educación sexual, represiones o traumas del pasado. También puede ser desencadenante de la frigidez, la aversión hacia la pareja sexual. La vaginitis es una contracción de la vulva que impide la penetración o la hace muy dolorosa. Si no tiene una explicación médica, como una infección o una herida, puede deberse a un problema psicológico y emocional.

Por otro lado, las mujeres deben tener en cuenta que la «expresión sexual» es algo muy íntimo y personal que ha sido manipulado y estructurado desde el punto de vista masculino casi exclusivamente hasta hace muy pocos años, con el evidente sesgo sobre lo que no es «normal».

La consecuencia de esta visión androcentrista del sexo es que muchas mujeres han fingido y fingen el orgasmo para satisfacer a sus parejas, en pro de una mejor relación afectiva en lugar de hablar abiertamente de sus preferencias sexuales.

A priori no hay nada anormal en cualquier experiencia sexual, siempre que sea satisfactoria y no atente contra la libertad de ningún miembro de la pareja. Mutuamente consentido todo es posible y no hay más normas de las que cada uno quiera aplicar en cada caso o circunstancia.

Las mujeres pueden ser ellas mismas las que exploren su propio cuerpo para encontrar sus zonas más erógenas, y no deben tener vergüenza en solicitar de sus parejas aquello que más las satisfaga, o les produzca mayores sensaciones placenteras. Ellas tienen el pleno derecho de disfrutar del sexo, al igual que los hombres, aunque lo hagan de distinta manera a como ellos lo entienden o imaginan.

Los hombres tienen que entender que no están dentro del cuerpo de una mujer; no pueden sentir lo mismo que ellas, y por lo tanto, tampoco deben dejarse llevar por los estereotipos sociales en materia sexual –que a fin de cuentas están pergeñados desde una perspectiva masculina–, sino dialogar con su pareja para averiguar qué es y como hacer lo que más le gusta.

Si quieres saber más sobre la sexualidad femenina y sobre el «Punto G» descárgate el contenido de este bidi:

Para la armonía psicológica y saludable de una mujer, lo más importante es que se sienta satisfecha y plena con sus relaciones sexuales, sean éstas del tipo que sean, sola o acompañada. No importa si sus orgasmos son más o menos placenteros o espectaculares en manifestación física, o sean clitoridianos, vaginales, del «punto G», o de cualquier otro punto del cuerpo, o una combinación de todos ellos. Tampoco importa si ella tiene uno o varios orgasmos en una relación; lo verdaderamente importante es que se sienta bien y satisfecha con el resultado.

También es verdad que si en la actividad sexual interviene una pareja, conviene que la satisfacción sea mutua para que la relación persista. Es necesario que ambas personas conozcan sexualmente los requerimientos y las necesidades eróticas del otro. Para todo ello es determinante hablar sin falsas vergüenzas y entender que no todos los encuentros sexuales pueden ser plenamente satisfactorios para ambos, por diversas causas, ambientales, circunstancias personales, psicológicas o de salud.

Las mujeres tienen mayor potencial sexual que los hombres, por dos razones: la primera es que los hombres necesitan tener una erección suficiente para realizar el coito, algo que no ocurre en la mujer que puede hacerlo siempre que quiera, aunque tenga que recurrir a lubricantes artificiales. La segunda es que la eyaculación masculina produce un desgaste y una fase refractaria más o menos larga.

Paradójicamente las mujeres son muy selectivas con sus parejas sexuales. Mucho más que los hombres. Los motivos de ello son el enorme riesgo que corren al tener relaciones íntimas, las presiones y represiones sociales, la educación y los sentimientos.

Los sentimientos y las emociones son muy importantes para las mujeres. Es normal encontrar mujeres que permanecen vírgenes hasta avanzadas edades (40-50 años) porque no se han enamorado de un hombre y no son capaces de tener relaciones sexuales sin mediar un sentimiento amoroso.

No digamos lo que ocurría años atrás en España hasta

hace menos de 20 años: muchas mujeres no practicaban el sexo con sus parejas hasta la boda; hasta entonces tenían que permanecer vírgenes (aunque antes se entregaran a toda clase de juegos eróticos sin penetración).

En la actualidad esta conducta ha cambiado bastante debido a la apertura de la sociedad, la permisividad, y la menor valoración por parte de los hombres de la virginidad, y los métodos anticonceptivos, como la píldora, los condones, los diafragmas, los «DIU» (dispositivos intrauterinos) y la píldora del día después.

Los hombres, en general, no necesitan sentir «algo» por la mujer con la que tienen relaciones sexuales; basta el deseo, la pulsión sexual, la líbido, y que la pareja sea de su agrado.

Para las mujeres es diferente; en general, necesitan sentir ese «algo» por su pareja sexual, lo cual no quiere decir que no haya mujeres que practican el sexo solamente por la atracción física o simplemente por satisfacer sus deseos. Por este motivo, las píldoras que impulsan la sexualidad en los hombres y producen una erección, no funcionan con las mujeres.

No se ha descubierto todavía ninguna sustancia química que eleve el deseo femenino y les haga desear a ellas con fuerza un encuentro erótico. Las famosas leyendas urbanas sobre la «cantárida» o «mosca española» sólo son eso, leyendas que por otra parte esconden un peligro real, pues dicha sustancia es fuertemente irritante del tracto urinario y puede provocar alteraciones fisiológicas y físicas graves (otras sustancias, como los alimentos «afrodisíacos», tampoco inciden significativamente sobre la líbido femenina).

Con los hombres, las píldoras que facilitan la erección funcionan perfectamente; basta un leve estímulo sexual con cualquier mujer que sea de su agrado.

Ésta es una nueva prueba de que las mujeres son más proclives a tener y sentir emociones amorosas, que son la base de su vida, antes que realizar coitos por mero placer físico (lo cual no quiere decir que dejen de desearlo, e incluso de hacerlo si encuentran la pareja adecuada, aunque no es lo corriente).

La prostitución es una actividad principalmente desempeñada por mujeres. Es fácil que una prostituta tenga más de diez relaciones sexuales en un día (esto sería impensable si en cada una de estas relaciones estuvieran presentes sentimientos, placer u orgasmo).

Las prostitutas pueden ser muy promiscuas porque separan totalmente su cuerpo de los sentimientos. Entregan su cuerpo físico pero no su alma. Es raro que sientan placer u orgasmos con los «clientes». Generalmente practican esta profesión para ganarse la vida, o por amenazas de redes mafiosas de explotadores sexuales, o por presiones de sus mismas parejas («chulos») y no involucran absolutamente ningún sentimiento en esas relaciones, que guardan para sus personas amadas.

La prevalencia de las mujeres sobre los hombres en este «oficio» tan antiguo no se debe a la mayor perversión o deseo sexual de la mujer, sino a necesidades de supervivencia, que es la primera pulsión del ser humano, a las facilidades que les ha dado la Naturaleza para ejercerlo, así como a la líbido masculina más desinhibida, menos condicionada por los sentimientos, y a las costumbres sociales que incitan a los varones a demostrar su virilidad antes de tener una esposa ó pareja habitual.

No existirían prostitutas si los hombres no sintieran un fuerte impulso sexual sin apenas freno social, y si la pobreza, la tradición machista o las amenazas no empujarán a muchas mujeres a vender su cuerpo para sobrevivir.

El aborto es un tema candente y de gran actualidad. Algunos colectivos lo reclaman como un derecho inalienable de la mujer a decidir sobre su cuerpo y su maternidad, pero no cabe duda de que puede producir importantes daños psicológicos que influirán negativamente en la vida futura de la mujer.

Concluyendo, la sexualidad erótica es un atributo natural del ser humano y tanto el hombre como la mujer están dotados de los órganos, sensaciones y sentimientos necesarios para disfrutar plenamente de esta actividad.

El sexo con fines puramente reproductivos, podemos decir que es una actividad animal. Cualquier especie lo hace, desde los insectos a los mamíferos, cuando su naturaleza los requiere. El erotismo, la sexualidad por el mero goce de los sentidos acompañada de sublimes sentimientos de amor y pasión, es patrimonio exclusivo de los seres humanos.

La especie humana no tiene límites para disfrutar de la sexualidad erótica; no tiene periodos de «celo» en los que un impulso irrefrenable conduce a los animales a reproducirse e incluso a luchar y poner su vida en riesgo para transmitir sus genes. Una vez conseguido y acabado el periodo de celo, se terminan los deseos de copular en el reino animal.

No ocurre lo mismo con las personas que pueden sentir –y de hecho lo sienten– deseos de seguir copulando incluso una vez fecundada la mujer. Por ello, la misma ciencia ha establecido que el impulso sexual humano no se debe sólo a la necesidad de procreación, sino también –y de manera muy importante– a favorecer la unión de la pareja con el fin de contribuir y proteger la larga crianza de la descendencia, e incluso más allá, a mantener esa unión durante décadas o toda la vida.

Sabido es que las parejas estables y bien avenidas disfrutan de una mayor longevidad y más altos índices de felicidad percibida.

Sólo una cultura machista, las costumbres derivadas de la perspectiva del «macho posesivo y celoso», y las creencias religiosas, pueden significar un obstáculo para el pleno disfrute de la sexualidad.

Seas lector o lectora, si no estás satisfecho o satisfecha con tu sexualidad en pareja, habla sin falsas vergüenzas de lo que te falta o lo que deseas para alcanzar la plenitud.

Todo puede hablarse desde el mutuo respeto y el amor para llegar a una unión que suponga un camino común a recorrer.

La sexualidad en la menopausia

Si quieres leer acerca de la sexualidad en la menopausia, descárgate el contenido en este bidi:

El paradigma del parto con dolor

En el mundo «civilizado» existe la creencia firmemente establecida del parto doloroso. Sin embargo, muchos testigos creíbles, empezando por Fray Bartolomé de las Casas, cronista de la conquista española de América, señalaron que las indígenas caribeñas parían a sus hijos sin dolor. El mismo hecho asombroso ha sido ratificado por muchos exploradores y misioneros que contactaban con pueblos aislados.

Al parecer, este alumbramiento no sólo era totalmente indoloro, sino incluso placentero. (Hablamos claro está, de un parto natural, sin complicaciones patológicas).

Casilda Rodrigáñez Bustos[3], escritora española y autora de varios ensayos sobre el parto y la maternidad, y cofundadora de la Asociación Antipatriarcal, postula que el parto con dolor de la mujer civilizada es antinatural y producto emanado de la cultura androcéntrica que nos domina desde el Neolítico, cuando las mujeres dejaron de ser iguales a los hombres y ser consideradas un poco más favorecidas por la Naturaleza y las «diosas».

Wilhem Reich (1897-1957), psicoanalista austriaco, discípulo de Freud –del cual discrepó finalmente–, postulaba que la enfermedad mental estaba relacionada con el sistema muscular y orgásmico, y que una persona sana y feliz es aquélla que tiene una sexualidad plenamente satisfactoria. Señaló que la inmensa mayoría de las personas padecen fuertes represiones sexuales, y que las mujeres son portadoras de un útero «espástico», es decir rígido y contraído, responsables de que el parto curse con dolor.

La anatomía del útero muestra varios grupos de músculos cruzados, los cuales tienen que ceder en las dilataciones para dejar salir al neonato durante el parto. Los mayores dolores se producen cuando el útero se intenta abrir forzando esa musculatura contraída por el miedo y las represiones inducidas por el «castigo divino» de parir con dolor por culpa

---

3   Casilda Rodrigáñez Bustos aboga por una nueva interpretación de la sexualidad femenina actual en sus obras: *El asalto al Hades. La rebelión de Edipo, Pariremos con placer* y *La sexualidad y el fundamento de la dominación,*

del pecado inicial de Eva.

Este supuesto castigo divino ha sido y es repetidamente troquelado en las mentes y los espíritus femeninos, que lo han aceptado como algo irremediable a lo que hay que hacer frente, y que sólo puede ser aliviado con analgésicos y técnicas modernas.

Sin embargo, el anatomista Ambroise de Paré, en su *Tratado de Anatomía* de 1575, ya opinaba que el útero era un órgano especialmente indicado para el placer y que engendrar y parir deberían proporcionar el mismo goce.

Frederic de Leboger, obstetra francés de reconocido prestigio, en su obra *Por un nacimiento sin violencia* que vio la luz en 1975, postulaba que el dolor en el parto podía suprimirse de forma natural hasta casi extinguirse.

Otros médicos reconocidos han enunciado que el dolor del parto no es algo «normal» ni «natural», pues el útero relajado puede distenderse sin dolor para dejar salir al bebé. Lo difícil es conseguir «convencer» a las mujeres de esta buena noticia y que olviden totalmente el viejo paradigma del dolor al parir, una creencia profundamente introducida en sus mentes por sus propias madres, abuelas, familiares y amigas.

Lograr el relajamiento total del útero puede conseguirse con ejercicios físicos y mentales. Este órgano participa activamente en los orgasmos femeninos con fuertes movimientos, aumentando el placer percibido. De la misma manera puede proporcionar gozo durante el parto si así es interiorizado por la madre que elimina de su mente y espíritu una falsa maldición ancestral que sólo es un producto más de la dominación masculina.

VIII

Las emociones en nuestra vida

Las emociones son muy poderosas. En el campo positivo pueden hacernos volar, pero... ¡¡ay amiga!! Si es al contrario te pueden matar. ¡¡No lo dudes!!

Te cuento a continuación una experiencia personal muy fuerte, consecuencia de mi deseo de favorecer a una persona con la cual creía estar en deuda (aunque mi Ser interior me decía que no). Tras analizar lo ocurrido durante veintiún días en los que padecí fuertes dolores, sin poderme mover, por una tremenda hernia discal lumbar extrusiva, me di cuenta de que la lesión había comenzado a despertarse de su letargo progresivamente (la tenía muchos años dormida) desde el momento en el que comencé a sentir que no estaba actuando de acuerdo con lo que estaba sintiendo.

Aunque no lo creamos, en determinadas situaciones siguen aflorando mensajes que están almacenados en un archivo interno y soterrado que encierra muchas cosas negativas que aprendimos, y que seguramente no sean fruto de una única experiencia, sino que son algo mucho más antiguo; pueden haberse instaurado en la adolescencia, la niñez, en el vientre de nuestra madre y mucho antes. Pero como eso no podemos averiguarlo fácilmente (a no ser que nos pongamos a investigar con regresiones, hipnosis, biodescodificación u otras técnicas), no nos vamos a liar; lo más importante es darse cuenta de que nuestra forma de actuar en determinados momentos hace que nos sintamos atrapadas aun sabiendo «que por ahí no es», ya que nuestro cuerpo nos sugiere, nos habla y nos grita lo contrario. Si no sabemos escucharlo porque creemos que con nuestra mente dominamos la situación, las consecuencias pueden ser bastante más nefastas de lo que pensamos.

Meditando sobre los hechos, descubrí que a esta persona no le debía absolutamente nada ni en el plano físico ni emocional. Pero, cuando tenía que decir sí o no, mientras estaba pensando en no ceder, en si comprarle algo que ella vendía pero que yo no necesitaba, me sentía culpable y egoísta puesto que ella me había hecho antes un pequeño favor (que yo había compensado más tarde); por eso creí que debía estarle eternamente agradecida. Las personas que en el pasado no supimos poner freno a un maltrato durante un tiempo que nos robó hasta la libertad, valoramos tanto cuando después alguien hace algo a nuestro favor que nos quedamos emotiva y emocionalmente prisioneras por exceso de agradecimiento. Pero esto es un problema nuestro, de nadie más. «Cuidado con las deudas emocionales»; los demás no las crean, somos nosotras mismas las que aún no nos valoramos lo suficiente y originamos esas deudas. Por supuesto que hay que ayudar y favorecer a otras personas, es una gran satisfacción, pero cuidado: existen manipuladores emocionales que ejercen activamente muchas técnicas de opresión camufladas bajo la apariencia de amistad. Dije «sí» cuando quería decir «no». ¿Diagnóstico?: pérdida de poder con anulación voluntaria; y la respuesta de mi cuerpo: una hernia discal. Aunque no me molestaba desde hacía tiempo yo sabía que estaba ahí. Desde esa misma noche de la negación de mí misma, ya sentí que algo grave estaba pasando. Mi hernia lumbar se despertó para paralizarme e indicarme con claridad cuál había sido mi fallo y por qué.

Este proceso ha sido para mí una experiencia inolvidable y muy útil para mi vida. Tras esta experiencia viví varias catarsis, mientras reflexionaba sobre lo que estaba pasando realmente. Fue muy interesante, bello y bueno para mi conciencia. Desde entonces ya no me someto; si mi Ser interior dice «no», digo siempre que «no».

Yo «estallé» por la vértebra 5L S1 que corresponde al segundo chacra. Más adelante haré una pequeña exposición sobre los tres primeros chacras y la repercusión directa de ciertas emociones en ellos. Siempre vamos a «reventar» por el sistema o el órgano más débil que tengamos y siempre hay una similitud con el problema o sentimiento que lo ha generado.

¿Sabes escuchar a tu cuerpo?

¿Sabes el por qué de ese cansancio crónico o de ese dolor de espalda que no se te va ni a tiros? ¿Sabes por qué no duermes de un tirón y por qué si duermes te levantas con cansancio?

Aparte de la constitución, la nutrición, el trabajo, la actividad física, psíquica, etc., las emociones atan y alteran nuestro equilibrio mental, energético y vital. Muchas de las emociones que nos derrumban tienen su base en la interpretación equivocada de patrones mentales adquiridos en toda nuestra vida, incluso desde antes de la niñez, hasta el día de hoy.

La construcción de estas emociones está dirigida por nuestros pensamientos, más propiamente dicho, por nuestra interpretación de los eventos vitales que las va reforzando poco a poco, y acabamos creyendo que son tal y como nosotros las vemos. A veces están apoyadas por muchas vivencias de anulación y represión llenas de mensajes subliminares, indirectos y directos de nuestra mal enfocada educación. Otra fuerza desviante de nuestro condicionamiento cultural son los amigos inadecuados, los modelos sociales, y los medios de comunicación.

Tomar conciencia de las emociones y analizarlas fríamente, nos liberará de esa trampa en la cual caemos día a día creyéndonos que hacemos lo correcto. De lo contrario, la factura a pagar es demasiado elevada. Pero, para ello, tenemos que estar muy atentas a «qué es lo que pasa» en cada momento y eso no se puede sentir hasta que no nos escuchamos de verdad, con honestidad y coherencia con nosotras mismas desde el eje mente, corazón y comportamiento, que deben funcionar al unísono, en perfecta coordinación.

Tiempo de reflexión

Párate, escúchate, siéntete. Indaga en tu vida, en por qué has llegado hasta esta situación. Sé humilde y honesta contigo misma. No culpes a nadie. Investiga, busca, mira en tu interior a ver si encuentras el cabo de la madeja antes de que todo se enredase.

Aunque hayas sido manipulada o maltratada en tu niñez (muy posible), no debes estancarte en esas vivencias que probablemente ya ni recuerdes aunque quedaron archivadas en tu interior y te van guiando inconscientemente.

¡No lo permitas! Toma las riendas y domina tu vida. Hace falta voluntad, pero una vez comenzada la marcha, todo es posible.

Escuchar nuestro cuerpo es adquirir conciencia de todas nuestras vivencias en el ámbito que sea. ¿Qué cómo se hace? Yo tengo una clave fácil, adquirida a partir de muchos fallos y de mucho sufrimiento, que me funciona.

Cuando ante cualquier situación, persona o lugar, comencemos a sentirnos incómodas, con cierta desazón, inquietas, inseguras, nerviosas... ¡¡Cuidado, nuestro Ser nos está avisando de que algo puede ir mal!! Si tenemos que contestar con una retirada o un ¡no! hay que hacerlo. Sobre todo cuando el aviso sea muy intenso, aunque creamos que luego vamos a sentirnos culpables por haber contrariado a una persona con la que nos unía una relación de amistad, familiar, de trabajo o sentimental.

Escucha a tu cuerpo antes de tomar una decisión polémica; muchas veces el cuerpo no habla cuando hay una situación que puede hacerte mucho daño, sino que grita desaforadamente: ¡no hagas eso! ¡¡ESCÚCHALE!!

Siempre habrá personas y situaciones que, aprovechando nuestra actitud proclive a la autoculpabilidad, quieren aprovecharse y sacar el máximo de nosotras sin importarles nuestros sentimientos.

Darnos cuenta de estas situaciones es una alerta que tenemos que desarrollar para que nuestra fuerza y nuestra energía se restablezcan y para no dar oportunidades a situaciones o personas que son nocivas y destructivas para nuestra salud y, por tanto, para la vida y la verdadera felicidad desde la libertad.

Si llegamos a sufrir estas mismas experiencias y caemos en el error de no ser coherentes con nosotras mismas, si las sabemos analizar bien después y aprendemos la lección, son muy útiles para nuestro crecimiento personal y para no volver a repetir semejantes equivocaciones.

Si supiéramos las tormentas internas que nos provocamos por no ser leales a nuestro Ser, nunca traicionaríamos nuestro sentir. Casi todas las enfermedades tienen relación con las emociones y la mente, directa o indirectamente. *Las enfermedades o dolencias quieren comunicarnos algo a través de nuestro cuerpo.* Escuchar, descubrir y obedecer los susurros del propio Ser es un proceso de inteligencia y humildad que ampliará nuestra sabiduría y, por tanto, nuestra conciencia.

Carl Jung (en un principio discípulo y colaborador de Freud, de cuyas ideas disintió más tarde) decía: «Del mismo modo que el consciente e inconsciente están en relación constante, el cuerpo y el espíritu están en interacción continua».

Cuando aparece un dolor, es como si se encendiera el piloto rojo de cualquier aparato que detecta una anomalía. Hay que indagar qué es lo que sucede. Algo no va bien. Los cuerpos físico, mental y emocional, deben estar en equilibrio, no pueden ir cada uno por su lado. Es como una mesa de tres patas: si alguna pata es más corta que las otras, la mesa se cae.

El estado natural del cuerpo es la salud, y si las partes física, mental y espiritual están bien, la enfermedad no tiene cabida en él.

Muchas veces es necesario un ajuste a base de cambios de creencias, que nos deje avanzar en la expansión de la conciencia autorreflexiva. En este beneficioso cambio siempre se interpone el ego. La palabra «ego» es latina y significa «yo». Se utiliza en español de forma peyorativa para definir el orgullo, la arrogancia, el convencimiento de que somos superiores, de que nos merecemos algo más que el resto de los mortales; por eso se dice «egoísta», «egótico» o «egoísmo».

Pero el ego realmente es una creación de la mente humana basada sólo en el aprendizaje vital de nuestro entorno social, nuestra cultura, los recuerdos del pasado y nuestra proyección de futuro que va creando una personalidad falsa que se alimenta continuamente en detrimento de nuestro «yo» verdadero, el Ser.

El ego, además de las actitudes aprendidas, son recuerdos enquistados, adquiridos desde la infancia y que se han ido fortaleciendo con el paso de los años haciéndose tan fuertes y poderosos que anulan la verdadera individualidad. La paralización efectuada por el ego no permite avanzar al alma humana.

El estancamiento de recuerdos inamovibles y experiencias pasadas negativas, impide tener proyectos y realizarlos, ya que pronostica el fracaso; entonces, ¿para qué comenzar?

El ego controla muchísimo la vida de las personas. La mente es un instrumento muy poderoso pero sólo es una herramienta. Si nos dejamos dominar por ella, dirigirá nuestra vida e impedirá que seamos lo que tenemos que ser.

Manipulación, la semilla de un futuro tóxico

La inmadurez de cualquier ser humano, sobre todo cuando se tienen pocos años, unida a la necesidad de huir de un hogar desestructurado, de las ganas por tener una nueva perspectiva vital, de cambiar de vida y a veces de emprender una convivencia con otra persona, hace que en muchas ocasiones nos auto-engañemos y demos pasos precipitados que se convertirán en un calvario, debido a que una relación puede tornarse desarmónica y a veces violenta, cuando dos personas se sienten frustradas en una pareja formada sin conocerse a fondo.

Esta situación se va empañando con un halo de pensamientos negativos hacia la persona con quien se convive, agravándose día a día hasta la posible separación y, desgraciadamente a veces —demasiadas—, esa separación se produce por la muerte violenta de la mujer.

En los casos de parejas jóvenes que se derrumban trágicamente habiendo hijos de por medio, son esos inocentes los que pagan las equivocaciones de ambos progenitores.

Aparte del sufrimiento que siempre supone para los pequeños la mala convivencia entre los padres, los niños son los receptores de todos los mensajes negativos, directos e indirectos, que aquéllos emanan: riñas, discusiones, malas caras, reproches, gestos, miradas cargadas de odio y de la violencia. También los vástagos reciben mensajes que les deforman, manipulados por sus padres a fin de ponerlos en contra del otro cónyuge.

A veces, para conseguir la alianza de los hijos, los padres y madres utilizan todo tipo de estrategias como regalos, pasar más tiempo con ellos, halagarlos y no imponerles disciplina alguna consintiéndoles todo.

Quieren que los niños tengan rabia, que desprecien, que no amen. Pretenden imponer su estado de ánimo y frustración para no tener que compartir el cariño infantil, y más aún, para hacer daño, privando de amor filial al que fue su compañero o compañera en algún momento de su vida.

Es deprimente el lavado de cerebro a edades tiernas con el que se imprime para siempre el odio a las mujeres o a los hombres, ya que en edades tempranas estas enseñanzas se quedan firmemente grabadas en el cerebro y en el alma de las criaturas.

Las mujeres y los hombres, por mucho sufrimiento o rabia que tengan en sus vidas, no deberían ejercer una manipulación semejante con sus hijos, ya que están asegurando que ellos repitan las mismas pautas de comportamiento y vivencias de desamor que ellos están experimentando ahora. Estos niños tienen asegurada la inestabilidad emocional y el miedo a las relaciones amorosas de por vida.

¿Dominio o gestión?

Quien realmente debe dirigir tu vida es tu alma, tu corazón, tu Ser superior. Según la medicina tradicional china, estamos influidos por siete pasiones y energías perversas, que son las responsables de todas las enfermedades. Las siete pasiones hacen referencia a emociones fuertes y mantenidas, sobre todo las negativas ¡claro!, como la envidia, el rencor, el miedo, el terror, la tristeza, la rabia, y el exceso de pensamientos redundantes, pero las tres emociones más enfermizas y paralizantes son la culpabilidad, la subestimación de uno mismo (baja autoestima), y el desamor (odio y rencor). Y todas ellas surgen de la mente, no del corazón.

Dominar, controlar y luchar contra las emociones no sirve de nada, no es una buena opción; ese gran trabajo de controlar es un desgaste vital, se acaba cayendo a la menor experiencia por sorpresa. Lo correcto es gestionarlas bien.

Mente y voluntad son herramientas muy poderosas si incluimos un ingrediente más: el corazón; ésta es la pata que le faltaba a la mesa. Con este trío es posible la gestión de las emociones.

La gestión es una fusión entre la comprensión, la confianza, la apertura mental, la relación y la aceptación. Sólo entonces la voluntad y una mente abierta podrán jugar un papel fundamental para transmutar y cambiar una situación embarazosa en otra de provecho y aprendizaje.

Como ser humano tienes derecho a equivocarte, a tener un punto de vista propio aunque difiera del de los demás, a respetar tus creencias, tus miedos, tus límites, tus debilidades, tus fuerzas, tus preferencias, tus deseos y tus sueños.

Piensa y siente que siempre estás en el lugar adecuado y que lo que haces es lo que tienes que hacer en ese momento de tu vida. Tú tienes que ser como eres aquí y ahora, con todos tus aciertos y errores, sin juzgarte ni a ti misma ni a los demás. Tus juicios y opiniones mentales sobre las situaciones sólo te llevarán a la frustración, ya que quizás, como piensas que deberías ser, o a dónde quieres llegar, no sea precisamente lo que más te conviene. Quizás seas aún mejor de lo que estás pensando si te dejas fluir, te sabes escuchar y desarrollas la percepción de ti misma. Piensa y actúa armónicamente desde estos tres principios: mente, corazón y comportamiento. Si encuentras que hay discrepancia entre ellos antes de emprender una acción, no lo hagas.

La aceptación incondicional de lo que eres y de dónde estás, te liberará de bloqueos psíquicos y físicos manteniendo óptima tu salud y tu alegría.

Si puedes pensar en la naturaleza divina de tu Ser
y profundizar allí donde todo se disuelve en la nada,
descubrirás que, en el pequeñísimo transcurso de una vida,
sólo se aprende caminando con la vista
enfocada en un amplio horizonte.

Si puedes pensar sin demasiados apegos
 ni demasiada aversión
a todo cuanto te rodea, ralentizando y comprendiendo
los acontecimientos que surgen en tu vida,
podrás fusionarte con el arroyo libre y cristalino
que se desplaza a tu favor en un destino con bello amanecer.

Si puedes pensar sin obstruir tu mente con divagaciones
 de ida y vuelta, mezcladas con sentido de culpabilidad,
se disolverá esa niebla que ciega tu verdadera visión
que coarta tu creatividad y tu espacio vital
equivocando el sendero y la luz que te han de guiar
hasta tu verdadero camino.

No divagues

Cada alma tiene su forma única de evolucionar. Por ello, cada paso es siempre acertado. Tu vida y tus vivencias sólo a ti te corresponden. Esa experiencia es la que hace posible el encuentro con el verdadero camino del corazón.

Crisis personales, la parte «dura» del aprendizaje

Todas las experiencias que no te gustan tienen una razón de ser y siempre son para crecer y mejorar aunque en el momento de vivirlas no te agraden ni un pelo, y mucho menos entiendas por qué suceden.

Pueden ocurrir dos cosas: o que te estanques en ellas sintiéndote una víctima indefensa, con lo cual nuevas experiencias cada vez peores se sucederán, o también puedes elegir conducir tu vida por donde crees que debes. Tienes que buscar primero lo que sientes, lo que te gustaría, y comenzar a observarte en todas tus reacciones, dando los pasos adecuados en pos de una nueva historia. En este caso te has convertido en aprendiz. Volverán más experiencias negativas (siempre las hay en la vida) pero serán cada vez más suaves, hasta que desaparezcan totalmente después de que hayas gestionado todas ellas. Tu historia personal comenzará a cambiar de rumbo. Cada vez te sentirás más fuerte y poderosa cuando veas que tu camino lo puedes hacer a tu modo.

Observar, mirar hacia dentro, sentir, mirar hacia atrás para recordar qué pasos nos han llevado al momento actual. ¿Qué pensamientos repetitivos has tenido durante bastante tiempo que han creado tu realidad actual?

Cuando te paras, o te detiene la vida, es cuando puedes profundizar, buscar, informarte, sentir, perdonar, comprender, aceptar, patalear, para volver a renacer poco a poco y superar un difícil proceso y cambiar tu forma de pensar (y por supuesto de actuar); sólo entonces se puede producir la transformación, la verdadera metamorfosis.

¿Qué actitud tienes ante la vida? ¿Cuantas veces al día te quejas y de qué? ¿Qué intención profunda y tenaz tienes para cambiar todo, o lo más importante, lo que no te gusta en tu vida? ¿Haces algo bueno y satisfactorio para ti, únicamente para ti? ¿Tienes en tu memoria resentimientos, rabia, ira, envidia, tristeza, desilusión, miedo, hacia otras personas o hacia ti misma? ¿Te has preguntado por qué has llegado a una situación caótica que en el fondo tú percibías que podía llegar? ¿Por qué no lo impediste y seguiste dando pasos hacia ella dejándote llevar a la deriva?

¿Sabías que lo negativo que elegimos inconscientemente sirve para espabilar y aprender? Se trata de sanar situaciones pasadas para que no se manifiesten otra vez, dando paso a otras fases mucho más positivas y vivas.

¿Sabes que la dureza de la experiencia va en función de nuestra propia fortaleza? Muchas veces somos nosotras las que inconscientemente elegimos ciertas situaciones aun sabiendo o intuyendo que no pueden salir bien. Nuestro cuerpo nos lo avisa, pero cuando damos determinados pasos no nos valoramos ni nos queremos demasiado.

Nunca tendrás una experiencia que no puedas vencer. Precisamente las personas que pasan por duras vivencias y las superan, después alumbran con luz propia, ya que llegan a comprender el auténtico sentido de la vida, que no es ni más ni menos que ser felices e intentar todo lo que se pueda hacer felices a los demás, siendo útiles, aportando algo de lo que hemos aprendido en esa travesía llena de dificultades vividas y vencidas que quedaron en el ayer.

Ayer me dejé embarcar en un mar de ira y de fuerza
bruta, con olas inmensas de culpabilidad.
Ayer hube de escuchar el viento cargado de
palabras necias que oprimían mi Ser.

Ayer aparqué mi vida mientras la vida
seguía y me sentí morir mientras vivía.

Ayer me dejé aprisionar por el secuestrador del miedo,
sintiendo mis pies bajo el fango sin apenas avanzar.
Ayer casi me dejé anular, olvidando mi espíritu
cantarín y risueño, entrando por la puerta grande
de la responsabilidad y el compromiso más necio.

Ayer, cuando la vida ya no tenía sentido, cobró sentido
mi vida y, de las cenizas, surgió con fuerza mi fuego,
arrasando y consumiendo todos los trastos inservibles.

Ayer mis machacadas alas comenzaron a curar sus
heridas, para empezar a entrenar en el ejercicio
que nunca abandoné totalmente, volar, sin peso ni
ataduras, volar hasta el fin de mis días en este hermoso
planeta, para continuar volando en la eternidad.

AYER

La fuerza de las emociones en nuestra felicidad

Todas nuestras acciones son guiadas por aprendizajes y cargas emocionales.

Cada emoción produce una sustancia o compuesto químico específico que está relacionado con dicha emoción.

Nuestra vida se ve continuamente salpicada por arrebatos emocionales y arrepentimientos, produciéndonos malestar por expectativas frustradas, por desmotivación, por desacuerdos con personas o situaciones, por depresión, todo ello resultado de una convivencia difícil, y por la violencia doméstica conyugal o social.

La empatía con las demás personas o situaciones tiende a disminuir y sentimos que todo se desborda y escapa a nuestro control. Entonces la razón se nubla, los sentimientos se desajustan y el equilibrio mental y emocional se ve altamente comprometido con el trastorno mental.

A veces es mucha la pasión almacenada sin control, cegando las posibles soluciones que sin duda se revelarían en la calma.

Este amasijo de confusión y ofuscación da lugar a que en diversas situaciones cometamos actos en los cuales suele agravarse el escenario vital debido a la repercusión emocional de lo hecho en un momento de sinrazón.

Sin emociones la vida sería en blanco y negro. Todo sería aburrido, no habría sorpresas, ni risa, ni enamoramiento, ni ira, ni pasión. Las emociones te hacen saber que tienes un cuerpo que siente, que duele, que goza, que sueña. Podemos sentir amor, alegría, satisfacción, sorpresa, felicidad, pero también odio, miedo, asco, opresión, ansiedad, y depresión.

Las emociones mal gestionadas son una vía hacia el trastorno mental y físico, capaces de enfermar todo nuestro cuerpo, envenenar nuestra sangre y paralizar nuestro cerebro; arrebatados incluso podemos matar o llegar al suicidio.

Nuestro cerebro se anquilosa cuando lo bombardeamos con la misma emoción repetitiva. En este caso estamos fortaleciendo una conducta muy tóxica, repitiendo las mismas pautas sin pensar en ellas, siguiendo una conducta automática de estímulo-respuesta, reforzando el circuito cerebral y cerrando el acceso a nuevas redes neuronales.

Hay que jubilar a las viejas y negativas emociones que nos hacen sufrir. Para ello hay que retar a nuestras auto-asumidas limitaciones. Para gestionar bien una emoción negativa hay que sentirla y observarla, convertirnos en espectadora o espectador de lo que nos ocurre, mirarla desde otra perspectiva y tratar de comprender su origen, por qué se ha producido, escudriñando en nuestro interior el posible origen de esos sentimientos. Sólo así, conociendo sus orígenes, sabiendo que es nuestro juicio el que le da fuerzas, podremos asimilarla convenientemente. De lo contrario nos quedaremos pegados a emociones nocivas que nos debilitarán menguando la luz de nuestra alma y la lucidez de nuestra mente.

Las emociones positivas generan neuropéptidos, unas sustancias químicas del sistema nervioso que inundan nuestro cuerpo interfiriendo en la consciencia e incluso en la genética, superando patrones hereditarios de cierta debilidad orgánica con fortaleza y salud, generando bienestar y felicidad.

Las emociones y la razón, el sentir y la cognición, el corazón y el pensar, son complementarios. Ambas cosas deben armonizarse guiándonos en nuestras decisiones, momento a momento. Pero a veces actúan por separado, ganando el más fuerte. O la razón se impone y anula los sentimientos, o los sentimientos anulan la razón. En ambos casos hay desequilibrio.

Inteligencia racional e inteligencia emocional, deben danzar juntas en una combinación de movimientos, piruetas y complicidad que dará paso a una bella coreografía, donde se mezcla nuestro Ser con la confianza de la estabilidad, el orden y la armonía integral.

En una experiencia traumática vivida con intensidad, como es el caso de la mujer maltratada, donde cada día hay que sacar fuerzas para respirar sabiendo que en cualquier momento se puede esperar un estallido de violencia, celos o tortura psicológica, hay que desarrollar mecanismos neurológicos de estrategia adaptativa para no sucumbir por un infarto o por un suicidio, debido a la impotencia, el miedo, la indefensión, la rabia y la incertidumbre.

En este caso, la mejor estrategia –aunque no durante mucho tiempo– para preservar nuestra salud y poder tirar adelante mientras buscamos una solución o escapada del núcleo de conflicto, es la anulación consciente de las emociones.

Nos programamos para no sentir dolor, ni placer, ni emoción alguna. Nos convertimos en seres andantes aceptando un tiempo de vida en la cual morimos más deprisa de lo normal.

En muchos casos, a muchas mujeres maltratadas, esta vida gris, este «sinvivir» les acompaña hasta la tumba porque no saben salir de este tenebroso laberinto.

Pero, al ir apartando las emociones, se puede pensar y planear la escapatoria más fríamente, siendo ventajoso para una estrategia defensiva de mejor calidad y menor miedo.

Esta actitud de supresión emocional se va marcando en nuestro cerebro haciendo cada vez más fácil convivir con el verdugo, y al cabo de un tiempo de buen entrenamiento, hasta podemos encontrar cualidades positivas dentro de ese infierno.

Una vez asumido el nuevo estado «robótico», el sufrimiento es menor pero el daño que le causamos a nuestra sensibilidad, a nuestro sentir, a nuestro derecho a la felicidad como humanos, a nuestra libertad y nuestra conciencia, es muy grave.

Estamos paralizando nuestros sentimientos e indirectamente el cerebro, inmovilizando una neuroplasticidad necesaria para nuestra evolución.

No importa; hay que seguir malviviendo hasta encontrar una salida. Es morir en vida pero ahí seguimos hasta que nos atrevamos a dar el salto con cierta seguridad. Lo paradójico es que, cuando ya no nos importe vivir de esa manera, es entonces cuando puede recomenzar la vida, dando el salto hacia una nueva existencia lejos de nuestro verdugo. Con la libertad en nuestro regazo, ya tenemos el 90% de posibilidades para un nuevo y emocionante comienzo en nuestro devenir vital.

Desperezar la conciencia, la mente y el corazón de nuevo no es nada fácil aunque ya estemos fuera de la zona de conflicto; aún queda en nuestro interior toda la carga explosiva del maltrato recibido que tenemos que desactivar.

Después del sufrimiento quedan apagadas las emociones. La piel se torna insensible a las caricias; parece como si hubiéramos perdido el tacto precioso de nuestro cuerpo. La sexualidad no tiene importancia; es algo que no sirve casi para nada, sobre todo si se tiene un recuerdo emocional de obligación, sometimiento y rutina.

El recuerdo almacenado en nuestro Ser no es bello y cálido, por lo tanto no es necesario plantearse si funcionará o no nuestra sexualidad con normalidad en una nueva relación; no hay que negarse ni predisponerse al fracaso. Todo a su debido tiempo es posible; unas personas tardarán más en recobrar su autoestima y sensibilidad emocional y otras se restaurarán antes; todo depende del grado de interés en el cambio al cual se esté dispuesta. Todo irá solucionándose poco a poco. La ternura y la comunicación desde el corazón son dos factores potentes en la rehabilitación.

La recuperación de todo nuestro cuerpo, mente y espíritu, comienza con varios pasos:

1. Invertir el proceso. Para ello debemos imponernos a nosotras mismas el propósito de la felicidad. La felicidad, aumenta la producción y la actividad de sustancias químicas en el cerebro que se encargan de inhibir los sentimientos negativos, la incertidumbre y la preocupación.

La felicidad otorga al cuerpo seguridad, tranquilidad serenidad y alegría, produciendo un aumento de recursos energéticos vitales, con el consecuente incremento de defensas del sistema inmunitario que aleja las enfermedades, la depresión y la vejez prematura.

Los sentimientos de autoestima, amor, ternura y paz interior, activan el sistema nervioso parasimpático, que se ocupa de muchas funciones de las cuales no tenemos control consciente, y que opera en silenciosa armonía velando por nuestra salud y por los mecanismos corporales automáticos. Es decir, el amor crea armonía y cura la mente, el cuerpo y el espíritu.

Tenemos que poner la máxima atención en nuestras emociones. Debemos permitirnos la manifestación y la expresión de la rabia, la ira, las lágrimas, la risa, la tristeza, la alegría y la esperanza. Si éstas aún se manifiestan con toda su fuerza, el daño recibido en la etapa de represión no es tan grave; es señal de que podemos recuperarnos antes. Hay un dicho popular que dice «lo que siente el corazón, no siempre la razón lo entiende» o bien, «donde manda el corazón, no manda la cabeza». La neurobiología conoce a ciencia cierta que el músculo cardiaco está lleno de neuronas, que el corazón sabe lo que quiere, es un pequeño «cerebro» que «piensa» al igual que nuestro encéfalo, pero de diferente manera, porque el corazón siente mientras que el cerebro razona.

Estas dos mentes, racional y emocional, deben actuar en estrecha colaboración intercambiando sus conocimientos y sensaciones a fin de guiarnos en nuestra vida con acierto. Su descoordinación nos conduce al conflicto emocional.

2. Valorar nuestras cualidades, nuestro talento, y las metas conseguidas, y agradecer cuando alguien nos elogie por nuestros logros. Seguramente, el verdugo nos habrá hecho sentir pequeñas, tontas, inútiles, incultas, feas, inseguras. Nada de eso somos, simplemente es una estrategia de anulación de nuestro Ser promovida por el maltratador y la cultura patriarcal machista. Nos han enseñado siempre a dar mucho más de lo que tenemos y recibimos. Hemos aprendido a servir a todos antes que a nosotras mismas, aunque el agotamiento llame a la puerta de nuestra vitalidad para machacarla. Siempre entregándonos como madres abnegadas, como esposas sumisas, como empleadas eficaces y calladas que cobran menos aunque realicen la misma labor que los hombres, incluso a veces superándolos en eficacia y tenacidad.

3. Busca amigas que sean divertidas, libres y nada monótonas. Escápate al cine, al baile, al teatro, a la tertulia, al maratón, a pasear, y alardea de tus encantos o facultades. Siéntete orgullosa de ti misma. Acepta tu cuerpo y tu corazón, disfruta de tu libertad. Aléjate de gente que se queje o que te cuente sus enfermedades y penas (aunque la mayoría de las veces estás haciendo un bien a la persona que vuelca en ti sus problemas, ya que la escucha activa proporciona alivio a nuestro interlocutor. Pero si no estamos aún preparadas para esta clase de escucha, es mejor y más sano eludir estos encuentros hasta que estés anímicamente fuerte y recuperada de tus propias experiencias negativas).

Estudios importantes sobre neurociencia afirman

que nuestro sistema neuronal, está programado para conectar con los demás creando vínculos intercerebrales con las personas que nos relacionamos, formando unos puentes neuronales que permiten intercambiar y reconocer estados emocionales, impulsos de afecto, creatividad, y colaboración, fortaleciendo así la motivación, creando vías de acceso a nuevos aprendizajes y relaciones inteligentes y divertidas.

Para la mujer con la conciencia aletargada por la represión sufrida y el maltrato durante años tal vez, la mente agitada y nublada, y el corazón dolorido, endurecido y olvidado, es difícil salir de las tinieblas de la depresión, pero no imposible.

La actitud positiva y la voluntad de superación nos abrirán para una recuperación total, y una conciencia más plena, puesto que al conseguir mejorar nuestra autoestima, recordaremos el negro pasado sin dolor, sin odio, sin resentimiento. Y ello es un gran aprendizaje para poder apoyar a otras mujeres que se encuentren atrapadas en las redes del machismo y estén dispuestas a luchar por su libertad y su vida.

Afortunadamente, cada vez hay más hombres maravillosos que han desarrollado su cualidad femenina; esa pequeña parte de *yin* complementario, suficiente para conectar con el espíritu de la mujer y entablar una complicidad propia entre dos seres felices y libres.

Yo misma, sin ir más lejos, tengo todo un maratón de vivencias desde la niñez hasta el día de hoy, a través de las cuales he comprendido muchas cosas válidas para mi evolución como persona debido a mis experiencias de mujer maltratada, de sufrimiento, acoso, represión y escape. Sin ellas mi somnolencia espiritual quizás seguiría activa aún.

Hoy no me siento culpable, ni víctima ni heroína. Ahora veo claramente que mis experiencias me han curtido pero no endurecido; sin esas vivencias no estaría en el momento feliz en el cual me encuentro ahora. Claro que todo esto que ahora comprendo y siento, no lo tenía antes, pero posiblemente si lo hubiera tenido antes, no lo hubiera disfrutado igual.

Alguna experiencia vital

Daré sólo algunas pinceladas sobre mi vida, para sumarme como una parte viva a este libro, por si es útil para alguien. No voy a contar historias macabras, ya que no lo creo positivo. De esa clase de historias, ya existe documentación de otras muchas personas.

Mi niñez estuvo acompañada de una relación poco sana entre mis padres. Ellos eran totalmente incompatibles, pero las mujeres de antes tenían que cargar con la cruz de una convivencia a veces muy difícil y agresiva. La prisión de dependencia económica, la cantidad de hijos que en esa época —no tan lejana— tenía cada familia, el matrimonio «hasta la muerte» que instauraba la «Santa Iglesia», el régimen dictatorial, y la opinión ajena vecinal y familiar, engrosaban más aún los barrotes de hierro de la prisión.

En mi caso somos seis hermanos, pero mi madre, además, tuvo cinco abortos. Después de cada aborto yo veía con tristeza a una persona agotada por el trance pasado, lavando ropa a mano en una pila de piedra, y cocinando para toda la familia, atravesando un patio empedrado, muy dificultoso para caminar. Esta gran tarea cotidiana, obligatoria, demoledora, le produjo ciertas malformaciones óseas en los pies, que al no ser atendidas debidamente en aquellos tiempos acabaron por ser una gran fuente de sufrimiento.

Mi madre —como muchas madres de la época— pasó lo

mejor de su vida trabajando sin cesar, sufridora, paciente, conformista, buena, sumisa (entonces no había lavadora automática, ni lavavajillas, ni fregona, ni pañales desechables). Ella se iba quedando siempre en el último lugar en todo lo que podía suponer algo de satisfacción o ayuda personal. Lo primero eran sus hijos y su marido. Si a todo ello le unimos una situación económica no muy boyante, pocas alegrías y diversiones tuvo en la flor de su existencia, salvo ver crecer a sus hijas e hijos, sanos y fuertes, y sobre todo, «buenas personas».

Aquella vida –si es que se le puede llamar así– de mi madre me impactó mucho cuando empecé a tener conciencia de lo que pasaba a mi alrededor. En la adolescencia sufrí una experiencia de acoso sexual por parte de mi jefe, en la que el miedo a que se enteraran mis padres –de lo que según mi moral religiosa de aquel entonces era un pecado gordísimo–, me impedía dormir y estar en paz. Yo tenía 15 años; el acosador 45.

Aunque me defendía y no dejaba que sucediera nada más allá del sofocante acoso, me sentía muy mal escapándome continuamente del asedio y el chantaje que él empleaba. El miedo a perder el empleo y la vergüenza me obligaban al silencio. Era manipulada emocionalmente, aunque afortunadamente reuní la fortaleza y la voluntad necesarias para no acceder a sus deseos.

El miedo y el sufrimiento de que alguna vez me violara, marcaron toda mi adolescencia y mucho después. Las noches se hacían eternas cuando él intentaba abrir mi puerta, que yo había cerrado con cerrojo, cuando él me acosaba por los rincones. Nadie puede saber la angustia que pasé, que quedó marcada en mi Ser.

Me casé a los veintidós años con un buen hombre. Pero yo estaba ausente casi siempre debido a mi experiencia pasada. Todavía pesaba sobre mí el sufrimiento de mi madre y el acoso sexual de mi ex-jefe. Pero casarse era lo normal para una chica. Tras varios años de convivencia sin emociones ni altibajos con una persona buena pero no adecuada para mí en aquellos momentos de mi vida, me divorcié sin problemas, con respeto y cariño, sin egoísmo en el reparto de bienes. Nos separamos porque simplemente éramos incompatibles emocionalmente, y me di cuenta de que mi vida no podía seguir con aquella monotonía emocional, prácticamente plana. Vivía en un mundo gris y yo quería un mundo de colores.

A los treinta años, cuatro después del divorcio, me enamoré del hombre que creí que era el amor de mi vida. Y aunque siempre sentí algo de inseguridad debido a ciertas reacciones suyas y a su comportamiento con sus padres (no muy cariñosos), decidí dejar mi trabajo, mis amigos, el lugar en el cual habitaba, y lanzarme a la aventura con esa persona. Encontramos un lugar muy bello e idílico, en plena Naturaleza, y nos sumergimos en la experiencia de compartir en convivencia.

Ya desde los primeros días de mi nueva relación, comenzaron a surgir crispaciones. Pero yo me sentía muy responsable del paso que habíamos dado, y decidí continuar aun presintiendo ya que no iba a funcionar. Los dos habíamos quemado nuestras naves y emprendido una nueva vida; no podía volverme atrás fácilmente por una simple intuición y algunas pequeñas crisis.

Además, yo le quería y pensaba que mi amor lo cambiaría todo. ¡¡Ilusa de mí!! Comencé a tener un poco de temor en el fondo, aunque no se lo manifestaba ni yo me lo quisiera creer, así es que minimizaba todas las alertas que me estaban llegando sobre su carácter impredecible y emocionalmente inestable.

Ya estaba embaucada; había hipotecado mi piso de Barcelona e invertido en un terreno para construir una casa: un hogar que nunca fue posible, ya que resultó ser como la Torre de Babel; no había entendimiento entre nosotros, pero sí una dictadura machista más o menos camuflada al principio, que se fue acentuando con el tiempo, pero cuyas señales no supe ver claramente al comienzo pues nadie me las había explicado.

Me dejé llevar por un camino equivocado, de gran sufrimiento. En un lugar separado de la civilización, en medio de la montaña, rodeada de torrentes y barrancos de donde era difícil escapar o pedir socorro, sufrí episodios violentos, que duraban horas. Horas de maltrato psicológico, ataques de violencia y noches de insomnio, en las que mi pareja rompía con furia todo cuanto alcanzaba.

Esta situación se prolongó nueve años. Durante este tiempo tuve que comprender lo que me había arrastrado a sufrir esa experiencia. Aún hoy, no entiendo muy bien del todo cómo aguanté tanto tiempo, intentando siempre comprender, aceptar, ayudar, reponiéndome una y otra vez del sufrimiento y del miedo, cuando tenía que haberme plantado o haber buscado soluciones mucho antes. Pero eso es muy fácil verlo desde fuera. El miedo es el mayor paralizador que puede tener un ser humano. Simplemente yo no estaba preparada para dar el paso hacia mi liberación; tenía muchas ataduras, aunque la más grande era yo misma. Me refugiaba en mis clases de danza y gimnasia rítmica deportiva que, como entrenadora, impartía en mi gimnasio. Ello me hacía menguar la gravedad del momento que estaba viviendo y al cual tenía que poner fin, pero todo se iba postergando entre música, coreografías, divagaciones...

Después de llorar, lamentarme, sentirme víctima, rota y muerta de miedo, sin ver escapatoria ni solución a mi gran problema, la palabra más frecuente, aparentemente inocente que recibía en grandes dosis de mi pareja, era la siguiente: «tienes un cerebro de mosquito». (Enorme paradoja cuando en realidad yo ganaba más dinero que él, circunstancia que producía un mayor disgusto a su ego de «macho»).

La táctica machista de maltrato psicológico estaba derramándose sobre mí, intentando machacar mi autoestima, pretendiendo que me sintiera inferior a él y menos que nada para manejarme a su antojo y tener una esclava sumisa. Todo ello mezclado a veces con episodios de ternura y trato exquisito. Típico comportamiento de maltratador que envía el mensaje subliminal: «sométete a mi autoridad total, y si te comportas como yo quiero, seré bueno contigo». Llegado un momento, yo ya no sabía qué decir, qué hablar, cómo actuar, ni siquiera qué pensar, ya que no preveía nunca cuándo iba a estallar la gran tormenta.

Pero mi alma se rebelaba aún llena de temor. Tuve que plantearme salir de allí por mis propios medios. Una vez él me lanzó un objeto y me alcanzó de refilón, haciéndome una pequeña herida en la sien. Fui al médico y me hizo un parte para denunciar pero no llegué a poner la denuncia debido al miedo de encontrarme sola con mi maltratador después, allá en la prisión de mi hogar fallido, en la solitaria montaña. ¿Cuántas mujeres no han denunciado por miedo, después de haber sufrido una agresión de su pareja? Yo fui una de ellas, las entiendo en el fondo de mi corazón, aunque no sea la mejor conducta. Hay que denunciar, pero también solicitar protección, y las autoridades tienen que comprender la situación que vive una mujer obligada a convivir con su agresor, aunque esta protección era imposible hace 30 años, y menos en un pueblo pequeño donde el machismo se puede respirar en el ambiente aún hoy.

Otro día –uno de aquellos días negros que la existencia me deparaba– me dirigí al cuartel de la Guardia Civil, y cuál no sería mi sorpresa cuando me dijeron: «Señora, hasta que usted no venga herida o con un brazo roto, no podemos hacer nada». Por el tono de las palabras y sus miradas me di cuenta de que minusvaloraban mi temor y «comprendían» al macho dominante.

De esto ya hace veintiséis años; por suerte las cosas han cambiado un poco a mejor en lo referente a las reacciones de la autoridad. Los guardias civiles alegaron que entre los matrimonios o parejas eran normales las «discusiones». Eran hombres al fin y al cabo, y hombres duros por su oficio. ¿Cómo iban a entender el corazón o el miedo paralizante de una mujer? Si mi ánimo ya era bajo, en esos momentos me encontré más sola e impotente que nunca.

La decisión a tomar estaba clara, aunque en aquellos momentos mi mente y todo mi Ser eran una maraña de incomprensión oscura y sin salida para mí. Así, al sentirme desprotegida me planteé la huida, calculando cada paso y sus consecuencias, midiendo cada pensamiento y dejándolo todo bien atado, afinando en la estrategia para ir ganando seguridad en mí misma. Afortunadamente pude confiar en dos mujeres maravillosas que aparecieron en mi camino y que me ayudaron anímicamente como si fueran mi propia familia, verdaderos ángeles que la divinidad puso en mi vida.

Un buen día, cuando ya no me importaba vivir o morir, por fin decidí saltar al abismo cargada de temor e incertidumbre, pero firme en mi propósito de optar por otra vida. Pude vender la finca sin que él lo supiera (afortunadamente estaba a mi nombre; algo me iluminó cuando la compré, pues ya estaba con él). Así, di el paso más importante y peligroso plantando cara a la situación que me estaba destruyendo y al maltratador, pasase lo que pasase.

Era un lugar precioso, pero también una gran prisión con torturador incluido. Inicié las gestiones de venta sin que él se enterara de nada y afortunadamente conseguí venderla a una pareja encantadora y comprensiva que me dio todas las facilidades para dejar la propiedad con el tiempo necesario.

El momento más temido fue cuando tuve que contarle la verdad a mi maltratador; que todo se había terminado entre los dos y que tenía que dejar la casa porque estaba vendida. Se quedó paralizado, como muerto. No podía dar crédito a sus oídos y exclamaba sin cesar dando pasos largos de un lado a otro y repitiendo continuamente: «¡No puede ser! ¡No puede ser!»

Yo estaba preparada para todo, incluso para una posible agresión brutal, pero nada ocurrió. Como él había puesto algún dinero para la construcción de la casa, que estaba inacabada, compartimos el monto de la venta. No discutí la cifra. Mi libertad valía más que todo el oro del mundo. Tal vez aquello calmó sus incipientes iras, o tal vez se dio cuenta de que todo había acabado, que no podría reprimir más mis ansias de libertad, de ser feliz. Me marché sin volver la cabeza. Atrás dejaba años de dolor, sufrimiento y miedo.

Hoy día, después de diecinueve años del final de este episodio de mi vida, aún me pregunto: ¿Cómo pude aguantar tanto? ¿Por qué? ¿Acaso no era merecedora de ser feliz? ¿Tan baja autoestima tenía? ¡¡Pero si yo me quería!! Al menos eso creía yo. Estaba totalmente ciega y manipulada, como muchas mujeres y, además, ya sé lo que significa tener miedo de verdad.

Mi propia experiencia, así como la de muchas mujeres, clientes que he visitado en mi consulta de Naturopatía tiempo después, más la documentación que he estudiado sobre el tema, me han esclarecido el por qué se repiten las historias que se viven en la niñez con los padres o con los familiares, debido a un fuerte y condicionante legado tóxico de nuestra cultura androcéntrica.

En todo caso, mi experiencia ha sido muy válida para mi crecimiento personal. ¡Lástima que durase tantos años! Pero seguramente mi despertar necesitaba de una maduración, un templado al rojo vivo; al igual que cuando se quiere magnetizar un hierro para que se vuelva imán permanente, tiene que trabajarse al rojo incandescente, ya que de otra forma la alineación de los espines de sus electrones no se consigue para siempre y el hierro deja de ser imán en poco tiempo. Ahora me dejo llevar por la magia de sentir, de cada momento, de cada acción y emoción positiva. Las emociones negativas ya no aparecen porque no las reconozco. De esta historia he podido extraer una cosa que me quedó muy clara. Si lo que vivo y siento, me produce vibraciones positivas, alegría, paz, motivación… «eso me lo quedo», seguro que es bueno para mí. Lo que me produce rechazo, malestar, alerta, dudas… eso no lo quiero en mi vida. «Pase lo que pase y pese a quien le pese».

A veces la vida sorprende
Guiando nuestros pasos
Por vías de sufrimiento
Bloquea nuestra energía
Ralentiza el entendimiento
Sin saber hacia dónde mirar
Anulando el sentido de discernimiento.

A veces la vida sorprende
Porque no estamos en la vida
Nos maltrata y zarandea
A fin de que despertemos
Hasta el nivel de consciencia
Propio para nuestro Ser
Activo ya en nuestra era.

A veces la vida sorprende
Para que aprendamos de la vida
Saboreando lo importante
Entrenándonos para el cambio
Agrandando nuestro prisma
Compartiendo y perdonando
Protegiendo nuestra vida.

A veces la vida sorprende
¡Síguela! Algo te quiere decir
Si fluyes con ella y con ella te paras
Si marcas tus límites y no siempre callas
Si no temes al ridículo y ríes con boca grande
Si puedes caminar descalza y danzar bajo la lluvia
Dormir con techo de estrellas
y a veces hacer locuras.
También te sorprenderá la vida
Pero habrá girado mil vueltas
Ya sólo te toparás
Con la luz de la alegría.

DÉJATE LLEVAR

IX

La mujer en la Historia conocida

Si quieres conocer el papel de la mujer en la Historia conocida y algunas de las más relevantes a través de los tiempos, puedes descargarlo en este bidi.

El lenguaje y la mujer

El lenguaje impone a la mujer una enorme carga represiva, todavía hoy, entrando ya en el tercer milenio. Unas costumbres lingüísticas que, por oídas y corrientes, ya no despiertan recelos ni en las mujeres más feministas.

En español, o castellano, existe una discriminación enorme para lo femenino, con connotaciones despectivas e insultantes en palabras que se usan cotidianamente, incluso por las mujeres, sin darse cuenta de que ellas mismas entran en este juego denigrante.

Por ejemplo, para decir que algo es estupendo, muy bueno, se dice que es «cojonudo», pero cuando queremos decir que algo es flojo, sin importancia, se dice que es una «chuminada», en clara alusión a los órganos sexuales masculinos y femeninos respectivamente.

Para decir que algo es pesado, inaguantable, desesperante o malo, decimos que es un «coñazo», otra alusión denigrante hacia la mujer.

Un «hombre público» es alguien importante y respetable, una «mujer pública» es una prostituta. Un hombre del que se dice es un «zorro» es alguien inteligente, listo. Si se le llama a una mujer «zorra» se la equipara a una prostituta.

«Ese hombre es todo un gallo» quiere decir que es valiente, decidido y buen amante. Llamarle «gallina» equivale a decir que es un cobarde, y si este calificativo se le pone a una mujer, pues volvemos a lo de siempre, prostituta.

«Ese tipo es un golfo» se suele decir con cierta envidia de alguien que vive alegremente, que conquista a las mujeres con facilidad, suele salir de noche a visitar los locales de dudosa fama, bebe buenos vinos y licores, se acuesta tarde y sabe engañar en los negocios para mantener su tren de vida. Pero dicho de una mujer, es una alusión peyorativa y denigrante sobre alguien que nadie quiere en su vida como compañera, pero sí como amante ocasional.

Cuando se quiere referirse a algo desorganizado, caótico, desastroso, se dice que es «el coño de la Bernarda»; nunca se alude a los atributos sexuales masculinos.

Es corriente y normal, y así se explica en la *Gramática Española*, que para referirse a la especie humana se diga «el hombre», nunca «la mujer» o «el hombre y la mujer»

Si se le pregunta a alguien cuántos hijos tiene, no se especifican las hijas; puede ser incluso que esa persona sólo tenga hijas, pero la pregunta siempre será en masculino.

Éstas y otras referencias idiomáticas machistas pretenden no herir ni poner en duda la masculinidad, pues mientras ninguna mujer se ofende o se siente minusvalorada por ser llamada «hijo», el ego masculino puede dañarse si se le llama «hija»; tal es el valor que los hombres han dado desde siempre a su papel de dominio machista.

Incluso la literatura ha entrado en este juego, aunque esté escrita por autoras. Cuando se habla de la relación sexual, se dice que el hombre «posee», «conoce» o «toma» o «la hace suya», mientras que la mujer se «entrega», se «rinde», lo que demuestra el paradigma de dominación masculina, pues, en realidad, en las relaciones sexuales nadie posee a nadie, sino que puede ser un bello intercambio de placer y amor, que a veces de convierte –por desgracia con mucha frecuencia– en un cruel acto de afirmación de dominio masculino, en el que a la mujer sólo le queda un papel absolutamente pasivo.

Hasta hace poco costaba mucho acostumbrarse a denominar en femenino las profesiones liberales como, jueza, médica, notaria, ingeniera, abogada, pero es en el ejército donde todavía se resisten a feminizar los rangos. Por ejemplo se sigue diciendo capitán, en vez de capitana, o comandante, en vez de comandanta, aunque le ponen delante el artículo «la». Por algo hay que empezar a cambiar las cosas.

Luchemos por abolir estos vocablos discriminativos y humillantes para las mujeres y hablemos con propiedad y respeto del género femenino.

Refranes populares relativos a la mujer

Si quieres saber cómo refleja el refranero español el papel de la mujer en la sociedad, descárgate el contenido de este bidi:

X

Mis primeros y nuevos pasos

Después de escapar de mi maltratador, comencé a trabajarme con todo el ánimo y coraje del mundo. Busqué e indagué en libros de crecimiento personal y, durante mucho tiempo, me sentaba a escuchar dentro de mí, a ver qué me pasaba, ya que no podía comprender por qué había aguantado tanto,ni por qué tenía que haberme pasado eso a mí. Pero sobre todo daba gracias a la Divinidad y le pedía que guiase mi camino.

Esta oración la creé para mí pero creo que puede servir para otras muchas mujeres que pasan por situaciones de maltrato. En ella demando lo que yo necesitaba, y doy gracias a la vida por guiar mis pasos hasta haber conseguido salir de las tinieblas:

Gracias por este nuevo amanecer que
me permite ver, sentir y renacer.
Yo quiero para el día de hoy abrir mi corazón
a la luz, la belleza y la alegría, fluyendo
con todo lo bueno que me rodea.
Disfrutando, compartiendo y dirigiendo mis pasos
hacia el gran divino horizonte, disolviendo mis antiguas
heridas en el bálsamo celeste de la sabiduría del
cosmos, recuperando todo mi poder, toda mi salud.

Yo quiero para el día de hoy conectar con la naturaleza
de mi ser y vivir con armonía entre lo finito y lo infinito,
recreándome en la experiencia de mi propio
descubrimiento, acortando distancias entre
corazones, emanando perdón y amor
Para mí misma y para todos mis semejantes.

Gracias por el día de hoy.

Un Nuevo Día

Y doy «gracias por el día de hoy» por este presente continuo que va marcando nuestra historia personal. Ahora sé, que sin esas experiencias vividas y sufridas, sin esa decisión de escapar, yo no hubiese descubierto mis alas, mi libertad y mi capacidad en muchas áreas de la vida. Mi confianza fue creciendo poco a poco. Me dejé llevar cada vez más por mis impulsos, por mi intuición, por mi corazón. Y aunque no sabía muy bien el desenlace que traería todo aquello, me atreví a emprender una nueva aventura, aunque esta vez en solitario.

Me embarqué en la creación de un centro de turismo rural (hoy hotel rural) para el descanso, el disfrute de la Naturaleza, la recuperación de energías y la salud.

¿Cómo sucedió? Aún me lo pregunto, después de una experiencia tan macabra y con un cuerpo, espíritu y mente castigados, sin apenas haberme recuperado; realmente no sé cómo pasó, yo creo que todo se dio a partir de la magia creada desde mi espíritu en contacto directo con las ayudas antes mencionadas, ayudas celestiales, cósmicas o espirituales, atraídas por mi deseo de vivir y sentirme realizada, intentando crear algo hermoso y útil para mí y para todas aquellas personas que estuviesen en consonancia con mi creación.

Desde muy pequeñita la Naturaleza ha sido para mí muy importante; siempre me escapé con mis hermanos a un lugar maravilloso llamado «Los Pedroches» (Córdoba) donde nos bañábamos en arroyos y pozas, nos deslizábamos con cartones por los acueductos como por un tobogán gigante, y cazábamos ranas −pobrecitas−, que yo mataba cerrando los ojos y estrellándolas como hacía mi padre, para después comérnoslas asadas en el mismo lugar. Todo ello sin sentimiento de culpabilidad, como lo más natural del mundo. Siempre sentí el silencio del lugar como algo sublime que me hacía descubrir, investigar y crear. La fragancia de los tomillos, los romeros, las jaras y demás plantas silvestres después de una lluvia de verano era tan intensa, que el perfume que se quedaba impreso en la ropa, es una experiencia olfativa y mental que siempre estará viva.

El hecho de querer vivir en la Naturaleza siempre estuvo presente en mí; por ello quizás se manifestó algo que toda la vida sentí y quise: los olores naturales a plantas medicinales silvestres, la luz, el silencio, la expansión, el color cambiante de los árboles y el paisaje en las cuatro estaciones, los arroyuelos cantarines, el canto de cientos de pájaros diferentes, el olor a jazmín y a galán de noche en los veranos cálidos de los jardines del Campo de la Merced de Córdoba, por donde yo me perdía retrasándome en llegar a mi casa, a la hora establecida por mi padre y ganándome alguna que otra vez un tortazo por mi tardanza.

«El Camino» surgió, no fue algo que yo persiguiera como un sueño.

Fue espontáneo; fue tomando forma y color una vez que di el primer paso comprando la finca, después de llegar a todo mi Ser una fuerza desconocida cuando comenzó este proyecto, sin saber qué podía pasar a continuación.

Mi ideal, una vez metida en la historia, fue crear algo bello, donde aparte de recibir y atender a otras personas como hostelera, pudiera aportar algo más.

Mi profesión entonces era la de naturópata-acupuntora en una pequeña consulta ubicada en una zona integrada dentro de un precioso gimnasio, donde impartía clases de gimnasia rítmica deportiva, danza, jazz y gimnasia de mantenimiento, y a todo ello sumaba mis potingues a base de extractos de plantas, aceites esenciales, «aromaterapia» y masajes.

Mi afinidad con las plantas se completó y desarrolló

con el nuevo proyecto, realizando destilaciones de plantas frescas para extraer sus principios activos, a fin de elaborar productos naturales para la piel y el cabello, impartir cursos de aromaterapia y fito-cosmética, y dar buenas sugerencias a quienes se alojaban en mi establecimiento. Todo ello satisfacía mis anhelos de creatividad, pero mi mayor aportación ha sido el trato de persona a persona, ya que siempre hubo y hay, una gran empatía y una relación cercana con mis clientes, amigas y amigos de «El Camino».

La escucha consciente abre vías de comunicación e interrelación con los interlocutores que tenemos enfrente de una forma mágica, donde el tiempo se detiene y cada uno da lo mejor de sí en una danza de unión y comunión que va más allá de lo habitual, abriendo canales de entendimiento mientras yo misma descubro en mí nuevas cualidades y conocimiento, que conscientemente yo no conocía, y quizás no hubiesen salido a la superficie de no haber sido por esa interrelación con muchos de mis queridos clientes y amigos.

El nombre de «El Camino» surgió por sorpresa al igual que todas las cosas que han ido apareciendo en mi vida, desde que decidí dar el gran paso hacia la libertad, en lugar de darlo hacia la muerte en vida.

Un buen día, cuando buscaba un terreno para hacerme una casita pequeñita para vivir, llegué a un paraje maravilloso junto a un riachuelo transparente y cantarín, con unas vistas al Valle del Tiétar impresionantes, rodeado de montañas por el norte que lo abrigaban de los fríos vientos del invierno, y orientado hacia el sur, recibiendo todo el día las caricias del sol, que le dotan de un microclima suave en contraste con los fríos y largos inviernos de la vertiente Norte de Gredos.

Me senté en una gran piedra de granito cubierta de verde y suave musgo y, de pronto, una idea se abrió paso en mi cerebro con fuerza arrolladora, como si me la dictaran desde otra dimensión. Una voz que decía y que yo repetí: «Esta finca va a ser mía y se va a llamar 'El Camino'». Proyecté e imaginé un lugar hermoso, con gente encantadora a la cual yo atendería personalmente y me sentí feliz al pensarlo tan intensamente.

Realmente, en aquel momento pensé que no podía ser cierto lo que me estaba pasando, pero después de sentirlo una y otra vez con más intensidad, decidí embarcarme en el proyecto.

Con la mitad que me correspondía del dinero de la venta de mi anterior finca testigo de mi sufrimiento, adquirí este pequeño territorio.

¡Se acabó! «¿Y ahora cómo sigo?» Fui peregrinando de banco en banco para financiar mi proyecto, que por fin vio la luz, a pesar de tenerlo muy difícil debido a mi edad, situación de mujer sola y sin avales. Pero yo tenía confianza de que era posible porque había decidido alcanzar mi libertad y abandonar aquella vida insana para vivir en este lugar sentido desde la niñez, en plena Naturaleza, en plena luz, paz y silencio, aunque por supuesto con alegría. Una alegría que yo ya no tenía pero que quería recuperar a base de reconocer, de perdonar, de crear, de agradecer, de aceptar en cada momento las sorpresas que surgían en mi vida. Reconozco que no fue fácil, pero ahora sé «que si se quiere, se puede».

A partir de ese comienzo tan imprevisible han ido surgiendo ante mí sin esperarlo, como por arte de magia, acontecimientos, personas y situaciones, todas favorables en la evolución de mi nueva empresa.

Ahora, cuando lo veo desde la distancia en ese tiempo sin tiempo, parece que hoy es ayer, aunque con muchas más ventanas abiertas por donde me inunda la claridad. Ahora puedo valorar todo lo que no valoraba, comenzando por mí misma.

Había vuelto a la vida y quería sembrar vida. Pedí a mi guía interior, a mi Yo auténtico, que tutelara siempre mis pensamientos, mis palabras y mis acciones conmigo misma y con las personas que me honraban con su presencia y confianza, para seguir dando pasos en este nuevo camino emprendido: «mi Camino» y el inicio de una nueva andadura para muchas personas que aparecieron por aquí.

Quería comprender desde la diversidad que somos, no desde el miedo y la adaptación forzada. Perdonarme a mí misma por todo el maltrato que soporté, perdonar desde el fondo de mi corazón a esa persona que me puso al filo de la navaja, convirtiéndose en mi «pinche tirano» (persona que nos hace sufrir) como dice el maestro colombiano Dr. Jorge Carvajal.

A pesar de que el precio había sido muy alto, me hizo profundizar tanto en mí y en las cosas sencillas que antes no valoraba, que, una vez recobrada la libertad, todo cuanto me rodea está lleno de luz y color, de sentido de amor y alegría, y percibo una potente fuerza dentro de mí.

Una fuerza tan presente y segura que ya no creo que nada pueda anularla porque ya no tengo miedo a la muerte, y además, confío en la vida. El proceso de recuperación, el hacerme «resiliente» no ha ocurrido de la noche al día. Cuando se sale de una historia semejante, donde se han suprimido emociones y sentimientos, callando la rabia, disimulando el miedo, tragándose la injusticia y dejándose llevar como una veleta por el viento de lo incomprensible y lo absurdo, volver a coger las riendas de tu vida y recuperar tu autoestima para ser más fuerte que antes, es una tarea difícil pero posible y necesaria.

Cuando se sufre el «derecho» mal entendido del macho, por la fuerza bruta o por el egoísmo inconsciente, y la violencia ocurre en cualquier momento del día, sin razón de ser, se requiere un tiempo para la recuperación. Un tiempo que irá en función de la adaptación a lo nuevo y a la actitud positiva que uno tenga. Aunque al principio sea difícil, poco a poco se irá instaurando en nuestro cuerpo castigado con la dignidad pisoteada y el alma dolida, un proceso de recuperación emocional y física que comenzará a sanar toda clase de heridas. Pero sólo ocurrirá si nosotras de verdad lo queremos.

Muchas heridas del alma surgen después, cuando estamos rehabilitándonos. Es lo que se denomina en psicología «estrés postraumático», y yo añadiría «conciencia del trauma profundo causado».

El cuerpo, que es muy sabio, intenta sacar fuera todo el veneno acumulado durante el maltrato a través de síntomas asociados a dolores articulares, alteraciones respiratorias, dermatitis, cefaleas, astenia o falta de energía, e insomnio. A veces incluso va un poco más lejos manifestando enfermedades graves, pues el estrés sufrido de forma continua deja fuera de combate a nuestro sistema inmunitario, el que nos protege de los patógenos y de nuestras propias células cancerígenas.

Pero aun así no hay que desesperar. Todos los síntomas son signos de sanación de nuestro organismo. Ello quiere decir que tenemos que prestar mucha más atención a lo que sintamos en nuestra mente, nuestro cuerpo y espíritu. Debemos mimarnos mucho a nosotras mismas, algo que no habíamos hecho durante el maltrato, y tomarnos todo el tiempo que sea necesario para solucionar desequilibrios psicológicos, energéticos y, por supuesto, físicos, que tenemos impresos, por el castigo acumulado que a veces hemos «permitido»que nos impusieran, aun sabiendo que teníamos fuerzas suficientes para decir ¡basta! Muchas mujeres maltratadas sienten que se encuentran en un callejón sin salida. Un sentimiento de indefensión que conlleva irremisiblemente la rendición sumisa ante el verdugo. En este caso, las mujeres necesitan ayuda exterior para abandonar un laberinto sin salida aparente. Ayuda psicológica y protección que les permita superar su miedo profundo.

Después de la libertad, es tiempo para el mimo, la lectura, el descanso, conectar con personas que nos puedan escuchar y acompañar. Las amigas son curativas. El hecho de ser escuchadas, comprendidas, y animadas a un cambio vital positivo, son herramientas valiosas para la mujer liberada, durante ese tiempo de toma de conciencia y curación.

Es necesario salir, conectar con el exterior, saborear todo lo que nos rodea, aprender a valorar una sonrisa, un árbol, una mañana de sol, una película de risa, un paseo por un parque cercano, o por un lugar que nos haga sentir tranquilas y bien. En estos primeros momentos de liberación no es recomendable iniciar ningún curso o estudios, si no se siente una gran necesidad para ello. Toda la energía que tengamos hay que desbloquearla, potenciarla y dirigirla a crear una nueva vida de conciencia y amor a nosotras mismas.

Hay que estar alerta a todas las percepciones de nuestro cuerpo y nuestras emociones. Es muy importante. No sólo cuenta la comunicación con personas y vivencias en el exterior, también necesaria, sino la reflexión interior para darse cuenta de todo lo acontecido, sus causas y sus consecuencias.

Hay que buscar cada día unos 20 minutos para estar en nosotras, es decir, para escucharnos desde dentro, comenzando con la escucha de nuestra propia respiración. Hay que poner toda la atención en ella y dejar pasar todas las imágenes que acudan a nuestra mente, como si fuesen nubes que aparecen y se marchan; «sólo observar». Cada día igual, con una atención plena, sin desesperarnos porque creamos que eso no sirve para nada. Insistir con la intención de llegar a comprender fluidamente que somos poderosas, que podemos hacer todo lo que nos propongamos, que nadie ni nada puede estar dentro de nosotras y tomar nuestro poder.

Siempre y en todas las situaciones, la franqueza para con nosotras mismas, la autoconfianza, es algo primordial. No tenemos que disimular ni convencer a nadie. No tenemos que quedar bien ni mal. Debemos estar por encima de las apariencias; lo que piensen o digan de nosotras, no nos debe afectar en absoluto.

Cada persona tiene su sentir, su cultura, su carácter, su familia, sus ancestros, su pasado y su presente. Y cada una de ellas tiene un determinado nivel de entendimiento. Por todo ello, lo más importante en estos momentos de recuperación, es ser nosotras mismas. Eso es muy fácil de decir y muy difícil de llegar a sentir, pero todo camino comienza con un sólo paso. Si no conseguimos superar nuestros traumas, no podemos pretender ayudar a las demás. Precisamente si hemos tenido una dura experiencia ha sido casi siempre por contemplar primero las necesidades de los demás, cediendo el poder y anulando nuestras propias necesidades o preferencias en la vida.

Otra actividad muy importante que ayudará a desbloquear y a crear endorfinas generadoras de alegría y ánimo, es el ejercicio físico. Si no se puede correr, hay que caminar. Si no se puede caminar, hay que moverse tumbada en el suelo, con ejercicios de flexibilidad adecuados. Pero hay que mover la energía que está estancada, y hay que alternar, movimiento con reposo, con ocio, con meditación y con una nutrición sana y alcalina ya que, debido al estrés, se produce mucha acidez en el organismo generadora de inflamaciones, obesidad, celulitis, cansancio extremo, mente turbia y muchos otros síntomas asociados.

El pasado, a partir de ahora, sólo debe existir como experiencia, como aprendizaje de lo que no puede volver a ocurrir, y para replantearnos una vida más placentera, inteligente y amorosa, nunca como un castigo. Pero, sobre todo, jamás debemos sentirnos culpables de nada. La culpabilidad ha sido y es la atadura más potente que tenemos; por ello se ha implantado con fuerza en nuestro inconsciente, el inconsciente femenino, a base de desprecio, represión, cultura, religión y poder machista.

Cuando nosotras mismas culpamos a los demás de nuestra desgracia o de nuestros fallos, es sólo una manera de evitar nuestra responsabilidad. Hay que querer vivir para abrirse a la vida, comprender, perdonar —no de palabra, eso es muy fácil—, sino desde el corazón. Perdonar así es diferente, ya que se mengua la carga y todo comienza a fluir. Después de sufrir un maltrato se puede volver a convivir con un hombre y amarle como nunca antes se amó, pero sólo desde una nueva conciencia.

Todas, absolutamente todas las vivencias que hemos tenido, eran necesarias para despertarnos de un letargo heredado y latente en nuestras células, en nuestro cerebro límbico gestor de las emociones, en nuestra alma de mujer. Sin las experiencias que he vivido, yo estoy segura que hoy no estaría donde estoy.

Mi espíritu creativo, mi iniciativa, mi alegría, mi confianza, mi energía y mi serenidad, hacen que mis 63 años, sean los más florecientes de toda mi vida, y esta experiencia quisiera pasarla a muchas mujeres que estén dispuestas a avanzar, a ser felices y a contagiar a otras muchas para que ellas también lo sean.

¿Cómo? Primero queriendo, después implicándonos, y más tarde compartiendo y siendo, uniéndonos a las demás mujeres, hasta que la cadena sea tan grande y fuerte que pueda llegar a los sitios más remotos, países y culturas donde las mujeres se encuentran «prisioneras» del machismo más cruel.

Ya sé que es una utopía ahora mismo, pero hay ya muchas que vamos dando pasitos en pos de esa libertad e igualdad que hará posible que cambien muchas cosas. No podemos dudar de nuestra fuerza; ella puede conseguir cambios importantes en el mundo para hacerlo más humano y menos violento.

Volver a empezar

Comienza desde el mismo momento en el que sabemos que nuestra decisión es lo que cuenta y podemos hacer lo que queramos. Si sale bien, maravilloso, y si no sale «tan bien», maravilloso igualmente, porque al menos lo habremos intentado y seguro que algo bueno habremos aprendido. Pero la responsabilidad es únicamente nuestra. Con las equivocaciones aprendemos nuevas formas de hacer frente a nuevos retos y a descubrir la gran creatividad que tenemos para elegir un cambio de camino cada vez que ello sea necesario.

Con los aciertos vamos a valorarnos más y serán un estímulo para continuar subiendo peldaños en esa larga escalera que nos transportará hacia lo que hemos elegido conscientemente. Sólo entonces podremos crear, desde ese trocito de sabiduría adquirido, para ir ensanchando la vía de la confianza y el presente continuo como única forma de vida.

Cuidado con la fase de cambio. En ella podemos tendernos trampas que pueden retrasar nuestra evolución y nuestra sanación. A veces, después de una experiencia negativa de convivencia de pareja, es tanta la euforia de saberse libre e independiente, que podemos entrar en un laberinto de actividades que nos pueden alejar del propósito principal de recuperación y asimilación del aprendizaje.

Si comenzamos a crear alguna empresa, si conseguimos un buen empleo, si nos adherimos a algún grupo social de ayuda comunitaria o cualquier otra actividad... ¡Cuidado!

Podemos caer en la adicción al trabajo y las actividades sociales para aturdirnos y olvidarnos de nosotras mismas.

Es muy necesario tener la mente ocupada varias horas al día en algún proyecto, trabajo o actividad creativa, pero repito, cuidado con la adicción. Tiene que quedarnos tiempo libre para comunicarnos con nosotras mismas, con las amigas, tiempo para la diversión, la lectura y para estar en plena

Naturaleza, de lo contrario nos estancaremos.

La excusa siempre será la misma, «no tengo tiempo». Ya está, nos habremos tendido una trampa para no profundizar en el dolor acumulado. Seguiremos disimulando, pero ahora lo camuflaremos con el trabajo y nos engañaremos a nosotras mismas. Así, como no tenemos tiempo y además estamos haciendo un trabajo importante para nuestra vida o una labor social buena para muchas personas, no nos paramos ni siquiera a pensar que es lo que pasa con nosotras. Con nuestro pasado, con nuestro presente. ¿Cómo lo estamos enfocando y gestionando? ¿Estamos aprendiendo a vivir de nuevo o continuamos machacándonos y encarcelándonos «solitas» sin ayuda de nadie? Yo misma, sin ir más lejos, caí en la trampa de sumergirme en el trabajo extremo. Todas las demás personas veían mi error y yo siempre me defendía, invitándolas a ponerse en mi lugar. Hasta que llegué a un punto de agotamiento tal que me abandonaron las fuerzas y casi la respiración. Me tumbé en el sofá que tenía más cerca y ya no me pude mover ni para llamar por teléfono.

Estaba sola como siempre desde que empecé mi nueva vida en libertad. Una vez que se marchaban las personas que venían a hospedarse en El Camino o a trabajar, yo ya estaba con mi apreciada y querida soledad. Lo malo es que no paraba de hacer cosas ni un momento. Lidiaba con una finca de casi tres hectáreas de jardines cuidados y un hotel rural de nueve habitaciones, la gestión de huéspedes, la cocina, el personal, la promoción y la contabilidad. La verdad es que hay trabajo para todo un regimiento y ese regimiento no existía. Tras mi caída por agotamiento, sin poder recurrir a nadie, ahí quedé hasta el día siguiente. Inmovilizada. Pasadas unas cinco horas pude levantarme y dar unos pasos para coger una manta porque me estaba quedando helada.

Comencé a hacer unos «mudras» (posiciones de los dedos de las manos que favorecen sistemas de curación o de meditación) que en este caso eran para mi corazón, pues lo sentía latir de manera irregular. Entre mudras y técnicas respiratorias pude recuperar algo de energía y estabilidad, mientras me repetía a mí misma: «¡No pasa nada! No me va a pasar nada». Y desde la inmovilidad en el silencio pude dormir una cuantas horas antes del amanecer.

Con la nueva luz del día, ya pude caminar, aturdida aún. Tras prepararme un desayuno ligero, me senté por primera vez sin prisas, y comencé a escribir lo siguiente:

Interminable tren de las mil cosas por hacer
Flotando en una nube de obsesión
Sintiendo el latido de un tiempo vacío
Decepción que anula mi existencia
En un mar embravecido que se rebela una y otra vez.

Con planchas en los pies, me muevo torpemente
Al son de compromisos que yo misma me marqué
Con vendas en los ojos, no acierto a ver la luz
Tropiezo con la muerte que va calando en mí
Anulando los sentidos, olvidando la función de vivir.

¿Qué pasa aquí, qué hago yo?
Se me va la vida se apaga el calor
Ya no tengo heridas ya no siento amor
Ya no tengo frenos en el corazón

¿Qué pasa aquí, qué hago yo?
Me estoy acabando y eso no lo quiero yo
Me voy a parar, aunque haya eclosión

Con mi testa dura para comenzar
Una nueva andadura que me va a gustar.

Interminable tren de las mil cosas por hacer
Me abandonan las musas, los amigos y las estrellas
Un respiro más, necesito hacer y saber que existo
Y saber que estoy y cerrar los ojos y escuchar mi piel
Y mirar adentro descubrir el mundo y decir que sí.

Me apunto a la ternura y al son de las campanas
Abrazando la noche y cantando a la mañana
Pisando tierra firme y volando al universo
Oliendo las fragancias tras la lluvia de verano
Mirando al sol de frente hasta nutrirme de él
Pasándolo a mis venas y sintiendo su saber.

Interminable tren de las mil cosas por hacer.
Creando un laberinto de sombras y de barro
Autómata sin guía, sin metas ni pasión
Sirviente del servicio, me mata la obsesión
Ya soy la campeona de un mundo sin color.

Y no puede ser, ya lo digo yo con todo mi Ser
En la oscuridad yo quisiera ver esa lucecita
Que mueve la vida cada amanecer.
Y voy a reír a plena carcajada antes de oprimir
Mi espíritu grande y todo mi Ser

EL TREN DE LA PRISA

Desde esta nueva conciencia adquirida, mi actitud se modificó. Seguí caminando firme, pero sin llegar al agotamiento. A partir de ese momento comencé a percibir muchas posibilidades para otro momento de cambio para mi vida. Comenzaron a abrirse grandes ventanas a través de las cuales podía divisar un paisaje esperanzador. Aparecieron otra vez personas y ayudas puntuales sin las cuales no creo que hubiese podido crear un pequeño paraíso para mí y para los demás. ¡¡Gracias a todas!! Hoy puedo disfrutar más que sufrir en este precioso y querido lugar donde empecé de nuevo, llamado «El Camino» que es mi camino y el de todas aquellas personas que quieran encontrar la paz perdida.

Con estas experiencias inesperadas un poco duras, se nos facilita un paso más en nuestra vida, un paso en la dirección correcta que nos permite avanzar, quitándonos lacras del pasado, abriendo nuestro corazón y transmutando la oscuridad en luz.

Este proceso lo podemos comparar con ese camino largo y enriquecedor que hace posible que el burdo carbón pueda transmutarse en grafito, para seguir su camino hacia la luz, hacia ese material que contiene todos los colores del arcoíris: ¡El DIAMANTE! ¡¡Qué hermoso!! Es el material más duro, pero también el más flexible porque deja pasar la luz, como bien dice el maestro Jorge Carvajal. Es similar al proceso evolutivo para autodescubrir nuestra parte más divina, del oscuro y sucio carbón al prístino y bello diamante.

Sólo después de una transmutación podemos ser herramientas que pulen nuestro propio diamante, haciéndolo cada vez más puro para que su luz abrace los corazones de otros diamantes que aún no se han descubierto a sí mismos sólo porque no saben que lo son, ni saben cómo llegar a él.

Las huellas en nuestro cerebro

Si quieres leer sobre neurociencia, descarga el contenido en este bidi:

Una de las herramientas más útiles para el aprendizaje es la memoria asociativa; ésta hace posible que, en una emergencia, la emoción atraiga un recuerdo del pasado y reaccionemos conforme a ese recuerdo, más que con la nueva forma de actuar.

Esta memoria nos pone a salvo muchas veces de volver a tropezar con la misma piedra (como meter la mano en agua hirviendo si ya tenemos una quemadura anteriormente por ese motivo).

Lo malo de esta memoria asociativa, es que muchas veces reaccionamos ante lo nuevo con respuestas del pasado hacia algo parecido a lo que experimentamos, porque es más cómodo y rápido utilizar una estrategia ya aprendida que crear una nueva. Es decir, que nos quedamos atrapados en el tiempo y no permitimos el cambio ni la aceptación de lo nuevo. Es difícil soltar lo viejo y abrazar lo nuevo, vaciar el cántaro de agua turbia para llenarlo de agua transparente.

La neuroplasticidad es la capacidad natural del cerebro de crear nuevas conexiones neuronales para afrontar eficazmente situaciones novedosas. Investigaciones recientes han confirmado que el cerebro es muy plástico, que puede crearse a sí mismo, que incluso en la vejez se continúan formando nuevos enlaces de células nerviosas y nuevas redes de intercomunicación.

Las sorpresas, el nuevo aprendizaje, los cambios y la risa, son precursores fidedignos de incremento de la neuroplasticidad. Con esta información podemos considerar que somos capaces de salir de cualquier situación, por muy difícil o penosa que se nos presente, ya que nuestro cuerpo y nuestro cerebro se están formando y transformando cada día, no importa la edad. La motivación, la emoción y la voluntad de querer hacer un cambio en nuestra vida, crearán la magia para la realización de lo que nos propongamos.

Nuestra salud se apoya en pilares importantes como el sistema inmunitario, el nervioso, el circulatorio y el hormonal, que a la vez están interconectados con la conciencia de las emociones, la voluntad, la actitud y la espiritualidad.

Cada organismo tiene unos ritmos internos únicos que se sincronizan entre ellos y a la vez con el mundo exterior, donde existen otras oscilaciones que interactúan con las nuestras. Esta comunicación sutil es necesaria y beneficiosa para nuestro cuerpo y sistemas de regulación y protección internas, que como todo equilibrio de la Naturaleza, busca el estado de energía más eficiente posible con el menor gasto, para vibrar en cooperación y no en oposición.

Cuando no escuchamos a nuestro cuerpo ni lo atendemos en todas sus manifestaciones de queja y reclamación, se producen cambios de ritmo en oposición a los ritmos externos. Puede suceder debido a procesos químicos producidos por una mala alimentación, medicamentos, drogas, o simplemente por un estado mental negativo producido por momentos que nunca más quisiéramos repetir.

Esto produce discordancias de ritmos orgánicos que dan lugar a manifestaciones adversas de salud y malestar, desequilibrando nuestro estado natural. Aprender a escuchar el cuerpo es ampliar la conciencia de la vida y de lo que realmente somos.

La sabiduría del cuerpo

Al comunicarnos con el cuerpo, estamos aprendiendo a sentir sus necesidades cuando lo maltratamos, su agradecimiento cuando somos consecuentes con sus requerimientos, con su energía siempre dispuesta a satisfacer nuestras exigencias vitales. De esta manera podremos cuidarlo y disfrutarlo mucho más, pues incluso el gozo espiritual, primero debe pasar por el filtro del bienestar y de las percepciones de nuestro cuerpo. No podemos disfrutar de paz interior si el soporte físico está alterado.

El cuerpo nos susurra, nos habla y a veces nos grita. Se necesitan paciencia amor, intención y muchas ganas de salir de ese túnel oscuro y frío en el cual han estado sumergidas nuestras emociones debido a un tiempo de maltrato psicológico o físico, o ambos a la vez, al que hemos estado sometidos.

Ahora es el momento de escuchar nuestro cuerpo con mucha mayor intensidad que antes de haber estado en ese tenebroso túnel.

Si una vez pasada la amarga experiencia, la contemplamos con una nueva actitud, analizando y comprendiendo todos los pasos que nos llevaron a ella, «sin sentirnos víctimas», dando las gracias por haber podido salir de ese lugar de duro aprendizaje; si observamos y comprendemos, sin excusas, sin culpabilidades, sin odio, sin arrepentimiento, dando por hecho lo que hecho está, crearemos una conciencia expansiva que abarcará un proceso evolutivo que nosotras elegimos inconscientemente para llegar al momento de la rehabilitación, una nueva etapa de nuestra vida.

En esta nueva etapa, por fin recobraremos nuestra soberanía, nuestras fuerzas, derechos y poderes, es decir, nuestra sabiduría y nuestra independencia; reconoceremos nuestras alas machacadas con la disposición inequívoca e imparable de curarlas y mimarlas hasta que puedan emprender el vuelo hacia el horizonte infinito, hacia nuestra preciosa presencia, hasta lo que verdaderamente somos.

En esta etapa tenemos que prestar atención a la más sutil de las sensaciones. Pero para ello necesitamos tres elementos importantes: paciencia, amor y tenacidad.

- Siéntate cómoda en un lugar donde nadie te moleste y disponte a escuchar tu cuerpo. Siente tu respiración, tu espalda, tu circulación. Deja pasar tus pensamientos, obsérvalos, no los retengas, míralos como si estuvieses viendo una película, viviendo escenas inesperadas.

- Observa lo que pasa en tu cuerpo, dependiendo de las escenas que aparecen en tu pantalla. ¿Cómo es tu ritmo cardiaco?, ¿en qué partes del cuerpo sientes dolor o tirantez?, ¿tienes ganas de llorar? ¿de reír? ¿te notas entumecida?, ¿cansada?

- Siéntelo, acéptalo, déjalo ir, no sujetes nada. Da las gracias a tu cuerpo por manifestarse con esa sabiduría invisible que te apoya para sacar lacras y nudos energéticos profundos. Así se restablece tu alegría y tu salud.

- Ponte delante del espejo. ¿Cómo te ves? Seguro que no te aceptas del todo. Esos kilos de más o de menos, esos ojos nariz o boca que no encajan con tu ideal. Esa estatura que no es la adecuada a los cánones de belleza estipulados por la moda. Esa imagen que tú ves y lo que piensas de ti misma, es lo que estás proyectando al mundo. Eso es lo que está creando y atrayendo tu propia realidad a través de un campo sutil de energía que tú generas desde tu corazón, acercando a tu vida personas y vivencias acordes con las vibraciones que emanas. Esto no es magia, es pura física cuántica que postula la intervención determinante de la conciencia en la realidad que te circunda. Sé consciente del peligro que corres a la hora de criticarte y autoevaluarte negativamente. Si quieres desplegar tus alas...

- ¡Mímate! ¡Acéptate! Busca lo mejor para ti. ¡Siéntete merecedora de lo mejor de la vida!

- Mírate al espejo y da las gracias en voz alta por el buen funcionamiento de tu cuerpo, por todas las sensaciones agradables que te proporciona, por lo que hace por ti. Termina diciendo una frase con mucho poder: «Me acepto incondicionalmente como soy». Ríete de tus críticos internos y externos, sólo son condicionamientos falsos que hemos asumido como nuestros y verdaderos; en cuanto te enfrentes a ellos, perderán su fuerza.

- Tus pensamientos afectan a tu cuerpo y lo modifican poco a poco. ¿Cómo le hablas? ¿Cómo te muestras ante los demás? ¿Segura? ¿Muy humilde? ¿Pidiendo disculpas por tu mera presencia? ¿Resolutiva y desenvuelta? ¿Te avergüenzas de tu imagen?

- Dale a tu cuerpo lo que te pida siempre que puedas pero sin agobiarlo. Siéntete en todas las situaciones, fresca, sana y llena de energía. ¿Aceptas todas las partes de tu cuerpo? Aprende a acariciarlo, a tocarlo, a identificarte con él, a amarlo y aceptarlo. Date un baño aromático con una música de fondo que te guste y unas velas encendidas. Deléitate con el contacto con el agua, los aromas y la

quietud del momento, mientras escuchas tu cuerpo.
- No te compares con nadie. Eres única. Los modelos sociales televisivos y de las revistas de moda, son mecanismos de venta, manipulados. Si pudieras ver esos rostros maravillosos que aparecen en las fotografías, te llevarías una sorpresa. En realidad no son tan perfectos, pero les borran las arrugas, las manchas, los maquillan expertos, los iluminan con luces que ocultan defectos y realzan lo bello. Eso no quiere decir que las modelos no sean bellas, lo son, pero no tanto como tú crees. Huye de la hipnosis social publicitaria. Descúbrete por dentro. Siéntete bien y después realza tu belleza de forma natural, a tu manera, no a la manera de nadie. El ejercicio físico aporta muchos beneficios.

Casi todos los dolores y molestias –repentinas o no–, están relacionadas con emociones, con cosas que no se pueden digerir, con posibles apegos, con esfuerzos innecesarios, con alimentos o excitantes no adecuados que nos hacen preguntarnos: «¿Qué me está pasando? ¿Por qué me siento así?» El cuerpo es el reflejo de lo que sucede en el interior de nuestro verdadero Ser.

El estado natural del cuerpo físico, mental y emocional, es la salud. Si ésta no existe, el cuerpo intenta recuperarse a través de manifestaciones dolorosas que deben servirnos como alerta para que profundicemos en nuestras emociones, en nuestras vivencias y creencias a fin de descubrir de dónde procede el síntoma o el signo de una determinada enfermedad, que nos está avisando para que miremos hacia el interior y averigüemos qué es lo que está pasando.

Muchas vivencias están registradas en nuestra memoria, y de manera inconsciente, nos hacen llegar a conclusiones y respuestas inadecuadas ante situaciones o personas que son nocivas para nuestra salud, hasta el punto que muchos deseos que nos harían felices quedan bloqueados debido a experiencias negativas del pasado, que quedaron marcadas a fuego, y cada vez que nos decidimos a dar un paso hacia nuestro bienestar, surgen esas voces desde nuestro interior que nos marcan un camino a seguir equivocado.

Las mayores causas capaces de crear enfermedad son las actitudes y las emociones negativas, la culpabilidad y el desamor. A veces queremos enfermar inconscientemente para huir de una situación que nos desborda y que no somos capaces de afrontar. Así huimos de ella con dignidad aparente, es decir, no llegamos a tomar esa decisión porque caímos enfermas. De esta manera nos autoengañamos y nos autosaboteamos. En esta actitud hay falta de amor propio y de valentía, pero quizás lo hacemos porque no sabemos que tenemos derecho a vivir nuestras experiencias con nuestros miedos, nuestros errores y creencias, aceptando los límites, debilidades, deseos y aspiraciones que tengamos.

Tenemos que ser como somos en cada momento y amar a los demás es comprender que ellos también tienen el derecho y la libertad de vivir sus propias experiencias.

La salud, la armonía, el amor y la libertad de acción y expresión fortalecen y producen sanación.

Algunos trastornos que pueden aparecer en momentos de fuerte estrés son:

- Afonía: Suele darse normalmente por una laringitis, pero esa alteración es muy posible que sea debido a un bloqueo emocional, tras un choque afectivo, normalmente cuando no se ha podido expresar todo lo que dicta el corazón. Si sumamos a esta emoción negativa el esfuerzo por hablar empeora la situación hasta el punto de no poder emitir ningún sonido entendible.

- Bloqueo mental: Este bloqueo se produce y agrava cuando después de la discusión y acaloramiento o resignación, sabes que no has sido sincera contigo misma y mucho menos valiente. No te has expresado abiertamente por el miedo a no llegar más allá en la discusión. Sientes que piensas bien pero tarde, se te va la mejor exposición del tema, y lo que es peor, la mejor defensa. Pero ya es tarde, ya no llegas, ya has vuelto a hacerlo mal según tu criterio. Entonces hay un sentimiento de incapacidad por tu propia defensa y te sientes vacía y culpable. Pero, en realidad, la mejor estrategia para no perder el habla ni pasarlo mal es escuchar al corazón y decir la verdad; lo que él manifieste, expresarlo de forma clara pero respetuosa para no ofender. Al mismo tiempo demostrarás que no eres una «tonta» que casi siempre elude significarse frente a una situación comprometida. Si no eres más «simpática» con los demás pues no pasa nada, ya que no vale la pena el esfuerzo a realizar, ni sentirse luego mal para sentirse apreciada por determinadas personas por no decir lo que sientes.

- Ansiedad: La ansiedad es producida por miedos y temores la mayoría de las veces no conscientes ni identificables. Siempre se está alerta, esperando que de un momento a otro, «algo va a salir mal» o algún peligro nos acecha. Ello produce un bloqueo emocional que desestabiliza la vida. Así no se consigue vivir y disfrutar del momento presente. Casi siempre estamos «colgadas» del pasado, recordando o contando historias que reviven momentos desagradables o traumáticos. Su seña de identidad es la preocupación constante, manteniendo la alerta sobre posibles señales que prueben que estamos en lo cierto.

Siempre que te sientas entrando en crisis, ansiosa, temerosa y fuera de tu centro, respira hondo y toma conciencia de lo que te está sucediendo; es tu imaginación la que está creando ese agobiante momento. Tu mente te está controlando dejándote fuera de combate; está usurpando tu poder, tu verdadero poder.

Así no puedes disfrutar de la vida y todos los mejores momentos se evaporan como por arte de magia. Escucha este mantra y repítelo cuando los nubarrones nublen tu cerebro: «Vive el momento presente».

Olvídate del qué dirán, de caer bien o mal, de lo que venga después; nadie ni nada es perfecto y, a la vez, todo es perfecto en su estado natural y en su momento.

Déjate llevar por la sorpresa de lo desconocido, del cambio, de la incertidumbre que te asalta. No tienes que demostrar nada, cómo eres, estás perfecta en este momento de tu vida. Si controlas y no sueltas la autenticidad de tu Ser, no darás el siguiente paso para tu evolución y te quedarás estancada, no solamente en tu parte física, sino también en la anímica y espiritual.

Sé tú misma con tus errores y aciertos, con tu físico, tu familia, tu trabajo y tu lugar.

Aprende a confiar en ti, porque sólo de esta forma confiarás en los demás y abrirás muchas puertas que te guiarán hacia un cambio donde tu Ser se expandirá fluyendo como el agua de un manantial.

Dolor de espalda

El dolor de espalda es un padecimiento que sufren el 70% de las personas, produciéndose un bloqueo físico en primera instancia, que irá progresando hacia bloqueos mentales, emocionales, energéticos y espirituales dependiendo de la progresión, el tiempo y el tratamiento a estos tres niveles.

Toda la columna vertebral desde el coxis, el sacro, las lumbares, dorsales y cervicales, hasta el atlas, puede verse afectada en sus diferentes tramos. Y cada zona está relacionada a la vez con una trama energética y equilibrante del cuerpo humano: los meridianos y los chacras, íntimamente enlazados con las emociones y con los conceptos erróneos y los falsos modelos de la personalidad, o las creencias, que están instauradas en lo más profundo de nuestro océano anímico emocional. El dolor aparece con más intensidad cuando actuamos de manera no coherente con lo que nos dicta el corazón.

La columna sostiene todo el cuerpo humano; cualquier alteración en ella tiene relación con la inestabilidad emocional percibida, con no sentirse bien sostenido.

La columna vertebral está toda intercomunicada, sobre todo entre la zona sacra y las cervicales. La comunicación entre estos dos extremos se realiza a través de una membrana recíproca, la «duramadre», que habita en el interior de toda la cavidad de la columna. Esta membrana establece una conexión directa entre el sacro y las cervicales, de manera que cuando hay una alteración cervical, para corregirla osteopáticamente también hay que restaurar o equilibrar la zona sacra, ya que ambas están implicadas. Aparte de cualquier terapia manual, hay que investigar la parte emocional, ya que ésta es la primera causa de un posible desequilibrio musculo-articular, aunque las emociones negativas sólo se convierten en causas de enfermedad cuando son duraderas en el tiempo o muy intensas.

De la columna vertebral salen todas las ramificaciones relacionadas con la inervación de todos los órganos internos. Por su parte, cada órgano interno tiene otro complementario asociado que la medicina china llama «vísceras», que quiere decir «órganos huecos». Por ejemplo: el hígado es un órgano macizo y su complementario es la vesícula biliar, un órgano hueco. Ambos se relacionan con la emoción de la rabia o la furia, así como con la lucha por vencer o llegar. Cada órgano y víscera alimenta y equilibra un tipo de emoción, a la vez que determinado tipo de emociones afectan a los mismos órganos con los que tienen correspondencia.

Así, cada parte de nuestro cuerpo está implicada con nuestros pensamientos y estos pensamientos generan un determinado tipo de emociones que pueden ser beneficiosas para la salud o nos pueden llevar directamente a la necesidad de aprender un nuevo camino a través de una enfermedad que habremos generado, por supuesto inconscientemente, para que podamos adquirir consciencia sobre nuestra vida.

Nuestro precioso cuerpo es un gran organismo complejo organizado en muchos factores complementarios entre sí, con millones de diferentes combinaciones a todos los niveles. Es casi imposible aún descifrar lo qué está pasando cada momento en un organismo humano, ni cómo funciona en su totalidad, ni qué respuestas surgirán en un momento cumbre determinado.

Lo que sí puedo decir por experiencia es que conozco el poder personal que tenemos todas, potente y mágico, capaz de transformar y crear cualquier cosa que nos propongamos con fuerza interior y con una actitud de búsqueda y trabajo consciente y confiado. Da igual que sea una empresa económica o la propia salud o la ayuda incondicional a alguna persona o situación.

Los «chakras» son centros vibratorios de energía que se encuentran situados sobre las principales glándulas endocrinas. Los cuatro primeros se encuentran a lo largo de la columna vertebral comenzando desde abajo hacia arriba.

Estos centros conectan asimismo al sistema nervioso, hormonal y emocional, de forma que el sistema inmunitario también está totalmente implicado.

Aunque la medicina occidental alopática oficialmente aún no ha reconocido dichos centros energéticos, así como tampoco contempla la existencia de los llamados «meridianos energéticos» de la medicina tradicional china, las culturas orientales los valoran y practican sobre ellos, obteniendo buenos resultados desde hace muchísimo tiempo. Cada vez más, acreditados profesionales de la salud, abiertos a todas las terapias que puedan beneficiar al ser humano, están aceptando y estudiando estos nuevos paradigmas, pues con modernos instrumentos electrónicos ya es posible detectar y visualizar los meridianos de acupuntura y el aura corporal, cuya existencia era negada por la ciencia simplemente porque no existían las técnicas necesarias para localizarlos y visualizarlos.

Los siete chakras se avivan o desestabilizan dependiendo del tipo de emociones que generemos.

Tanto los chakras superiores como los inferiores, son de vital importancia. Hay personas que asocian los superiores (garganta, frente y coronilla) con la espiritualidad, dejando de poner atención o dando menor importancia a los chakras «inferiores». Esto es un error, ya que si los cimientos no son sólidos, todo lo demás se tambalea; la espiritualidad conseguida sin una base firme, no es tampoco una espiritualidad verdadera. Los sabios orientales dicen que la más bella flor que eleva sus delicados pétalos al cielo tiene sus raíces en la densa tierra, fango o entre las fisuras de las duras rocas.

Las conexiones entre el alma y la mente, así como entre las emociones y el cuerpo físico, no están aisladas ni actúan independientemente.

La salud física y la anímica dependen de un equilibrio entre todos los sistemas.

XI

Las mujeres y las principales religiones

Hablar de religión y de mujeres es hablar de seres humanos de segundo orden en relación con el dios o los dioses que las distintas religiones nos han enseñado a lo largo de la Historia de la Humanidad. Sólo hubo una época en la que las féminas estuvieron, no sólo al mismo nivel que los hombres respecto a la divinidad, sino incluso por encima de ellos: al comienzo del periodo Neolítico y durante muchos siglos, cuando reinaba en el firmamento religioso la Gran Diosa Madre.

No importa la religión que analicemos, ni lo que digan o el mensaje que sus fundadores o recopiladores hayan pretendido transmitir... la parte femenina del ser humano siempre es relegada a un papel segundón (aunque sus sacerdotes o iluminados digan que Dios no distingue entre sexos a la hora de juzgar a un ser humano). Lo masculino parece prioritario para los dioses.

En las tres «religiones del Libro» (llamadas así porque sus dogmas y doctrinas se fundamentan en sus respectivos libros «escritos por hombres pero inspirados por la Divinidad»), judíos, musulmanes y cristianos, Dios es inequívocamente masculino, y no tiene pareja femenina. Es más, en la Biblia se alude a la menstruación como a un periodo de «impureza». Durante ese tiempo, si un hombre siquiera tocaba a una mujer o sus vestidos, se convertía asímismo en «impuro» hasta la noche y debía lavarse antes de poder entrar en un recinto sagrado. Durante la menstruación la mujer no podía (ni puede en ciertas creencias) hacer la comida, e incluso el lecho o la silla donde descansaba se volvía «inmundo» durante siete días.

Siguiendo con la Biblia, libro sagrado para millones de personas, al octavo día después de la regla, la mujer tenía que llevar dos tórtolas o palominos al sacerdote como expiación y holocausto por el «pecado» de haber tenido la menstruación. Sólo con el sacrificio de estas dos aves, Dios perdonaba la «afrenta» de algo que Él mismo había creado, según las Escrituras...

También se consideraban impuros durante un periodo de tiempo los cónyuges que copulaban si había emisión de semen o de flujo de sangre durante el coito.

Si la mujer daba a luz un varón, era inmunda siete días, pero si paría una niña, lo era catorce días, y además tenía que seguir purificándose sesenta y seis días más.

Si se descubría que había realizado actos carnales en plena menstruación, se le condenaba a muerte.

Si una mujer tenía flujo de sangre fuera del tiempo de la menstruación, se la consideraba inmunda mientras durara el flujo y contaminado todo lo que tocara o donde descansara. Una vez terminado el flujo anormal, debía esperar siete días y luego repetir la ceremonia de las tórtolas. Se consideraba que esa mujer había pecado gravemente al tener el flujo irregular. Nadie pensaba en una enfermedad o en un desarreglo hormonal.

Esta «impureza» de la mujer durante los días del periodo no es exclusiva de la Biblia, sino que está bastante extendida en muchas culturas primitivas alrededor del mundo. Bajo estas circunstancias, la mujer no podía realizar la mayoría de las tareas cotidianas y los hombres guardaban un temeroso distanciamiento de ellas, pues la superstición les hacía creer que en aquellos días las mujeres podían causar daños a plantas, animales y varones. En algunas culturas, si una mujer con la regla tocaba a un hombre, éste corría despavorido a realizar ceremonias purificadoras, pues se pensaba que en ese estado la mujer le robaba la virilidad y la salud.

No hace mucho tiempo en España se decía que si una mujer con la menstruación se subía a un árbol, éste se secaría. También se aconsejaba que ella no bebiera bebidas frías o tomaran helados; ni siquiera podía lavarse la cabeza.

No siempre fue así. Hace miles de años, cuando la especie humana salió del animalismo y adquirió la autoconciencia reflexiva, se dio cuenta de que un día iba a morir. Este descubrimiento fue esencial y terrible.

Los animales ignoran que morirán. Se limitan a vivir siguiendo sus instintos y las improntas de su ADN y su cerebro. Algunas especies más evolucionadas parecen sufrir un impacto ante los cadáveres de sus compañeros. Los chimpancés y los elefantes tratan de reanimar durante un tiempo a sus congéneres muertos como si se negasen a reconocer que ya no pueden vivir. Pero finalmente los abandonan.

Se sabe de chimpancés hembras que han cargado con sus hijos pequeños muertos durante días, intentando darles de mamar o que reaccionaran con sus manipulaciones. Finalmente los abandonan, aunque es indudable que «sienten» su pérdida al menos por un tiempo.

La especie humana es diferente. Sabemos que un día moriremos, es inevitable, a pesar de que nos cuidemos de los depredadores y los accidentes. Las enfermedades, la decrepitud, la vejez y la muerte nos esperan.

Los primeros humanos vieron cómo sus parientes y sus compañeros y compañeras morían. Existen enterramientos rituales donde se les daba sepultura con sus utensilios más preciados como si creyeran que a pesar de la muerte encontrarían un «lugar» donde seguir viviendo.

Y eso lo creían porque soñaban con sus muertos. En sueños los veían y hablaban con ellos. Por lo tanto debía haber un lugar donde los fallecidos estaban de alguna manera «viviendo».

Estas experiencias y la negación de que todo acababa

con la muerte, constituyeron las primeras manifestaciones de religiosidad, entendida ésta como una creencia en la existencia de vida más allá de la muerte.

En un principio, los humanos creyeron en los «espíritus», unos seres tenues, sutiles, etéreos que habitaban en un mundo invisible, pero cercano o interrelacionado con el mundo material y físico.

El espíritu era una especie de «sombra» o duplicado impalpable que permanecía ligado al humano mientras vivía en este mundo, pero que se liberaba a su muerte. Pero no solamente atribuyeron el «espíritu» a los humanos, sino que lo hicieron también con los animales, las plantas y las cosas. A este tipo de creencia se la denomina «animismo».

De esta manera, los espíritus lo llenaron todo: las montañas, los ríos, los lagos, los animales. Así, los primeros humanos realizaban ceremonias mágicas para propiciar estos espíritus, tener buena caza y ausencia de tormentas y depredadores.

También era bueno congraciarse con los espíritus de los muertos, pues éstos podían causar graves daños a los vivos a través de las enfermedades, la infertilidad o las hambrunas, si estaban contrariados o celosos.

Para relacionarse con estos espíritus y su mundo, surgieron los «chamanes», personas más sensibles y proclives a entrar en trances (tal vez enfermos de epilepsia o esquizofrénicos que a los ojos de sus coetáneos eran muestras de sus difíciles y peligrosos contactos con aquel mundo misterioso).

Posteriormente, con el asentamiento de las culturas y su evolución, la construcción de las ciudades y el desarrollo de la escritura, el animismo también evolucionó y los espíritus más importantes del sol, la luna, las aguas, el aire y las montañas, pasaron a transformarse en dioses.

Conforme se constituyeron los gobiernos en las ciudades y se diferenciaban las clases sociales abandonando la colectividad igualitaria de la tribu y aparecía la propiedad privada de la tierra y los animales domésticos, y el trabajo especializado y diferenciado de soldados, sacerdotes, campesinos, artesanos, comerciantes, etc., también fueron constituyéndose las familias celestiales divinas a imagen y semejanza de las familias reales que gobernaban los nuevos estados. En definitiva, los dioses surgieron a imagen y semejanza de los seres humanos, especialmente de los que ostentaban el poder...«designados (según los sacerdotes) por los mismos dioses que ellos habían creado».

Las mujeres, como las hembras de los animales, quedaban misteriosamente preñadas, y tras un periodo de embarazo, daban a luz un nuevo ser.

Para aquellas personas el embarazo era un enigma pues no asociaban las relaciones sexuales con la consecuencia de la gestación. Por lo tanto, debieron deducir que las mujeres eran las portadoras de la vida y la fertilidad, y así, los primeros dioses importantes no fueron masculinos sino femeninos.

La Gran Diosa Madre era el culto más extendido en Europa en el Neolítico, el Calcolítico (cuando se produjo el descubrimiento y uso del cobre) y principios de la Edad del Bronce. Las mujeres eran muy respetadas y especialmente queridas, pues desempeñaban el papel de mantener la vida, además de ser las sacerdotisas de la Diosa Madre.

Los estudios arqueológicos sitúan estas creencias entre los años 30.000 y 5.000 antes de Cristo, es decir, desde el Paleolítico Superior hasta la entrada de la Edad del Bronce. Incluso han podido deducir que, mientras se mantuvo el sistema económico de la recogida de alimentos, la caza, la pesca, los raíces, los bulbos, los frutos, los hongos, y una incipiente agricultura, las mujeres mantuvieron un estatus igualitario con el hombre, e incluso superior.

La fertilidad de los bosques y las tierras de cultivo, los animales y ríos, estaba ligada al único ser humano que podía crear otro ser humano: la mujer.

La economía era colaborativa y no competitiva, ya que la mujer tiende a colaborar en sus relaciones sociales y es el hombre quien se inclina más a competir. Además, las mujeres eran las encargadas de recolectar los alimentos vegetales silvestres, mientras los hombres se dedicaban a la caza y la pesca. Por lo tanto, la aportación de ambos géneros a la comunidad era bastante igualitaria.

La fertilidad de los campos y los animales era considerada primordial para el sustento y la fecundidad de las mujeres era determinante para la supervivencia de la tribu en el tiempo, sustituyendo con nacimientos a los que iban muriendo, por lo que las primeras manifestaciones religiosas fueron dirigidas a deidades femeninas, como lo demuestran infinidad de estatuas y figuras encontradas durante ese periodo, prácticamente todas representando a mujeres.

Es más, mientras duró este largo periodo de predominio religioso femenino, no se han encontrado pruebas de la existencia de guerras, ya que las primeras evidencias de que una aldea o ciudad había sido destruida por acción violenta se encontraron en el cuarto milenio antes de Cristo.

Pero toda aquella cultura matriarcal terminó cuando los hombres descubrieron su papel en la reproducción humana. No debió ser muy difícil. Tal vez se dieron cuenta de que las mujeres, cuando permanecían vírgenes o ya no tenía relaciones sexuales, no se quedaban embarazadas.

La relación fue descubierta y los hombres impusieron su mandato, destronando a la Diosa Madre del papel preponderante, sustituyéndola por dioses masculinos agresivos y dominantes.

Los arqueólogos también han elaborado propuestas en las cuales se dice que con el tiempo las mujeres dejaron de recolectar, pues su aportación ya no era necesaria, y se ocuparon más de la casa, la prole y de labores repetitivas como el hilado o hacer la ropa. Por otra parte, los hombres, que reunían excedentes de alimentos, tenían que protegerlos de la envidia y la rapiña de las poblaciones vecinas. Ya no era una economía colaborativa sino totalmente competitiva, pues las cosechas y los animales no se compartían con los vecinos. Surgió la propiedad privada.

Lo paradójico es que seguramente la agricultura fue un legado de las mujeres a la Humanidad, ya que ellas eran las encargadas de recolectar semillas, hojas, raíces, bulbos y frutos comestibles. Ellas sabían qué vegetales podían comerse y cuál era la época en la que aparecían y podían recolectarse.

Poco a poco, con la prosperidad de los asentamientos humanos y su transformación en núcleos urbanos autónomos, los varones fueron aumentando su poder sobre las mujeres y surgió el paradigma patriarcal, en el que el padre de familia era el dueño absoluto de todo, incluida la mujer, que fue reducida a ser un objeto más del patrimonio del patriarca (la misma palabra «patrimonio» quiere decir propiedad del padre).

Mientras los seres humanos vivían en aldeas con estructuras tribales, se mantuvo la igualdad entre géneros, incluso con una ligera preeminencia femenina. El verdadero cambio se produjo con la concentración de las personas en las ciudades-estado y el advenimiento de las monarquías teocráticas.

Los reyes de las ciudades, donde el trabajo ya se había especializado y la sociedad estaba dividida según sus posesiones y desempeños (agricultores, ganaderos, artesanos, funcionarios, soldados, sacerdotes, esclavos, etc.) se auto-legitimaban por designio divino, es decir, el dios patronímico de la ciudad los bendecía y les «encargaba» el gobierno de sus súbditos y la administración del mini-estado. Algunos incluso decían estar emparentados con los seres divinos de los cuales descendían.

Los reyes y su familia se consideraban sagrados, tocados

por la mano de los dioses. Esta creencia permaneció hasta nada menos que la Revolución Francesa.

Estos dioses ya eran masculinos, pues los reyes también lo eran. Generalmente en un principio los hombres más audaces, fuertes, ambiciosos y sin escrúpulos fueron los que se hicieron con el poder.

Los colectivos sacerdotales dotaron a sus dioses de una mitología que el pueblo aceptaba sumisamente, en la cual las diosas-madre pasaron a un segundo plano.

Los dioses guerreros, potentes y terribles, ocuparon la cabeza de los panteones religiosos (aunque siempre tenían esposas, naturalmente relegadas a un segundo o tercer lugar). En realidad, la mitología copiaba la estructura familiar patriarcal.

Esta tendencia a eliminar a la mujer de las representaciones religiosas e incluso del culto (sólo a las diosas las asistían en la liturgia las sacerdotisas) culminó con el Dios de Israel, el Dios de la Biblia, el cual se presentaba a su «pueblo elegido» como totalmente masculino, único y sin esposa. De esta manera se eliminaba de un golpe la posibilidad de la existencia de una diosa con su corte de sacerdotisas.

La Iglesia Católica, y todas las confesiones cristianas, se refieren a este Dios como «EL PADRE», y no se contempla ni por asomo que en ese Dios Uno y Trino exista la más mínima feminidad. Padre, Hijo y Espíritu Santo son del género masculino, y los ángeles, los espíritus que los acompañan según las creencias religiosas cristianas, musulmanas y judías, son también masculinos (Miguel, Gabriel, etc.) aunque todas coincidan en que carecen de sexo.

No hay lugar en el «cielo» y mitología cristiana para la feminidad, salvo para la Virgen María (a la que en realidad no se la contempla como una «diosa» sino como una mujer predestinada y elegida por Dios, elevada al lado de la Trinidad pero siempre inferior, como si fuera una divinidad de segunda categoría, aunque los creyentes le rindan culto como si se tratara verdaderamente de una diosa). Un arreglo de «ingeniería religiosa» llevado a cabo por la Iglesia para tener contentas a las mujeres, sus mayores devotas.

Si quieres leer más sobre el cristianismo y la mujer, descárgate el contenido en este bidi:

Desde la perspectiva actual, no existe el menor impedimento, físico ni religioso, para que las mujeres ejerzan el papel que ahora mismo está todavía reservado a los hombres.

Lo que sí es cierto es que las religiones, desde que se eliminó el culto a la Gran Diosa Madre, han contribuido y propugnado a lo largo de siglos mantener a las mujeres en la ignorancia y la humillación, alentando la represión más indignante contra el ser humano. Esta represión del ser femenino ha sido de proporciones indescriptibles, de manera que ha anulado prácticamente su creatividad y riqueza interior, perdiendo la Humanidad el rico aporte de ellas. Sólo algunas pocas mujeres que han logrado brillar en la Historia, lo han hecho con grandes dificultades gracias, en la inmensa mayoría de los casos, a una alta posición social que les ha permitido acceder a una mejor educación.

Pero para el que detenta el poder, de la clase que sea, económico, político, intelectual o espiritual, mantener en la estupidez ignorante al explotado (en este caso explotada) es la principal de las estrategias para perpetuar su estatus elitista.

Afortunadamente ya se están viendo los primeros resultados de la igualdad de oportunidades. Las mujeres que reciben educación superior están demostrando al mundo que aquellos «santos varones» que las minusvaloraban, estaban equivocados. No estaban, por lo tanto, inspirados por Dios sus pensamientos misóginos, ni siquiera de lejos.

Si quieres leer más sobre la mujer y las religiones, descárgate el contenido en este bidi:

XII

El sistema energético humano

El sistema energético humano consta de un campo de fuerza invisible al ojo no adiestrado para ello que rodea a todos los seres vivos.

Una parte importante de esa fuerza es la manifestación del aura.

El aura es un envoltorio alrededor del cuerpo, un halo de energía que actúa como una burbuja protegiendo la fuerza vital.

Cuando el cuerpo se mantiene sano, el aura permanece impecable, luminosa y llena de vitalidad protectora, pero cuando la salud es frágil y la mente tiene emociones tormentosas, el aura se debilita mostrando vías abiertas, como roturas que pueden permitir el paso de agentes patógenos al interior del organismo humano, produciendo principios de inestabilidad y desequilibrio en la salud general.

El sistema energético humano consta de siete capas de energía dentro del aura. En la primera capa del aura, la más cercana al cuerpo físico, se encuentran los «chacras».

Los chacras

La palabra «chacra» viene del sánscrito antiguo y significa «rueda de luz».

Son como un torbellino de energía giratoria que se crea con la energía magnética del núcleo de la tierra que asciende, y la energía eléctrica que desciende del cosmos. Esta rueda, formada y retroalimentada por ambas fuerzas en combinación con nuestra propia energía (sumando a ésta la de los pensamientos, emociones y acción), hacen posible que nuestra fuerza vital se mantenga sólida y en continuo crecimiento estabilizando la salud.

Estos campos energéticos, los chacras, están íntimamente ligados a la conciencia humana, de modo que en función de nuestras emociones, espiritualidad y acciones, su energía fluctuará, activándose o debilitándose.

Existen muchos chacras en nuestro cuerpo, pero los principales son 7 que se hallan situados a lo largo de la columna vertebral. Cada uno está relacionado con órganos y sistemas de nuestro cuerpo, y a la vez con emociones y con la actividad física, psíquica y espiritual. Es interesante conocerlos a fin de comprender mejor nuestra totalidad, la sensibilidad y el afinamiento de nuestro organismo, de nuestro cuerpo y la intercomunicación total de lo interno con lo externo, de lo visible con lo invisible, de lo macro con lo micro, de lo sutil con lo muy perceptible.

Los tres primeros chacras

• *Primer chacra «raíz»*

Su color es el rojo, su sonido el tambor, su elemento la tierra. Está situado en el perineo, en la base de la columna vertebral. A los 7 años ya está formado.

El chacra raíz necesita cualquier tipo de actividad física, yoga, danza, gimnasia, artes marciales o cualquier disciplina que implique paciencia y movilice las piernas. La esperanza a través de recuerdos y aportes positivos es fundamental para no caer en su aspecto negativo, «la víctima». A la víctima le faltan fuerzas para afrontar lo menos positivo, negándose a programarse para estimular la voluntad que de natural ya posee. Cuando está en su fase negativa, la víctima se suele desbordar con circunstancias externas y suele vivir de la caridad y la generosidad de personas o instituciones. Son muchas las causas por las cuales una persona llega a estos estados de dejadez, donde pierde su raíz y con ello su poder y seguridad en las causas más importantes y se incluye el miedo, la culpabilidad, y la baja autoestima.

La función primordial de este chacra está relacionada con tratar de vivir una vida plena, llena de vitalidad, donde la seguridad es muy importante para su equilibrio. Nos aporta paciencia y vista a la hora de discernir sobre la elección de cosas importantes para que el caos no enturbie nuestro bienestar y la realización de nuestros sueños. Es el chacra más ancestral, el que nos marca la lucha por la vida en alerta natural para la supervivencia.

Este chacra influye de forma definitiva en la corteza suprarrenal.

La corteza suprarrenal es la parte externa de las glándulas del mismo nombre, donde se producen corticosteroides que son los que mantienen equilibrados los niveles de acidez y alcalinidad en nuestra células; controla la actividad cardiaca, estimula la función del glucógeno y la glucosa en el riñón, y regula el flujo de adrenalina responsable de nuestra respuesta ante un peligro.

El riñón, en la medicina china está íntimamente relacionado con la energía ancestral o el caudal de vitalidad heredada de nuestros padres y ancestros.

Cuando nuestra raíz es fuerte, tenemos nuestro propio punto de vista y decisión, no nos dejamos influir por la familia, ni por la raza, ni por el estatus social, la política, las religiones o las sugerencias de nadie. A través del chacra raíz es posible el ascenso a las funciones y la vitalidad del segundo chacra, el sacro.

El chacra raíz está en relación con la zona baja de la espalda, el coxis y el sacro.

En él están representados todos los problemas familiares y de supervivencia no resueltos. De este chacra surge la confianza o la independencia personal, así como nuestras raza e identidad sexual.

Pero, en último extremo, esta independencia personal depende mucho de la educación recibida en los primeros años de vida, del nivel social y de tradiciones ancestrales que pueden imponernos que la familia es lo más importante, y que en caso necesario, hay que sacrificarlo todo por ella, incluso, llegado el caso, sacrificar la felicidad propia con tal de que el honor familiar no se ponga en entredicho.

El maltrato, el abuso sexual, o la desatención en la infancia, dejan una huella de indefensión a veces difícil de reconocer pues la víctima suele disculpar a los maltratadores o abusadores, mientras se inculpa a sí misma por la creencia de que ella ha sido quien lo ha «provocado».

La aparente estabilidad familiar se sostiene haciendo siempre que todo siga igual, fiestas, cumpleaños, vacaciones. El aspecto de cohesión es lo que más importa. Los líderes de la familia, padres, madres o abuelos, defienden su forma de ver y llevar el grupo, aunque ésta sea nociva para la libertad de alguno de sus componentes.

Cuando no se puede desconectar del grupo familiar tóxico, por creencias inducidas desde la niñez y se siente faltar la libertad pero no se es capaz de dar el paso para el cambio, suele haber problemas de salud en toda la zona lumbar inferior, ciática, tumores rectales, hemorroides y dolor desde la quinta vértebra lumbar hacia el sacro.

• *Segundo chacra, el «sacro», sexualidad y economía*

Su color es el naranja, caliente sensual, apasionado y entusiasta, «pura vitalidad».

Se sitúa a 5 o 6 centímetros por debajo el ombligo coincidiendo con los puntos de energía 4 y 6 del meridiano de acupuntura «vaso concepción».

Tiene relación con los ovarios y los testículos. También requiere actividad física en la que el ritmo y el movimiento de piernas y caderas es fundamental. La danza del vientre, los bailes latinos o el jazz son especiales para el equilibrio energético de este chacra además de que benefician el sistema hormonal.

El chacra sacro necesita flexibilidad y fluir, ya que su elemento es el agua; por ello las emociones le harán bailar de un lado para otro, proporcionándole equilibrio o desequilibrio, con lo cual el sistema inmune siempre se verá potenciado o disminuido.

A este chacra le gusta saber que somos totalmente independientes y en ello influye la capacidad para dar y recibir placer y alegría sintiendo bienestar emocional y salud.

Su fase negativa es la «mártir». Cuando la persona abandona su poderío, su disfrute y abundancia, se convierte en mártir haciendo todo lo contrario de lo que es su naturaleza sana, privándose de los placeres de la vida porque cree no merecerlos, sintiéndose culpable y engañada, sufriendo y haciendo sufrir a otras personas, sobre todo a las que más le apoyan.

Este chacra influye poderosamente en la reproducción.

Es el chacra reproductor de la vida. Se desarrolla y estabiliza a los 14 años. Nuestra actitud en relación a la sexualidad es muy importante, ya que las glándulas reproductoras —los ovarios en la mujer y los testículos en los hombres— pueden verse afectadas en su funcionamiento y fertilidad por traumas o concepciones equivocadas sobre la sexualidad, por causa de doctrinas religiosas, abusos, malos tratos, estrés y la valoración que tengamos de nuestro cuerpo y su capacidad de disfrute en el ámbito sexual.

La comprensión y el reconocimiento de nuestros límites sobre el esfuerzo, dosificando la energía, descansando adecuadamente y relacionándonos con personas o lugares que nos aporten conocimiento y alegría, activan nuestra parte espiritual y una visión menos materialista en la vida (aunque lo material sea muy necesario para la seguridad que necesita este centro).

El miedo no sólo paraliza el estómago; también estanca la energía central de este chacra y afecta al riñón, a los músculos del abdomen y a la zona lumbar.

El chacra sacro está relacionado con las posesiones, con la calidad de las relaciones sociales y amorosas, con el dinero y con la seguridad.

Así, el miedo al abandono y a la inseguridad económica, social o familiar, pueden producir estragos en el útero y desarreglos en la menstruación, miomas e infertilidad. En los hombres puede causar impotencia sexual y problemas urinarios.

Normalmente duele la zona baja de la espalda, la zona lumbar, entre la cuarta y la quinta vértebra y primeras sacras.

Estas patologías suelen producirse en personas que temen por su supervivencia. Su dolor y su debilidad lumbar se asocian al miedo a la escasez y a la inseguridad material.

El malestar en este sitio significa que la persona necesita tener cosas materiales para sentirse segura, aunque no se atreve a reconocerlo ni admitirlo ante los demás. Lo carga todo a sus espaldas y prefiere hacerlo ella sola.

Son personas muy fuertes físicamente, puesto que su miedo a la escasez hace que no se relajen en cuanto a la actividad física se refiere; así piensan que no les faltará el soporte económico.

Este chacra se ve muy afectado en procesos y vivencias de incestos, abusos sexuales familiares y violación o malos tratos. Por ello, y por su naturaleza aparentemente más débil, es normal que la mujer tienda en general a buscar la seguridad económica.

• *Tercer chacra, plexo solar y poder personal*

Es una bola amarilla situada debajo del esternón y sobre el estómago. Su elemento es el fuego; el sol es muy beneficioso para este chacra. Su facultad es la inteligencia, el instinto, la confianza en uno mismo y el poder personal y la libertad de elección. Desde este chacra se desarrolla el ego; cuando éste crece equilibradamente, es positivo para la determinación. Cuando el ego se desarrolla anormalmente, la persona se vuelve tirana y sin compasión.

Este chacra se relaciona con deportes fuertes y competitivos ya que su naturaleza es de «guerrero». En estado negativo, en la mujer se apaga la guerrera y surge la «sirvienta» que busca sin cesar la aprobación de los demás saboteándose a sí misma para lograr el reconocimiento externo.

El desarrollo y la madurez de este chacra oscila entre los 21 y los 23 años cuando el ego, la identidad y el poder personal marcan casi todas las decisiones del futuro de la vida. La seguridad, los objetivos realizados, los retos vencidos, las relaciones fructíferas y libres y la confianza en uno mismo, hacen que el chacra del plexo solar se expanda y brille como el mismo sol, con toda su potencia donde la identidad se solidifica y nutre el Ser interno, dándole firmeza y serenidad. Esa firmeza y entereza se consiguen a través de continuos retos, con los cuales, a base de perder y de ganar, se adquiere la flexibilidad y la confianza para valorar cada situación y percibir con maestría su desenlace cada vez con mayor certeza, desarrollando una libertad de acción y elección propias de un maestro, actuando desde la libertad y el corazón (pues este centro está íntimamente conectado con ambos).

Este chacra influye de manera determinante en el páncreas.

El páncreas es una glándula endocrina importantísima en la absorción de nutrientes y en la metabolización de los hidratos de carbono, siendo reguladora de los niveles de insulina en sangre. Se dice «esotéricamente» que los diabéticos tienen dificultad para divertirse y entonces su «luz» se apaga. Tienen que desarrollar su autoestima y su alegría de vivir y compartir, no tomarse la vida tan en serio y divertirse con todo cuanto puedan.

Cuando cedemos nuestro poder a otras personas, aunque sepamos que tenemos razón o que nuestra opinión es tan válida como cualquiera otra, tenemos bastante baja la autoestima.

El tercer chacra refuerza la seguridad en todos los aspectos de la vida, haciéndonos sentir fuertes y competitivas, a la vez que aprendemos de nuestros errores y los contemplamos de forma positiva, afianzando así nuestros pasos en la existencia. Pero para que esto se dé en su plenitud, los chacras primero y segundo también tienen que estar equilibrados. Es decir, que el sentimiento de considerarnos seguras en el mundo, independientes de apegos y con calidad amorosa en relaciones sociales que nos ayuden y apoyen, conseguirán que nos sintamos lanzadas a consolidar la confianza en todo lo que iniciemos.

Las disfunciones del tercer chacra producirán trastornos en la parte central y alta de la columna vertebral, problemas intestinales y hepáticos.

La persona con dolor en la parte media y alta de la espalda, es decir, de la séptima dorsal hasta las cervicales (de la cintura hasta el cuello) puede que sufra de inseguridad afectiva y personal. Sus expectativas respecto a los que la rodean normalmente son altas.

Cuando ella hace cosas por los demás con sacrificio y no recibe la recompensa esperada, siente que está cargando con un peso que no le corresponde.

Como hay falta de seguridad personal, no le gusta pedir favores, pero si con esfuerzo los pide y le son denegados, se queda inmovilizada sin saber qué hacer ni qué decir.

El equilibrio de los tres chacras inferiores es muy importante para una vida sana. Se puede conseguir este equilibrio siendo conscientes de lo que nos pasa y queriendo solucionar sin miedos nuestros problemas de sentimientos y relaciones sociales y familiares, estudiando nuestras reacciones y profundizando dentro de nosotras, a fin de poder establecer amor puro en todo nuestro campo físico, mental y emocional. Del equilibrio entre estos tres factores surgirán la paz interior y la felicidad, que es la espiritualidad bien entendida.

Conseguirlo no es una tarea fácil que pueda realizarse sin esfuerzo, sobre todo en procesos de violencia de género, ya sean presentes o pasados, pero esta recuperación es posible: sólo hay que querer, estar, buscar, darse cuenta y ponerse en marcha. Adquirir consciencia sobre nuestros límites, a la vez que percibir que somos eternos e imprevisibles, capaces de todo, es una maravillosa fusión reveladora.

Podemos haber vivido tragedias infantiles o episodios duros en la adolescencia y en la madurez, pero no por ello vamos a quedarnos «colgadas» del pasado. Poseemos todo lo necesario para lograr lo que nos propongamos.

Tenemos derecho a ser como somos en el momento presente; mañana ya se verá, pero hoy es «aquí y ahora» (en realidad, siempre es aquí y ahora, pues el mañana se materializa cuando se convierte en hoy, nunca antes). Respecto al pasado, la misma palabra lo dice: ya ha pasado. No dejemos que nos destroce el hoy, que es cuando realmente vivimos.

• *El cuarto chacra, del corazón*

Su color es el verde en su parte externa y rosa en su parte interna.

Está en el centro del pecho y su madurez en resonancia está entre los 28 y los 35 años.

El chacra del corazón está relacionado con nuestra capacidad para relacionarnos emocionalmente y expresarnos en una relación de pareja donde ambos sean tan fuertes como vulnerables, abiertos al diálogo y a los acuerdos en una relación de libertad y confianza en la que, con respeto, se puede comprender la excitación del otro en un momento dado, al igual que el otro puede comprendernos a nosotras, generando así paso a paso, el amor auténtico. Cuando esta armonía no es posible, se establecen desequilibrios orgánicos, emocionales y espirituales que generan síntomas y signos que más adelante pasarán a ser verdaderas enfermedades, en las que el sistema inmunitario ralentizará su proceso de regeneración natural, menguando así la calidad de la activación equilibradora del sistema hormonal, sanguíneo, digestivo, respiratorio y nervioso, con un sinfín de inestabilidades como insomnio, cansancio, abulia o apatía, desarreglos menstruales, neurosis, falta de motivación, etc.

La naturaleza del cuarto chacra es la hermandad, el acto puro, la coherencia, la inocencia, el amor.

El amor es el ingrediente más importante para crear la salud y la expansión de este chacra.

En el ámbito físico, la danza, el yoga, la meditación, cursos sobre la salud y el bienestar, de espiritualidad, caminar, relacionarse con personas que hagan sentir el amor incondicional, es lo suyo.

Cuando predomina la potencia de este chacra, hay alegría, generosidad, amabilidad comprensión con firmeza y flexibilidad.

El corazón posee el don de la palabra; por lo general los que actúan desde este chacra son muy buenos oradores. El corazón es magnético, atrae, reúne, comunica, expresa desde el interior, crea, abriga, estimula, da calorcito, acompaña, investiga para ayudar en lo posible a personas o situaciones, dando siempre lo mejor de sí.

Actuar desde el corazón es actuar desde el acto puro.

En su fase más negativa, aparenta amor pero sólo es interés; especula sobre a quién le interesa más amar. Sus críticas y prejuicios son dañinos pues afectan a la emotividad de la otra persona; el amor está casi cerrado. Así no es fácil mantener una convivencia de pareja.

El chacra del corazón se relaciona directamente con el corazón y los pulmones. Estos órganos de vitalidad y energía suelen sentir el abandono y las emociones negativas con desamor y anulación personal, provocando depresión, decaimiento y abulia mental.

Cuando el corazón ha sido dañado en la niñez, hay que hacer un trabajo consciente para permitir que este chacra se expanda otra vez, pues debido a los malos tratos y recuerdos de abusos en la niñez, sufrió un gran desequilibrio. Aunque después parezca que el desequilibrio ha desaparecido, reaparece en la edad adulta afectando y creando sentimientos y emociones de odio, debido a la injusticia sufrida en tierna edad. El trabajo de solucionar estos problemas se basa en la comprensión y el perdón, «difícil» pero necesario para abrir este chacra y poder conectar desde el corazón con personas y situaciones que nos permitan amar sobre todas las cosas.

El corazón es el órgano de la verdadera relación, el que nos confiere el sentido de unidad y correspondencia con todo cuanto nos rodea. Según los maestros místicos es donde reside Dios en cada uno de nosotros, y desde donde se puede producir el milagro de la curación junto al chacra de la corona, como veremos después.

Nuestro más alto propósito en este planeta es alcanzar el verdadero Amor. Sólo accediendo al núcleo del amor, seremos capaces de ser conscientes de lo que realmente somos. La reconciliación con nosotras mismas hace posible un nuevo presente, fresco y creativo, donde el pasado sólo sirve como un camino de aprendizaje que nos lleva a la paz interior.

El chacra de corazón influye definitivamente en la glándula timo.

La localización del timo está en la zona superior del pecho; es una glándula que preserva el sistema defensivo o inmune. En la infancia está muy desarrollado ya que tiene que proteger el sistema inmune del niño. Cuando somos felices funciona muy bien: secreta hormonas que tonifican el corazón y los pulmones, los «órganos de energía»

En la edad adulta esta glándula se empequeñece, pero seguirá activa, siempre que el chacra del corazón esté activo y el equilibrio interior sea lo más permanente posible dentro de nosotras, es decir, siempre que nos amemos de verdad, nuestro sistema inmune se fortalecerá.

La doctora Chistiane Northrup define al útero como el segundo corazón de la mujer. Cuando el corazón de abajo ha sido violado, se comprime, y no sólo se cierra el útero, sino que también se cierra el corazón de arriba, con lo cual hay que trabajar el perdón y la apertura hacia el restablecimiento con una vida positiva llena de posibilidades y disfrute. Volver a establecer el vínculo entre los dos «corazones» es facilitar el acceso a la relación equilibrada entre ambos, fuente de alegría y salud.

Para la salud y vitalidad de los cuatro primeros chacras, hay que poner en marcha el reconocimiento de los hechos que nos humillaron, que dolieron en lo más profundo, en la injusticia, debido a la indefensión de esas etapas de inmadurez, miedo o desconocimiento. No podemos disculpar a nadie de que nos hiciese daño; no hay que intentar olvidarlo porque nunca lo vamos a conseguir y eso se acabará enquistando en el lugar más frágil de nuestro cuerpo además de dañar el alma, que es nuestra propia luz.

Si nos anulamos ayer, hoy no vamos a seguir haciéndolo; hay que reconocer hasta el último detalle de lo que nos causó sufrimiento y llamarlo por su verdadero nombre, sin disculpar al padre, a la madre, a la pareja, al jefe, al hermano... Una vez reconocido y aceptado, llevándolo por la vía del aprendizaje sacaremos un provecho grande e inesperado.

A partir de ese momento es posible el perdón sanador y la rehabilitación, pero no antes.

• *El quinto chacra, el chacra de la garganta*

Este chacra también está en conexión con el corazón, ya que si éste tiene la capacidad de comunicación y expresión, la garganta posee la fuerza, el timbre, la musicalidad y la claridad comunicativa en su tono armónico, para expresar lo que dicta el corazón.

El chacra de la garganta se cierra con el dolor, la impotencia, la anulación, la ira y la injusticia, cuando teniendo que decir, calla.

También se bloquea cuando somos deshonestas con nosotras mismas y con los demás y cuando ingerimos bebidas, drogas o alimentos inadecuados. La incoherencia hace que este chacra deje de fluir, siendo frecuente la ronquera profusa en unos minutos o la afonía total.

El chacra de la garganta se convierte en un gran aliado de nuestro espíritu y nuestra creatividad, cuando somos coherentes con nosotras mismas cumpliendo con aquello con lo que nos hemos comprometido. Bañamos con nuestro sentir y transparencia todo lo que tocamos y con lo que conectamos, ya sean personas, plantas, animales, situaciones, etc. actuando desde la integridad. Entonces nuestras palabras se conectan con la fuerza y la sabiduría universal a través de nuestro corazón, diciendo en cada momento lo adecuado, potenciando nuestra luz.

El chacra de la garganta, activo y sano, proporciona energía y ganas de vivir.

El canto, la declamación, la oratoria con la responsabilidad de hablar en público, el grito expresivo de júbilo o de ira contenida que a veces debe salir por justicia o por una queja guardada, así como las palabras susurradas de amor, ternura o agradecimiento, hacen posible la tonificación y la fluidez de este chacra, que nos facilita el don de la palabra, que nos hace diferentes al resto de los animales y que nos permite la comunicación y el aprendizaje con la riqueza de otras lenguas, abriendo caminos para una conciencia más expansiva y universal.

Este chacra influye sobre la glándula tiroides, cuya función está ligada a la regulación del sistema basal, el cual actúa sobre el crecimiento del cuerpo en muchos ámbitos. Cuando se produce un desequilibrio hormonal en esta glándula, se puede producir hipertiroidismo o hipotiroidismo.

Este chacra está unido al centro de la voluntad y la energía y es muy importante en nuestra capacidad de discernimiento, a la hora de optar por lo más idóneo según nuestras necesidades.

Sentir que estamos obrando coherentemente con aquello que nuestro cuerpo y espíritu demanda, es salud para esta glándula y el quinto chacra.

El hipertiroidismo se desarrolla normalmente en personas que están demasiado en la acción; lo saben y quieren parar pero no saben cómo, ni tampoco desean detenerse de forma consciente. Se dedican a facilitar la vida de todos sus seres queridos pero se olvidan de ellas mismas. No se paran a investigar qué es lo que necesitan para sí. Lo importante para ellas es actuar rápido, siendo exigentes para consigo mismas hasta un punto extremo.

No siempre debes actuar para ser importante, ya lo eres siendo como sientes en cada momento.

Crea paso a paso lo que tú necesitas y, si aún no sabes lo que es, «detente» o la vida te parará en seco. No hay nada tan urgente como tu propia felicidad; no sólo es importante para ti, lo es para los tuyos y para todo el planeta, ya que la felicidad se expande sin límites.

En caso de hipotiroidismo sucede lo contrario: el cuerpo está diciendo que debe pasar a la acción pero ellas creen que no son lo suficientemente rápidas ni aptas para conseguir lo que quieren.

Es muy necesario interiorizar en el subconsciente, repitiéndolas, las palabras: «Yo quiero», «yo soy»; así, escuchando nuestras verdaderas necesidades, se interiorizará el cambio que necesitamos para restablecer la voluntad y el poder que siempre estuvo ahí.

Si quieres sanar, tienes que tomar tus propias riendas y saber que sólo creyendo en ti, conociendo que «sí puedes» y tienes derecho a hacer todo aquello que necesitas, podrás hacerlo.

Tus creencias marcan tu presente y tu futuro.

▪ *El sexto chacra, de la frente*

Se halla entre las cejas en un pequeño hueco del centro del hueso esfenoides. Su conexión glandular es la pituitaria, llamada «glándula maestra» debido a su poder de intuición y clarividencia cuando está en armonía. Una de sus funciones es fortalecer una mente consciente e independiente. Se desarrolla alrededor de los 40 a los 45 años, cuando la experiencia de la vida nos ha aportado sabiduría suficiente como para emprender un camino de reconocimiento de nosotras mismas y también de los demás. La persona con este desarrollo se convierte en una persona sabia, viviendo y basándose en unos principios universales que conectan con la fuente o el campo para actuar desde su parte divina. Estos principios universales son la luz que puede alumbrar muchos caminos.

Este chacra, junto a la pituitaria y la mente consciente y la acción directa del corazón, hacen posible el verdadero cambio de vida y salud, activando una posición favorable dentro de la abundancia y el amor, ya que la mente se centra en el restablecimiento de la armonía y la curación total.

Este chacra se relaciona con la intuición, la mente y la moralidad. Nos permite percibir el mundo exterior, enfocar y desenfocar nuestra visión para captar lo que nos llega o nos interesa más, siendo receptiva a las ideas de otras personas para poder decidir también cuándo no serlo. Nos hará capaces de acumular información y conocimiento mientras nos damos cuenta de que nos falta mucho camino y que tenemos que estar abiertas a nuevos métodos de aprendizaje e innovación, reconocer nuestra rigidez mental ante muchas vivencias o experiencias y también descubrir a veces nuestra forma «mágica» para actuar de la manera más eficaz y sabia.

La pérdida de energía en esta zona puede alterar la facilidad de aprendizaje y ocasionar trastornos neurológicos, problemas en la visión, sordera y tumores cerebrales.

El fin de este chacra es el encuentro con la verdad suprema.

Aprender a aceptarnos es dejar la puertas abiertas hacia el verdadero camino.

• *El séptimo chacra, de la corona*

Si queremos un sentido claro de la finalidad de nuestra vida, este chacra, equilibrado y vital, nos guiará hacia esa visión, ya que rige los valores de la conciencia, el humanitarismo, la valentía, la coherencia y el reconocimiento de ese poder para guiar nuestra vida de una forma elevada y con plena felicidad, siendo el marco metafísico en el cual valoramos todas nuestras acciones, moralidad, conciencia, valores y juicio sin juicio. Es decir, este chacra contempla y deja ir, puesto que el curso de vivencias natural de cada Ser, en cada acción, en cada error o acierto, tiene una finalidad aquí en la tierra y en todo el universo.

El chacra corona representa la fuente de energía curativa del ser humano; muchas curaciones con remisiones espontáneas se dan gracias a la conexión con este chacra. Su mayor fluidez y madurez está sobre los 50 años, cuando muchas personas se plantean las siguientes preguntas: ¿Qué he hecho en mi vida? ¿Soy feliz? ¿Qué puedo hacer para no hacer lo que no me gusta? ¿Qué es lo que me gusta en realidad? ¿Cuál es mi finalidad en este mundo?

Cuando éstas y muchas otras preguntas aparecen repetidamente, el Ser se está preparando para un cambio. Este posible cambio puede tambalear la estructura de toda una vida que se creía consolidada, y producir tormentas y truenos en el ámbito de la estabilidad emocional, física, familiar, económica, social y espiritual. Pero ese cambio es necesario para avanzar un peldaño más en la evolución y en la comprensión de otro mundo paralelo que se desvelará sólo cuando estemos preparados para sentir y ver la verdad.

Este chacra está relacionado con el «despertar», y muchas veces una enfermedad grave, un accidente atroz o una enfermedad congénita, ofrecen la oportunidad de voltear toda la vida llevada hasta el momento, para saltar al abismo del cambio radical, en el que la persona nace a un nuevo despertar quemando totalmente su pasada vida, sus vínculos, recuerdos, pasiones, juicios, culpabilidades y apegos, para comenzar una nueva aventura en un tiempo presente total.

Este cambio también es posible sin necesidad de enfermedades o accidentes con un trabajo consciente y continuado.

La energía cósmica penetra en nuestro cuerpo a través de este chacra; éste es sensible a la luz, se dice que es el chacra más espiritual y se fortalece con el silencio, la meditación, el yoga, la introspección y la observación de cada acto de nuestra vida.

La danza y la música nos conectan con lo divino, nos invitan a ser etéreos a través del movimiento y el fortalecimiento muscular y respiratorio. Dejando la creatividad libre y espontánea creamos belleza, y la belleza es el sentido de la vida porque en ella habita el equilibrio.

Danzar no sólo nos pone en movimiento corporal; a través de ese movimiento armónico, movemos y creamos energía reguladora para nuestra mente y todos nuestros órganos, activando meridianos energéticos relacionados con nuestros órganos internos y nuestro sistema hormonal, sanguíneo, nervioso, emocional y espiritual que pueden transportar a nuestro Ser a vivencias llenas de luz y de esa belleza curativa que podemos adquirir con placer y alegría.

El chacra de la corona nos reafirma en la conciencia de que no estamos solos y nos conecta con guías y espíritus de luz. Ello nos hace sentir más seguros porque, además, ya habremos adquirido la certeza de que la muerte no existe, de que es sólo un tránsito hacia una forma distinta de existencia con continuidad.

Equilibrar los chacras es importante ya que están ligados a todo nuestro sistema energético.

Para ello tenemos algunas ayudas, como la biorresonancia, la acupuntura, la homeopatía, la cromoterapia, las esencias florales del doctor Bach, la quiroterapia, la gemoterapia, los sonidos de los cuencos tibetanos, la nutrición, la meditación y la danza creativa.

Existen muchos libros sobre este tema, pero si no te resulta fácil hacerlo, puedes recurrir a personas que te ayuden a armonizar estos centros maestros de energía.

Recupera tu capacidad mental e intelectual

Todo lo que somos es el resultado de lo que pensamos
Buda

Tras una tormenta de vivencias tóxicas con un maltratador, la mente, bombardeada por explosivos emocionales y a veces físicos y psíquicos, queda apática, vaga, sin alegría ni entusiasmo. Le cuesta mucho concentrarse en algo, por muy cotidiano y fácil que sea. Además se produce falta de interés y casi todo da lo mismo. Ha sido mucho tiempo en alerta continua sin saber por dónde iba a estallar la tormenta.

En esos momentos es normal que la mente necesite aislamiento y retiro, aunque no más del necesario.

Hay que activar los pensamientos en la dirección contraria a la que ha sido castigada, es decir, pasar de la anulación propia a la libertad de acción y expresión. De la soledad a socializar con amigas de verdad. De la apatía a la actividad. De la tristeza a la alegría. De la desinformación a la información actualizada, sobre todo en los temas que más te interesen.

Lo que hacemos con nuestra mente y con nuestros sentimientos afecta a nuestro cuerpo. Podemos resumir la vida en una sencilla ecuación:

Conciencia + mente + emociones + cuerpo físico/Índice de coherencia entre todo lo anterior = Cociente de armonía vital, paz interior y felicidad

La mente es el computador biológico que procesa toda la información que recibimos a través de nuestros sentidos; la almacena y la recupera cuando es necesario, eliminando lo que consideramos inútil o prescindible. El problema es que casi siempre consideramos que la mente es nuestro auténtico Yo o personalidad, y eso no es verdad. La mente es sólo una parte de nosotras.

El cuerpo no hace falta describirlo, todas lo sentimos. Tampoco somos totalmente nosotras, aunque cuando nos miramos al espejo así lo creamos. Las emociones son una parte importantísima de nuestro Yo pues dependemos de ellas, de su gestión, para ser felices; incluso para conservar, o no, la salud y la belleza.

La conciencia es lo más importante. Es nuestro Yo superior y está unida al corazón directamente. Es, según la ciencia cuántica, lo que hace que las cosas sean como son, incluso el mundo físico. La conciencia está por encima de la mente y las emociones. El problema es que muchas veces no somos conscientes de ella o no le hacemos caso. Es la que protesta y susurra cuando hacemos algo que no es coherente con nuestro corazón.

El cociente de armonía vital es el resultado de la suma de los cuatro factores enumerados anteriormente, dividido por el factor de coherencia. Del grado de coherencia con la que actuemos dependerá el resultado de nuestra vida. Pero no el triunfo material que la sociedad espera aun a costa de la enfermedad y la angustia vital, sino un resultado de paz interior y felicidad, que es nuestro verdadero destino.

El mundo físico no lo podemos cambiar (o eso decía la física newtoniana hasta ahora). El pasado tampoco. Pero podemos cambiar nuestra forma de pensar, la percepción del mundo que nos rodea y ajustarlo a nuestra manera de sentir y vivir hoy. Pero, para ello, tenemos que saber dónde estamos y qué queremos a fin de dar el siguiente paso, el de la puesta en acción, buscando todos los medios y el camino más corto y fácil de realizar.

La escritura como método de orden mental, creatividad y actividad sanadora

Recuerdo cuando pude salir de mi etapa de vivencia tortuosa; después del tiempo de apatía necesario para ordenar mi vida de nuevo e iniciarla otra vez, solía hacerme algunas preguntas como: ¿por qué aguanté tanto tiempo si la comunicación entre mi pareja y yo no era de mi estilo y no la sentía, por qué continué? ¿Por qué he tenido tanto miedo a la violencia? ¿Por qué yo, con mi carácter emprendedor e independiente, he cedido tanto? ¿Por qué no busqué ayuda antes? ¿Quién soy yo en realidad? ¿Qué hago ahora con mi vida? Y así, más y más preguntas, por supuesto todas ellas sin respuesta en aquellos momentos.

Comencé a escribir todo lo que pensaba, sentía, deseaba, odiaba, confiaba. Al principio mi escritura era desequilibrada, no guardaba un orden, las emociones se entremezclaban con ideas sobre imágenes o palabras. Sentimientos de culpa, miedos, repulsas, una composición desordenada y una sintaxis mala. ¿Qué iban a pensar de mí si alguien leía mis papeles?

Leyendo lo escrito una y otra vez, y volviéndolo a escribir, he podido constatar que muchas palabras que dictaba mi mente y que aparentemente estaban disociadas unas de otras, comenzaban lentamente a tener sentido. Todas estaban interrelacionadas con mi Ser total.

La práctica de la escritura me ha enseñado y me sigue enseñando; me impulsa a escucharme, a valorar la naturaleza de mis pensamientos, a hablar conmigo misma desde el silencio y sinceramente. Si escribes tus vivencias, hay palabras que se repiten continuamente: escúchalas, son importantes, algo te quieren decir.

La escritura te puede atrapar y es muy emocionante jugar con las palabras y crear una historia con tu propia vida, con tu fantasía, o con experiencias que te lleguen al corazón o que te produzcan rabia e impotencia, como la injusticia, la violencia, la necedad, la idiotez.

Con la escritura, no sólo alineamos nuestra mente, sino también todo nuestro cuerpo y nuestros sentimientos, dando paso a una mayor comprensión e interés por todo cuanto nos rodea. La escritura nos ayuda a despertar.

Algunas personas sienten la necesidad de escribir sus vivencias y sus sentimientos, pero no se atreven a hacerlo por miedo e inseguridad en los resultados, al «que dirán» si no está bien escrito. ¡No hagas caso a esos pensamientos y sensaciones! La escritura es una terapia maravillosa. Es un bálsamo sedante que calma los nervios y la angustia despertando la creatividad y sacando de tu interior muchas habilidades escondidas que serán tus cómplices en la aventura de la improvisación y la espontaneidad de la escritura. Escribe para ti misma y sanarás más rápidamente tu alma.

El amor y la amistad como creadores de salud

Cuando el calorcito amoroso de la amistad entra en nuestras venas como una inyección urgente de alegría y sosiego, nuestro cuerpo se relaja, deja de estar alerta, suelta tensión y aviva la mente buscando sensaciones agradables, tan necesarias para paliar el sufrimiento vivido.

La amistad es amor y este amor es curativo. Perdonar y amar son los pilares de un nuevo comienzo. ¿Difíciles? Claro que sí y mucho, pero si no queremos seguir estancadas, reducidas a un mar de confusión y queja, donde la siguiente salida sea la enfermedad y la consiguiente agravación del problema, ahora es el momento del cambio.

Para comenzar, tenemos que situarnos a nosotras mismas como lo más importante en el universo y la tierra. Puede sonar exagerado pero hay que comenzar elevando el espíritu, la autoestima y la intención al máximo. Al fin y al cabo no existe nada ni nadie igual a nosotras en todo el universo infinito. Somos únicas y maravillosamente valiosas.

El respeto mal entendido a padres, madres y abuelos, hace que muchas mujeres repriman su personalidad. No es falta de respeto a nuestros mayores hacer patentes nuestros deseos y ambiciones, aunque choquen con sus creencias y actitudes. Todo se puede decir con educación y sosiego, sin faltar al respeto debido. Puedes decir perfectamente: «No puedo seguir vuestras indicaciones porque van en contra de mi Ser y de mis anhelos. Os respeto y os amo como mis mayores, pero mi vida es mía, no vuestra. Vosotros la habéis vivido como queríais; respetad mis deseos de vivirla como yo quiero. Agradezco vuestros consejos y los valoro mucho, pero debo seguir mi camino, no el vuestro. Si me equivoco, serán mis equivocaciones, será mi decisión y aprenderé de ella, pero quiero vivir mi vida a mi manera. Si me amáis tenéis que comprenderme y ayudarme a ser yo misma».

Es posible que oigáis gritos, llantos, lamentos, maldiciones, desmayos, ataques de nervios, incluso insultos, pero debéis permanecer firmes en vuestro propósito; en ello os va la salud y la vida. Si vuestros progenitores os aman de verdad, os entenderán y apoyarán a pesar del «soponcio» inicial. Si permanecen cerrados y tercos en que os sometáis a sus dictados, en realidad no saben lo que es amar. No les tengas rencor, simplemente están haciendo lo mismo que sus padres hicieron con ellos.

La felicidad es algo que busca toda la Humanidad en diversas direcciones. Unos en el dinero, otros en el sexo y en el poder, otros en la religión, o la diversión. No es posible encontrar ni una mediana felicidad en todo lo mencionado; sí puede haber momentos de entusiasmo, pasión, alegría, emoción, aventura y superación, pero esta felicidad es volátil, se evapora dejando un punto de perfume tan grato pero tan breve que querremos recuperarlo a toda costa y para ello nos comprometeremos hipotecando muchas veces nuestra propia vida a cambio de cosas materiales y sensaciones externas con las cuales creeremos que haremos perdurar ese sabor y perfume efímero por naturaleza, porque la felicidad no se consigue atrapando ningún momento, sino dejándolo ir y sintiendo la aceptación del momento a momento.

La única dirección correcta es la realidad del aquí y ahora.
El camino es interminable, y así debe de ser.
Las cosas, en nuestra vida, van y vienen.
Si nos dejamos fluir por el momento
estamos celebrando la vida.

Ahora, no hay destino ni pasado,
todo es efímero e impermanente
Si queremos agarrar el agua con las manos cerradas
no retendremos nada en ellas.
Hemos de aceptar lo que no se puede arreglar,
poner límites a lo abusivo con firmeza y serenidad,
y, sobre todo, abrir nuestra mente y corazón al optimismo
para disfrutar hasta de nuestros propios fallos.
Estar alerta a nuestras propias reacciones para no
castigarnos y para afianzar un nuevo compromiso
con nosotras mismas, el compromiso de abrirnos
a la belleza, a la vida dejando la culpabilidad de
cualquier acto que no sea el que esperábamos. Sólo
equivocándonos podemos aprender y cambiar las cosas.
Esta forma de actuar se va almacenando en nuestro
inconsciente, hasta hacernos dueñas o dueños
de una actitud que cambiará nuestra visión sobre la vida
y sobre nosotras mismas, atrayendo todo
aquello que estamos creando con nuestro
pensamiento mantenido y nuestra actitud.
¡¡Os deseo lo mejor de la vida!!
Y eso es... tomar casi todo a broma y reír, reír, reír.
¡¡De cualquier cosa!!

Momento a momento

Siempre que nos hagamos dependientes de cosas materiales, situaciones o personas, cediendo nuestro poder, habremos equivocado el camino.

A veces se toman decisiones en nombre del amor, de un amor situado bajo el estado de una gran emoción, con exaltación de los sentimientos. Muchas veces estas decisiones, producen tormentas y perturbaciones innecesarias, frustraciones angustia y promesas incumplidas.

Al igual que se ha matado en nombre de Dios, también se mata y tortura en nombre del amor (claro que, en realidad, los que hacen ambas cosas, ni saben quién es Dios ni conocen el amor). Tenemos tendencia a pretender modificar la conducta o la forma de ser de nuestras parejas o de la gente que nos rodea. Eso es una aberración del amor que nos llevará al fracaso por anulación y frustración de la pareja, o de las amigas, compañeras y familiares. Indudablemente es una tremenda equivocación.

Si hay cosas que no nos gustan de la persona que nos acompaña, y sabemos que hay amor, tendremos que construir acuerdos y pactos con el fin de conseguir una convivencia más armoniosa. Así, aunque aparezcan posibles crisis —normales en la pareja—, ese mismo diálogo que se empleó en la construcción de acuerdos, esa buena voluntad y sinceridad, permitirá exponer abiertamente nuestras inquietudes o nuestros temores, dialogando desde el corazón, que cicatrizará las posibles heridas y consolidará el camino hacia la estabilidad y el disfrute de la convivencia.

Todo este proceso se puede llevar a cabo con éxito cuando cada uno ha invertido en su propia formación y ha conseguido sentirse bien individualmente. Pensar en la felicidad a través de la convivencia en pareja, como una solución a nuestros conflictos internos y externos, es un error.

Apoyarse siempre en el otro como en una muleta sólo puede acabar agobiando a la otra parte. Dos medias naranjas siguen siendo dos medias naranjas aunque se junten. Para comenzar una convivencia tenemos que trabajarnos primero en la independencia, solas, sabiendo ser felices por nosotras mismas, queriéndonos, estimulándonos, desarrollando nuestra creatividad, nuestras fantasías y nuestros proyectos. Entonces sabremos diferenciar qué tipo de compañero(a) es con quien pretendemos compartir nuestras vivencias.

Muchas veces se cree que la independencia en una pareja equivale a desamor, y es todo lo contrario, es una convivencia de personas libres, en las cuales, los miedos, la posesión y la inseguridad ya no están presentes. Palabras como: «¡¡Te quiero más que a mi vida!!», «¡¡no puedo vivir sin ti!!» «¡¡te necesito más que al aire que respiro!!» Son manifestaciones de pura dependencia. En realidad muchas veces son frases hechas que se repiten sin pensar mucho en lo que se está diciendo. En todo caso muestran un apego insano para la relación amorosa.

El respeto que existe en una pareja es el mismo que se tienen para sí mismos cada uno de sus miembros. Si una persona confía, es leal, honesta, independiente y respetuosa consigo misma, también puede serlo con la pareja. Por otra parte, puede ocurrir lo contrario: un amor interesado en el cual hay cálculo, intereses e insensibilidad camuflados. Pobre del que lo practique, porque su alma y su corazón no le regalarán la frescura y la magia del verdadero amor.

Decisiones tomadas sólo desde el corazón o sólo desde la cabeza, reflejan un desequilibrio, donde tarde o temprano la vida deja de tener sentido. Corazón y cabeza, emoción y razón, deben ir al unísono para que el cuerpo no se desequilibre y podamos conectar con otros seres desde ese punto mágico llamado «alma».

Todas las mujeres y los hombres deben trabajar su inteligencia y su conciencia. Cuando un ser humano regala a otro con el que convive este legado de autenticidad del alma, el abrazo compartido y la experiencia sexual con amor, todo se convierte en una comunión espiritual, una experiencia sublime, en la que los miedos se esfuman gracias al gran manantial de luz que los invade.

Cuando mente y corazón se ponen de acuerdo para tomar cualquier decisión, se establece una armonía y una conexión entre los opuestos, acercándolos cada vez más hasta que encuentran su complementariedad.

El amor es necesario, imprescindible. El amor hace posible que la aventura de la vida se convierta en una experiencia llena de color y sabor donde la generosidad, la seguridad, la alegría y la motivación sostenida, despiertan la creatividad. Sin amor se puede sobrevivir. Con amor se comienza a vivir.

Un bello escrito de los indios americanos titulado *Amar desesperadamente*, dice así:

El amor es algo que vosotros y yo, debemos tener.
Lo necesitamos porque nuestro espíritu se nutre de él.
Lo necesitamos porque, sin él, nos debilitamos.
Sin amor, nuestra estima cae en picado.
Sin él, nos falta el valor.
Sin amor, no podemos mirar el mundo con confianza.
Miramos hacia nuestro interior y empezamos
a alimentar nuestra personalidad, con lo
que nos construimos poco a poco.
Con él, somos creativos.
Con él, marchamos sin esfuerzo.
Con él, sólo con él, somos capaces de
sacrificarnos por los otros.

JEFE DAN GEORGE, SALISH

Vivimos en un ladrillo sin percibirlo

Nuestra llamada «zona de confort» a veces es un infierno de aburrimiento, pero aun así, solemos continuar aferrados a esta equivocada comodidad, que de cómoda no tiene nada. Es una rutina mortecina que nos va invadiendo, frustrándonos y estancándonos en una cotidianidad a veces violenta o inestable, engañándonos en la creencia ilusa de que todo se arreglará por sí mismo. Nada mejor para morir en vida.

Estamos llamados a ser universales. Pero, ¿cómo vamos a ser universales si ni siquiera sabemos dónde estamos, cómo somos, por qué actuamos, desde dónde nos relacionamos? La diversidad engendra riqueza, comparte conocimientos, pule nuestro ego y nos hace más tolerantes y comprensivos.

Esta comprensión se da cuando hay sabiduría porque ya no tenemos que aguantarnos ni disimular ante una situación que no toleramos o no sentimos.

La adaptación aparece a través de la comprensión, y eso es apertura y tolerancia. Los lazos que se establecen desde ese compartir son profundos, unen a los seres humanos y así nace la verdadera amistad, que es el principio y la continuación del verdadero amor.

En este estado se identifican y se van difuminando dependencias del pasado, permitiendo la gestión de nuestra vida desde otro paradigma, donde desaparece el sufrimiento que produce la ignorancia.

Cuando hemos trascendido muchos Yoes psicológicos falsos y vivimos comprendiendo y amando a la familia sin obligaciones forzadas, sin dejarnos manipular sentimentalmente por nadie, pero respetando la posición de cada uno sin ningún tipo de aversión o apego, avanzamos enlazando otro eslabón de esa gran cadena de unión humana que nos llevará a ser personas universales. El amor no tiene edad; el corazón y los sentimientos siempre guardan la frescura del niño o la niña que todos somos.

No se puede renunciar al amor porque creamos que ya «se nos ha pasado la hora». Yo misma, a los 60 años, tras recuperar mi espíritu y superar mis vivencias traumáticas, conecté con el amor y lo hice conscientemente, es decir, que cuando creí que estaba preparada para compartir absolutamente todo respetando la libertad de ser yo misma, sólo entonces pude intentar con todo mi Ser dirigir mis pasos hacia una vida distinta en la que el ceder por culpabilidad o por el castigo del «no me lo merezco» salieron de mi vida.

Dos hombres me habían marcado con su violencia pero otro hombre me dio el amor que yo esperaba desde siempre y el bálsamo de su ternura fue curando las pocas heridas que aún quedaban en mi alma.

Durante muchos años estuve cultivándome y tratando de comprender muchas cosas que no entendía. (No es que hoy las entienda, pero ahora sé que hay preguntas que no tienen respuesta, y que es mejor dejarlas y dedicar la energía de la mente y el corazón a crear un presente hermoso). No estaba dispuesta a perder más períodos de mi vida divagando, intentando razonar, perdiéndome en un mar de recuerdos y emociones que se remueven y hacen daño para intentar descubrir las causas de acontecimientos del pasado que ya quedaron atrás en el tiempo.

Lo que pasó está impreso en mí lo suficiente como para no querer tropezar más en la misma piedra, pero también para comprender y escuchar a otras mujeres u hombres que estén pasando por ese camino que yo dejé atrás, para alinearme por dentro en lo posible con ellos a fin de recuperar unas «alas» que había machacado, y si es viable, ayudarles a que puedan reconocer las suyas y volar algún día alto, muy alto.

Cuando sentí que mi Ser estaba libre de resentimientos, comencé a percibir el estado anímico de otras mujeres y hombres. Conforme fui descubriendo mi poder como mujer, capaz de sobreponerme a mis nada fáciles experiencias y sacando fuerzas y creatividad desde mi flaqueza, sólo entonces me lancé a mi nueva aventura: un espacio único donde las águilas te acompañan por doquier, recordándote que volar es maravilloso. Gredos, donde mi aprendizaje me llevó a crear algo llamado simbólicamente «El Camino».

En mi propósito, he desarrollado un trabajo enriquecedor, no sólo por la atención a muchas mujeres que como yo se han visto atrapadas en convivencias nocivas, sino para mí misma.

«El Camino» fue creciendo, y yo también, al mismo tiempo que iba arrancando y quemando zarzas, limpiando y despejando espacios llenos de piedras, cerrando grandes hondonadas, allanando pendientes, limpiando y quemando viejos robles que impedían ver con nitidez toda la belleza que la finca encerraba.

Durante todo este proceso mi Ser también se iba transformando, limpiando heridas, quemando recuerdos, eliminando viejos y caducos pensamientos, despejando mi corazón. Yo iba perdonándome y comunicándome conmigo misma, reflexionando y disfrutando de un ideal con el cual me estaba mimetizando cada día más. La Naturaleza exuberante, los espacios abiertos y la gran tarea del reto de cada día, hicieron posible que poco a poco la confianza se estableciera en mí cada vez con más fuerza.

Y sigo haciendo camino
con la flor del pensamiento que emergió,
desde el núcleo de la sabiduría del sentir.
Elevar un pie, con la consciencia del vuelo y el aterrizaje
un solo paso, en la aventura de un
trayecto hasta la toma de tierra.

Y sigo haciendo camino.
inercia que se prolonga automáticamente,
con el ritmo interno
que marca la concatenación de vectores
invisibles y poderosos,
haciendo bullir el fuego motivador y creativo
del compromiso con la existencia,
invitando al otro pie a ejecutar un
nuevo paso con seguridad.

Y sigo haciendo camino
con la incertidumbre de reacciones inesperadas que tocan
la fibra sensible del alma, haciéndola dudar o lanzándola
al espacio vacío, donde sólo cabe el aquí y ahora,
donde se despliega el sendero portador de una pequeña luz,
guía para nuestra confianza en nuestro inseguro caminar.
Y sigo haciendo camino
siempre adelante, sin pena ni vana gloria,
sin retroceder ni un instante.
Sólo presente la experiencia fallida para no caer en el
fango inmóvil y pegajoso de la rutina, donde fermenta
la queja y el sufrimiento impotente que paraliza el Ser.
Siempre adelante para dejar marcadas las
huellas que faciliten el reencuentro.

Y sigo haciendo camino
descansando de tanto en tanto, al pie del árbol de

*la vida aprendiendo de su quietud y firmeza, de su
generosidad y abundancia sin esperar nada a cambio.
Y de pronto, con la energía activa,
acelero la decisión de la carrera,
para medir mis fuerzas y saborear otra
pequeña y motivadora victoria.*

*Y sigo haciendo camino
coordinando mis pasos una y otra vez,
eligiendo cada vez con más certeza,
el camino verde y mullido por la hierba
fresca con el rocío del amanecer.
Caminar dulce y placentero sintiendo la
ingravidez y la alegría del juego,
siendo y no siendo a la vez, para mirar hacia
dentro y ver lo que no nos dejan ver.
Y sigo haciendo camino
para que crezcan las alas y volar al infinito, danzando
con las estrellas del universo y las del fondo del mar.
Y vibrar con nuestro hermano y reír o llorar
de emoción ante la inmensidad
de la mayor fuerza de luz universal,
EL VERDADERO AMOR.*

El Camino

Después de trece años de creación y transmutación de «El Camino», todo estaba a punto para un gran cambio en mi vida. Un día sentí que ya era el momento de compartir mi pequeño paraíso externo físico y mi gran paraíso interno, con alguien que me acompañara en mi camino. Un amor con el que cual pudiese relacionarme con mente corazón y espíritu. Sabía que no era fácil, pero también, que «todo era posible».

    Jesús dijo: «¡¡Pedid y se os dará!!»

Mediante «decretos», según mi necesidad, demando ayuda en algún asunto relacionado con mis aspiraciones y los envío al universo, a la totalidad, a la Divinidad, creyendo firmemente en lo que estoy haciendo. Y eso fue lo que hice durante cuatro meses: pedir un amor.

José Luis, mi amor, la persona con la que comparto la escritura de este libro, llegó hasta aquí desde una distancia de 600 kilómetros a impartir una charla-coloquio sobre la felicidad. Y ahí comenzó la historia.

Decretar lo que queremos y tener confianza en ello va creando las redes universales necesarias para que eso se materialice. El amor puede aparecer en cualquier situación; sólo hay que estar en estado de alerta serena y difundir continuamente ese deseo interno a fin de que se pueda manifestar, aceptando y saboreando los tiernos abrazos que disuelven el pasado y crean nuevos caminos de ternura, alegría y luz.

Cuando me abrazas, se me expande el alma
me disuelvo por dentro y se desata la opresión de mi Ser
purificando el momento, lejos de cualquier deber.
Cuando me abrazas, me hago pequeña y blanda
y así en tus brazos, cabe más parte de mí.

Cuando me abrazas, se evapora mi tensión
y todo vuelve a la calma cuando me abrazas.
Cuando me abrazas, cicatrizan las heridas
con el bálsamo curativo de tu calorcito amoroso.

Cuando me abrazas, el horizonte se agranda
y mi sentir se amplifica y sollozo y lloro,
descongelando la nieve que oprimía mi corazón
cuando me abrazas.

¡ABRÁZAME!

XIII

La represión de la mujer a través de los tiempos

En tiempos, los hombres vivían en un mundo paradisíaco, en paz; nunca envejecían, enfermaban o morían, y se relacionaban directamente con los dioses. Era la llamada «edad de oro» en la mitología griega. La mujer ni siquiera existía en el mundo. Pero un día, Zeus, el dios supremo del panteón griego, celoso de que los seres humanos se codearan con los dioses y fueran casi divinos, le regaló a un hombre llamado Epimeteo, una mujer llamada Pandora que Zeus había creado en el Olimpo y un ánfora bellísima cuya boca estaba sellada.

A pesar de que el titán Prometeo, un dios que amaba a los humanos, le había advertido a Epimeteo de la animadversión que Zeus sentía hacia los hombres y que no aceptara regalo alguno de él, Epimeteo quedó prendado de aquella hermosa mujer, aceptándola como pareja, y recibiendo de Zeus la orden imperiosa de que no abriera el ánfora por nada del mundo. Aparte de belleza y gracia, Zeus había dotado a Pandora de un carácter voluble, inconstante, de una curiosidad insaciable y de una evidente facilidad para urdir mentiras, características que los filósofos griegos atribuyeron en general al carácter femenino.

Epimeteo agradeció a Zeus los regalos y le dijo a Pandora que nunca debía abrir el ánfora sellada, ya que el mismo padre de los dioses así se lo había ordenado.

Pandora observó el ánfora en su casa, y en ausencia de su marido, no pudo resistir la tentación y, rompiendo el sello, la abrió.

Instantáneamente salieron de la vasija todos los males del mundo que podían afligir a la Humanidad: enfermedades, envidia, soberbia, ambición, engaños, traiciones, vejez, guerras y muerte, quedando en su interior, agazapada, esperando salir, la esperanza.

Con este ardid Zeus consiguió que los seres humanos dejaran de ser casi divinos e inmortales.

Como podemos comprobar, es más o menos la historia de Eva. En este caso es Pandora, una mujer (según la mitología griega) y su insaciable curiosidad, la culpable de haber perdido aquella edad dorada.

El pérfido Zeus hizo un regalo envenenado a los hombres pues sabía que la curiosidad de la mujer (según la mitología griega) la llevaría a abrir el ánfora a pesar de la prohibición.

El dios de la Biblia, Yahvé, también prohibió a Adán y Eva comer del árbol prohibido sabiendo (Dios lo sabe todo) que la mujer no se resistiría y arrastraría al hombre a desobedecerle. ¿Tal vez ambos dioses se arrepintieron de haber creado a los hombres demasiado perfectos?

Estas fábulas cargaron sobre las féminas todos los males de la Humanidad.

Para Aristóteles, el filósofo que tanto influyó en el cristianismo, «la mujer es, por naturaleza, inferior al hombre», y Eurípides, uno de los tres grandes poetas griegos autores de las tragedias clásicas, decía que «odiaba a las mujeres doctas».

La mujer era la gran traidora universal a la raza humana, la que nos trajo el castigo divino, y el hombre su pobre víctima. Si a esto le añadimos la superioridad física y agresiva del varón, ya tenemos todos los ingredientes para reprimir y humillar a media Humanidad.

En el segundo milenio antes de Cristo, en el código de Hammurabi, rey de Babilonia, las leyes castigaban mucho más duramente a la mujer que a los varones. Por ejemplo, la ley 132 decía: «Si una mujer es acusada por un hombre que no es su marido de estar con otra persona, aunque no se la sorprenda en pleno delito de adulterio, será arrojada al río» y la ley 141 dice: «Si una mujer no cumple sus obligaciones con el marido y éste no la repudia, el esposo podrá casarse con otra mujer y la primera se quedará en la casa como esclava».

La 143 dice: «Si una esposa no ha sido correcta en su conducta y tiene desordenada la casa y disipa el patrimonio del marido desatendiendo sus obligaciones para con él, será arrojada al agua».

Naturalmente quien tenía que decir si la esposa se portaba bien o mal, ¡era el propio marido! Pocas opciones tenía la mujer para defenderse.

Evidentemente la sociedad había cambiado desde los tiempos de la Diosa Madre.

En el año 1478, en plena agonía de la Edad Media e iniciándose ya el Renacimiento, la Iglesia Católica Romana instituyó la «Santa» Inquisición en España, organización represiva de la herejía de los disidentes cristianos con la Iglesia de Roma, que pronto se extendió por toda Europa. Unos pocos años después, en 1486, dos monjes dominicos inquisidores alemanes llamados Kramer y Sprenger publicaron un libro titulado *Malleus Maleficarum* escrito en latín y que significa «Martillo de Brujas», que, gracias a la invención de la imprenta, se extendió rápidamente por el continente sirviendo de texto de referencia para la «caza de brujas», un periodo de persecución contra la mujer que abarcó casi 300 años durante los cuales miles de ellas fueron acusadas de brujería, detenidas, torturadas cruelmente y quemadas en la hoguera.

En aquella época, el papa Inocencio III, con la bula *Summis Desiderantis Affectibus*, certificó «infaliblemente» que la existencia de las brujas era real, no una fábula para asustar niños.

Según la Iglesia, las brujas eran mujeres que pactaban con el diablo, cohabitaban con él en aterradores aquelarres a los que acudían volando montadas en viejas escobas y palos, y se servían de maldiciones, hechizos, bebedizos y ponzoñas para causar el mal, la enfermedad e incluso la muerte de los «buenos cristianos». Se las acusaba de matar recién nacidos para hacer los filtros mágicos, de comer su carne y beber su sangre, de desenterrar muertos y de practicar toda clase de aberraciones sexuales.

Durante 300 años, desde 1450 hasta 1750, se desató una histeria colectiva por toda Europa, aunque con más ahínco y encarnizamiento, en los antiguos territorios del Sacro Imperio Romano Germánico.

Con esta bula, el papa derogó el *Canon Episcopi* que databa del año 906, en el cual, la misma Iglesia, por boca de sus obispos, había declarado que creer en la existencia de las brujas y sus pactos con el diablo era herejía supersticiosa. Pero ya vemos que lo que un papa consideraba herejía, otro papa podía enmendarlo, según la dirección del viento político o social del momento.

El *Malleus Maleficarum* explica que las mujeres, «por su naturaleza más débil e inferior intelecto que el hombre», son más propensas a las tentaciones del diablo, y a caer en ellas (volvemos al mito de Eva).

Argumentaban los monjes dominicos autores del nefasto libro, que los tres principales vicios de las mujeres eran la infidelidad, la ambición y la lujuria.

La caza de brujas afectó también a algunos hombres, acusados de brujos o hechiceros, pero la inmensa mayoría de sus víctimas fueron mujeres. La inquina y misoginia de los autores hacia la mujer brota ya en el mismo título del libro, el cual está escrito en femenino: «brujas» y no «brujos».

Por aquellos tiempos vivió Erasmo de Rotterdam, holandés, gran teólogo y moralista precursor del protestantismo, que escribió contra la corrupción del clero y la Iglesia Católica Romana (1466-1536). Pero en lo tocante a las mujeres dijo: «La mujer es un animal inepto y estúpido, aunque agradable y gracioso».

Incluso aquellos «grandes» hombres de letras que iluminaban con sus escritos los umbrales del Renacimiento y auguraban una nueva época de raciocinio moral, despotricaban contra las mujeres, contribuyendo a la persecución de las pobres «brujas».

No fue sino hasta 1657 que la misma Iglesia, ante el descomunal y abusivo holocausto que se desató por toda Europa, prohibió la persecución de las brujas y hechiceras, aunque continuó con menor celo.

En el periodo comprendido desde 1450 hasta 1750, unas 100.000 mujeres murieron a consecuencia de esta persecución. Los autores más moderados hablan de 60.000, mientras que los más estudiosos del tema, y valorando no sólo las muertes por ejecución pública en la hoguera, sino también las que morían en los calabozos a consecuencia de torturas, violaciones y malos tratos, y las que se suicidaban ante la perspectiva de arder vivas en la pira, calculan que fueron unas 100.000. Otros autores hablan de dos millones de víctimas, tal vez exagerando.

Las detenciones de mujeres eran de un 80% del total de personas arrestadas, mientras que las condenadas a muerte eran de entre un 85 y un 90% una vez interrogados y juzgados hombres y mujeres. Se evidencia por lo tanto, una malsana e intencionada propensión a culpar a las mujeres de todos los males de la Humanidad (naturalmente todos los tribunales estaban compuestos por hombres).

Si quieres leer más sobre la «caza de brujas», descarga el contenido de este bidi aquí:

Cuando terminó la persecución, ya casi en el siglo XIX, el carácter de las mujeres europeas (que paradójicamente, habían sido más libres e independientes en la Edad Media), se retrajo enormemente en todos los terrenos, tomando el hombre posesión completa de sus destinos y reprimiéndolas moral, física y sexualmente.

A pesar de los siglos transcurridos desde que Platón observara que era precisamente la educación recibida lo que originaba las diferencias intelectuales entre los hombres y las mujeres, el gran dramaturgo francés Molière (siglo XVII) opinaba: «No es bueno que la mujer estudie» ¿Tendría miedo o simplemente le gustaba que fueran ignorantes para manejarlas mejor?

Las ideas y los conceptos que los hombres tenían sobre las mujeres estaban tan asumidas que incluso el gran Voltaire, escritor y filósofo francés del siglo XVIII, adalid de la tolerancia religiosa y enemigo feroz de los fanatismos, decía: «Una mujer estúpida y amable es una bendición del cielo».

No es el único personaje ilustre que opinaba misóginamente. A pesar de su formación progresista y humanística, Schopenhauer, el gran filósofo alemán del siglo XIX que armonizó la filosofía occidental con la oriental y abogó por la compasión hacia todo lo creado defendiendo a los animales de las crueldades de los hombres, dijo: «La mujer está a medio camino entre un niño y un hombre, que es el verdadero ser humano».

Honoré de Balzac, gran escritor francés, autor de la monumental *Comedia Humana*, decía que: «Emancipar a las mujeres es corromperlas».

Después llegó la «era Victoriana» que remachó el último clavo del ataúd de la posible libertad femenina.

La era Victoriana supuso una represión social callada pero feroz de la sexualidad femenina que perduró hasta después de la Primera Guerra Mundial en los llamados «locos años veinte».

La necesidad de mujeres en la industria bélica, debido a que los hombres tenían que ir al combate, provocó que ellas volvieran a tomar un poco las riendas de su propio destino. El triunfo de las democracias sobre los Imperios Centrales, Alemania y Austria-Hungría, estimuló el reclamo de los derechos civiles femeninos en Inglaterra y Estados Unidos.

Con la llegada del cine, millones de mujeres pudieron ver cómo las heroínas de las películas evolucionaban de damas pasivas y débiles, recatadas y vestidas de negro, a las alegres chicas desenfadas que fumaban en largas boquillas y se acortaban las faldas y el cabello hasta extremos inauditos entonces. La mujer empezó a practicar deportes. Las artistas conducían enormes coches descapotables, jugaban al tenis, fumaban y bebían cócteles con los hombres. En la Segunda Guerra Mundial, la colaboración de las mujeres fue todavía más necesaria. A su término ya no podía pararse la marea feminista que solicitaba el voto por todo el mundo democrático.

Surgió el movimiento «hippy» que predicaba el amor libre, el consumo de drogas y la paz. La aparición del estudio sobre la sexualidad femenina de Masters y Johnson fue un revulsivo que empujó a muchas mujeres a explorar abiertamente su propia sexualidad, aderezada con la gran expansión de los métodos anticonceptivos.

La asistencia masiva de las mujeres a las universidades cambió para siempre el panorama de la relación hombre-mujer en Europa y América del Norte.

En Rusia y sus satélites comunistas, la ley igualaba totalmente a hombres y mujeres, al menos en el papel. Aparecieron leyes regulando permisivamente el divorcio y el aborto. El adulterio dejó de ser delito.

Las mujeres, que durante milenios habían sufrido desde la primera menstruación, empezaron a tomar conciencia de que no eran, como decían los varones, solamente máquinas reproductoras.

Hay que tener en cuenta que, en efecto, y hasta bien avanzado el siglo XX, era normal que las mujeres casadas tuvieran embarazos casi constantes a lo largo de su vida fértil, que las dejaban incapacitadas para otra labor que no fuera la de tener hijos y cuidar al marido.

En España y hasta bien avanzados los años 70, era muy fácil ver familias con más de cuatro hijos. A principios del siglo XX, era normal tener 6 hijos o más, aparte de los embarazos que no llegaban a su fin. En el siglo XIX rara era la mujer que no quedaba embarazada más de diez veces en su vida.

Con la ausencia de máquinas que realizaran la tarea de lavar pañales y sábanas, es fácil imaginar la vida de las mujeres que no disponían del poder económico suficiente como para tener ayuda de personal doméstico, luchando por sacar adelante sus múltiples preñeces, entre dolores de riñones, pesadez de las piernas, llantos de niños y montones de ropa que lavar en agua fría, que en invierno provocaba dolorosos sabañones.

Y todo ello lo hicieron sin proferir ni una queja, sin rebelarse. Asumiendo el sufrimiento como parte de su vida. .

Vaya aquí implícito nuestro homenaje y reconocimiento a esas mujeres maravillosas que agotaron sus vidas, su belleza y su salud en la crianza de sus hijos, y en soportar a tantos hombres egoístas que no supieron reconocer su sacrificio.

XIV

La mujer en nuestros días. La violencia de género

Estamos ya en la segunda decena del siglo XXI, comenzando el tercer milenio desde el nacimiento de Jesucristo.

Ya hemos visto cómo, la sociedad que los hombres han dominado durante milenios, ha reprimido a la mujer, la mitad de la Humanidad, durante 7000 años.

¿Ha cambiado algo en los albores de este tercer milenio?

En el mundo occidental, afortunadamente sí han ocurrido cambios sociales positivos. Se ha reconocido oficialmente la igualdad absoluta de deberes y derechos de ciudadanas y ciudadanos aunque todavía queda mucho para conseguir la igualdad real. Las mujeres pueden ocupar cualquier posición social, incluyendo las más altas magistraturas políticas y estudiar y ejercer cualquier carrera. Hoy llenan las universidades compitiendo en resultados con los varones. Ocupan puestos laborales hasta en el ejército, donde andando el tiempo (y esperamos que no a mucho tardar), alcanzarán el rango de general (ya en algunos países).

Es normal ver a las médicas en los consultorios y los hospitales, a las juezas y abogadas en los juzgados, a las notarias en las notarías, y en fin, poco a poco, todos los estamentos del Estado y la sociedad, desde los más humildes a los más altos, van siendo ocupados por las féminas que demuestran sin lugar a dudas una capacidad comparable a los hombres.

En el mismo gobierno español –aunque en minoría–, ya hay vicepresidentas, ministras, directoras generales y diputadas. En algunos países de nuestro entorno las mujeres ocupan, o han ocupado, la primera magistratura del Estado; lo han hecho incluso en países musulmanes y de amplia tradición machista.

Pareciera que todo el problema de represión y segregación de las mujeres se ha solucionado y que, por fin, el género femenino ha superado aquellos días aciagos en los que era vilipendiado, odiado y despreciado por las mentes «privilegiadas» de los hombres importantes, tanto políticos, como artistas, filósofos y religiosos.

Con la excusa de los designios «divinos», la mujer ha sufrido durante siglos el menosprecio y la explotación por parte de los hombres.

Pero mientras que las leyes hoy reconocen la igualdad entre géneros y colocan a las féminas al mismo nivel que los varones a efectos legales, no ocurre lo mismo en el quehacer cotidiano, en todos los estratos sociales, en el día a día del devenir laboral y doméstico.

Generalmente las mujeres cobran menos (entre un 20 y un 30%) que los hombres por desempeñar trabajos similares y los puestos directivos, en las empresas y en la administración del Estado, son ocupados masivamente por hombres aunque no haya ley que impida el acceso de las mujeres a ellos.

Las mujeres todavía no están entrando en igual proporción en los puestos ejecutivos de la empresa privada, ni en los estamentos de los funcionarios públicos. Muchas se quejan de que para alcanzar ciertos puestos directivos deben demostrar mucha mayor capacidad que un hombre; sienten que están bajo evaluación continua.

Los indicios muestran que el camino ya está emprendido y que las mujeres conseguirán a lo largo de este siglo el reconocimiento y el respeto que se merecen desde siempre, pero hay un fenómeno sociológico que ocurre de manera insidiosa, solapado y oculto la mayoría de las veces y que de vez en cuando salta a los medios de comunicación debido a la muerte violenta de una mujer: la llamada «violencia de género», concepto que designa el ataque violento de un género (generalmente el masculino) contra el otro (femenino).

Con machacona frecuencia aparecen noticias de mujeres asesinadas por sus parejas o ex-parejas masculinas. Y eso que los medios de comunicación no suelen publicar las amenazas de muerte continuas, o las agresiones de menor nivel, que «sólo» dejan marcas en la cara o el cuerpo de la víctima. En la gran mayoría de las ocasiones estos hechos no se denuncian por parte de la mujer que los sufre.

Se estima que en España (cifra facilitada por expertos en el tema), dos millones de mujeres sufren algún tipo de violencia de género, y sin embargo, apenas se denuncian unos cien mil casos al año.

En los «avanzados» Estados Unidos de América se calcula que el 40% de las mujeres han sufrido algún tipo de violencia psicológica, física o sexual a manos de los hombres.

En el año 2005, la UNESCO emitió una solemne declaración diciendo que la violencia contra las mujeres afecta a una de cada tres mujeres del planeta, es decir, a un 33,33% de las féminas, lo que supone que unos mil millones de mujeres sufren algún tipo de agresión por parte de los varones.

En España, muchas de las víctimas asesinadas nunca habían denunciado antes a sus parejas y nadie sabía de la existencia de malos tratos previos.

Años atrás, hasta que las leyes empezaron a proteger a la mujer, la violencia de género no sólo era ocultada sino que era incluso permitida y hasta alentada por los estamentos oficiales.

Conocemos el caso de muchas mujeres, en tiempos del gobierno franquista, que fueron a pedir consejo a su párroco, denunciando las palizas e infidelidades de sus cónyuges (al juzgado no podían ir, pues no les admitían las denuncias, y por supuesto tampoco podían acudir a la policía, o a la guardia civil, formada exclusivamente por hombres). La respuesta de los curas era unánime: «Es tu marido: tienes que aguantar y rezar mucho por él» o bien: «Dios te ha mandado este sacrificio. Ofrécelo por tus pecados y los suyos».

Y si la esposa hablaba de separarse, los sacerdotes se indignaban: «Eso es un pecado y va contra las leyes de Dios y de la Iglesia; el matrimonio es para siempre. Comprende que tu marido es el cabeza de familia. No le exasperes, ten paciencia y sé sumisa, ya cambiará». Era la doctrina oficial del estado «nacional-católico».

Éstos eran los consejos que recibían las mujeres en busca de ayuda, cuando la vida conyugal se hacía insoportable debido a los malos tratos.

Para muchas esposas lo cotidiano era una sucesión de desprecios, golpes, insultos, embarazos, cuidado de los hijos, trabajo, sexo sin deseo, y nula esperanza de felicidad.

Así, en aquellos años de plomo, la violencia de género era tapada, diluida y silenciada por la inexorable censura político-religiosa que «velaba» por la salud mental de los españoles.

Concluida la dictadura, nuevos aires de libertad recorrieron España. Pero el machismo de muchos hombres siguió enquistado en nuestra sociedad, renegando solapadamente de los avances que iban consiguiendo las mujeres.

Hoy vemos, sin embargo, que a pesar de las leyes las denuncias son muy escasas, que las mujeres tardan mucho en acudir a la policía o a los juzgados, y que cuando lo hacen, antes de la acción de la ley suelen perdonar a sus verdugos y retirar los cargos.

Muchas prefieren permanecer calladas y sobrellevar en silencio su sufrimiento, unas veces por miedo a las represalias, otras por vergüenza o incapacidad económica para sobrevivir solas, las más por sus hijos.

Curiosamente, en los países nórdicos, donde el nivel de ecuación y bienestar social alcanzado es envidiable, se dan muchísimos casos de violencia de género, incluso más que en los países del sur de Europa. No es por lo tanto el nivel educativo y económico el principal factor de existencia de esta lacra.

Parece que algunos hombres son incapaces todavía de tolerar la independencia de la mujer. En realidad no hace falta llegar al extremo de causar la muerte para que se pueda hablar de una violencia de género efectiva. Hay muchos grados y maneras de ejercerla, desde la manipulación solapada y el maltrato psicológico, hasta una agresión más o menos grave con golpes, y la violencia extrema causando la muerte.

Y lo peor de todo es que las nuevas generaciones, nacidas en plena igualdad social hombre-mujer, en sus relaciones de pareja no llevan incorporada la llave de la desaparición de esta violencia. Recientes encuestas entre alumnos y alumnas de secundaria revelan actitudes y creencias sorprendentemente machistas y rayanas en el maltrato; algunas de ellas incluso atravesando esa fina línea roja.

Perfil psicológico del maltratador

Pero... ¿cómo actúa el autor de la violencia de género para convencer a las mujeres de que caigan en sus redes?

El machista, potencial maltratador, siempre actúa con suma habilidad y de manera sigilosa, volcando hacia su pareja complejos de culpa que pueden llegar a anularla como persona, convirtiéndola en una especie de zombi desprovisto de voluntad propia. A partir de ese momento empieza a pasar a la siguiente fase, la violencia física, para reafirmar su dominio.

Generalmente suelen pertenecer a uno de los tres grupos de individuos con personalidades sociales de la llamada «triada oscura»: los narcisistas, los maquiavélicos y los psicópatas[4].

Los *narcisistas* creen que su persona es lo único en el mundo a lo que hay que adorar, aunque reconocen las emociones negativas de sus parejas y el sufrimiento que ellos les causan. Pero el narcisista siempre está por encima de todo; invariablemente tiene la razón y no admite la más mínima crítica o desavenencia que minusvalore su persona o su opinión.

Los *maquiavélicos* siguen el famoso lema de Nicolás Maquiavelo: «el fin justifica los medios». Estos individuos también saben detectar las emociones de los demás y el sufrimiento que causan, pero no les importan si se interponen en la consecución de sus planes. Lo más importante de su vida es alcanzar los objetivos que se marcan, caiga quien caiga.

Ambas personalidades, narcisistas y maquiavélicos, ellos mismos pueden sentir ansiedad y miedo a las consecuencias que puedan sufrir por el dolor que causan, aunque generalmente no lo demuestren en público pues saben reprimir estas emociones y siguen adelante en su proceder.

Los *psicópatas* más graves, reconocidos hoy como personas con trastorno de personalidad antisocial, no saben identificar las emociones ni las señales sociales, el dolor y el sufrimiento de los demás. No sienten miedo a las posibles consecuencias de sus actos, ni ansiedad en situaciones extremas. Pueden conservar la calma cuando cualquier otra persona estaría derrumbada por el estrés y los nervios. Carecen de empatía hacia los demás y por ello son capaces de causar

---

4   Nadie debe extrañarse porque incluyamos a algunos maltratadores entre los psicópatas, pues existe toda una gradación en la psicopatología, desde el caso subclínico hasta el asesino en serie, pasando por una larga serie de individuos con los rasgos psicopatológicos más o menos definidos.

dolor y matar sin el menor remordimiento.

Lo más normal es que en un maltratador se presenten rasgos de las tres personalidades pero en diferentes grados, de manera que puede tratarse de una persona narcisista con rasgos maquiavélicos y ligeramente psicópata, alguien capaz de anteponer sus objetivos por encima de cualquier impedimento moral o del sufrimiento de otras personas.

Los tres tipos sociales «oscuros» son seductores, sinuosos, manipuladores, y saben perfectamente cómo conseguir la atención y la dependencia de sus víctimas e incluso su amor y admiración, si es necesario para realizar sus planes.

Estos tipos comienzan por seducir con alabanzas a su futura pareja, merced a sus encantos personales. Jurando amor eterno declaran ser capaces de hacer cualquier cosa por ella, y tienen bellos detalles románticos y cariñosos. En esta primera etapa de conquista suelen ser tremendamente amorosos y dulces, tejiendo una pegajosa tela de araña en la que el corazón de la confiada víctima queda atrapado sin remedio.

Una vez ella está en sus redes, el machista maltratador va prohibiendo gradualmente a su víctima todo aquello que pueda relegarle a él a un segundo plano.

Puede empezar por la ropa, diciendo que no se vista de esa o aquella manera. Más adelante, por el pelo o el maquillaje. Puede llegar a cambiar totalmente el aspecto y la imagen de «su» chica. Posteriormente llega la hora en que ella tiene que dejar de relacionarse con sus amigas, y no digamos con sus amigos que estorban el plan del seductor. El maltratador lo justifica diciendo que es porque «la quiere mucho y sólo desea lo mejor para ella» y que no puede resistir que otros la miren. Suelen decir: «ésas amigas no te convienen», «te quiero sólo para mí», «te amo tanto que no soporto verte con nadie», «tu familia no te comprende». Así va formando un fuerte apego en el corazón de su pareja que va perdiendo sus apoyos sociales, indispensables para un buen equilibrio vital y para tener otro punto de referencia aparte del absorbente designio de su pareja.

Ella se siente halagada, no suele darse cuenta de que poco a poco se está quedando aislada, que sólo vive por y para su futuro maltratador y ve la vida a través de sus ojos. En realidad él ya la está maltratando pues no respeta su personalidad, sus gustos ni su independencia, pero ella no se da cuenta, cegada por el amor.

¡Cuidado! Siempre que alguien trate de cambiar tus hábitos y preferencias en cualquier faceta de tu vida o de aislarte socialmente, está anulando tu propia voluntad; no te respeta como persona libre de decidir por ti misma, te está maltratando psicológicamente o te coacciona con el pretexto del amor.

Una vez aislada la víctima, viene la segunda parte... los celos enfermizos que él le dice que ella provoca con sus miradas, movimientos o desobediencia, reales o imaginadas. Los teléfonos móviles se convierten en un espía despiadado pues sus registros conservan las llamadas y mensajes, incluso las horas y su duración, y si los borras aún quedan las facturas que lo detallan todo. Al machista le basta con coger el teléfono o la factura de ella y mirar sus llamadas o mensajes, entrantes o enviados, para provocar una bronca si descubre o cree descubrir algo «sospechoso».

Si ella intenta defenderse, él puede llegar al zarandeo o al bofetón. Naturalmente la acción violenta siempre irá acompañada de la frase: «Tú me obligas a hacerlo» o «te quiero tanto que no puedo soportar la idea de perderte y no sé lo que hago».

Después de estas primeras veces de violencia física, el maltratador suele pedir perdón hasta mostrarse aparentemente arrepentido y humilde y así lograr enternecerla a ella. Incluso puede haber momentos de pasión sexual después de la violencia, en una efusiva demostración bipolar de emociones contrapuestas que se producen en instantes, que descolocan psicológicamente a la mujer y confunden su sentido de alerta y sus sentimientos.

Ella puede llegar a pensar –y de hecho lo piensa–, que ha sido la causante de aquel arrebato de furia incontrolada. De esta manera se culpabiliza a sí misma, se convence de que la agresión la ha provocado ella con su actitud o sus palabras. No se da cuenta de que ese sentimiento de culpabilidad es precisamente lo que busca el maltratador, pues le libera a él de posibles sentimientos negativos acerca de lo que ha hecho (si es que llega a tenerlos), y «refuerza» su conducta violenta cuando ella le vuelva a contradecir o desobedecer.

Generalmente las adolescentes son incapaces de salir de este círculo de manipulación por sí solas y necesitan de su familia. Aquellas adolescentes que han cortado el diálogo con sus madres, hermanas y amigas (que suelen ser a las que hacen confidencias) son las víctimas que peor pronóstico tienen para superar la relación malsana con esos individuos sin escrúpulos. Y, tristemente, se han dado casos de suicidio entre las chicas que no ven una salida a su tortura emocional, como desgraciadamente ocurre con el llamado *mobbing* escolar.

La violencia del género en el seno del hogar

Dentro del hogar, la violencia de género es todavía más insidiosa y difícil de erradicar pues nadie sabe lo que pasa detrás de la puerta de la casa, ni en la cama de la pareja. Los relatos de las propias maltratadas coinciden en numerosos aspectos sobre el cerco sin piedad al que son sometidas.

Las historias de maltratos prolongados en el tiempo (a veces muchos años), suelen darse en hogares en donde la mujer no trabaja fuera de casa y con hijos pequeños, aunque también ocurren maltratos en parejas en las que ambos tienen empleo y no hay hijos, dependiendo de las circunstancias y caracteres de ambos. Pero estos casos es más fácil que terminen pronto debido a que ellas tienen más oportunidades de empezar una nueva vida y acabar con la relación.

Parece que algunos hombres no aciertan a entender que la vieja relación de pareja, en la cual el varón era la parte dominante en casi todos los aspectos (salvo la limpieza de la casa, la crianza de los hijos y la cocina), ya ha muerto.

Hoy, la mujer no permite ese tipo de relación desequilibrada. La pareja debe ser de miembros iguales en todos los órdenes y cualquier diferencia debe ser negociada y acordada con el consentimiento de ambas partes.

Incluso en las relaciones sexuales y respecto a los hijos, la mujer reclama tener voz y voto igualitario. Todo debe consensuarse de manera tácita o negociada.

Este nuevo paradigma de la pareja parece que no convence del todo a gran número de hombres que han crecido en familias donde el padre mantenía una conducta de superioridad sobre la mujer.

Las propias madres en muchas ocasiones han educado de manera diferente a sus hijos varones y a sus hijas. Ellos apenas eran requeridos para ordenar su habitación y ayudar en la casa; mientras que las hijas sí recibían instrucciones estrictas para realizar labores caseras y ayudar a la madre.

Estos niños, luego adolescentes y adultos, llevan ya impreso en su conducta y en sus cogniciones, el papel que les ha «tocado» en la vida: ser el macho protector y dirigente de la pareja. Estas actitudes se conocen en psicología con el nombre de «modelado». Su aprendizaje en el hogar paterno-materno estructurado por el paradigma machista crea una impronta de comportamiento.

Cuando estos hombres se relacionan con una mujer que no admite el papel de sumisa ama de casa, suelen recurrir a la violencia como remedio, y en el mejor de los casos y visto que no pueden someter a la mujer a sus deseos machistas, a la separación.

El concepto del amor en la pareja

La mujer suele amar de corazón. Cuando se enamora de un hombre, se entrega en cuerpo y alma, cubriendo su razonamiento con un tupido velo que le impide ver la auténtica realidad hasta el punto de llegar a culparse de los arrebatos violentos de su pareja.

En la base de una relación amorosa anómala suele estar siempre un concepto erróneo del amor. En ninguna escuela se enseña el amor de pareja. Se aprende en la propia vida, con la experiencia y con el aprendizaje vicario, es decir, con el ejemplo de lo que vemos en la calle o en los medios de comunicación y la literatura.

Solemos tirarnos a la piscina de las relaciones amorosas sin tener muchas nociones de nadar. Apenas de oídas.

Muchos creen que el amor es hacer por la otra persona todo lo que ella quiera, hasta anularse a uno mismo. Nada más lejos de la realidad.

Amar es ayudar a que la pareja sea ella misma o él mismo, pero sin renunciar a nuestra propia esencia como personas libres. Además, este amor debe ser correspondido de igual manera. Un amor asimétrico, donde uno quiere y el otro se deja querer, no tiene un final feliz ni es satisfactorio para ambos. Debe haber una similitud en cuanto a los sentimientos mutuos, respeto y comprensión.

Como consecuencia, la relación de pareja debe construirse sobre una confianza y sinceridad absoluta en asuntos importantes como la fidelidad. Los celos, tan cantados por los poetas y escritores, no son sino una clara muestra de inseguridad y desconfianza. Si dudamos de los sentimientos de nuestra pareja, ¿no es mejor hablar sobre ello y desvelar las dudas? Si realmente el amor de nuestra pareja se ha debilitado y ya no es posible arreglarlo, es mucho mejor cortar esa relación que sufrir celos.

Nadie verdaderamente enamorado engaña en una relación firmemente asentada. Cuando esto ocurre es que no existe una verdadera emoción amorosa; es una ilusión, un espejismo, y es mejor dejarlo.

Nunca se debe intentar cambiar a la pareja. Cada uno es como es. Si no nos gusta alguna actitud de la persona que amamos, debemos aceptarla y respetarla, o abandonar esa relación, algo que parece sencillo y de sentido común, pero que en la práctica suele ser muy difícil.

Lamentablemente, casi todas las relaciones comienzan por el atractivo físico. Es lo primero que nos atrae de una persona: su cara, sus ojos, su boca, su figura, su forma de moverse, su olor, su voz. Solemos iniciar una relación mucho antes de saber cómo es esa persona en realidad: sus gustos, creencias y actitudes ante la vida.

Las relaciones que comienzan sin conocer profundamente la personalidad de la pareja pueden llevar a muchas sorpresas desagradables. De ahí surge el deseo de «cambiar la personalidad» del otro cuando nos encontramos con algo que nos disgusta. Pero eso nunca funciona. Todos tenemos una imagen ideal de cómo debe ser la persona a la que entreguemos nuestro amor y confianza, pero nunca encontraremos a alguien que cuadre perfectamente con nuestro sueño. Es posible que la persona elegida se aproxime más o menos a nuestro deseo oculto, pero no intentemos nunca obviar los elementos que no encajan.

Suele ocurrir que, cuando descubrimos aspectos de nuestra pareja que no nos gustan, ya han surgido lazos de apego que nos «atan» de alguna manera a la persona equivocada, y suele darse el caso, con mucha frecuencia, de que maximizamos los puntos de encuentro y minimizamos los que no se ajustan a nuestro criterio de selección. Así la pareja puede rodar un tiempo pero no irá por buen rumbo ni a buen puerto. Tarde o temprano, cuando los fulgores de la pasión y la novedad se apaguen, surgirán con fuerza los elementos negativos de la unión que pesarán como una losa sobre la convivencia.

La ruptura (con el consecuente dolor y duelo por la pérdida) está esperando a la vuelta de la esquina, salvo que se acepte la situación y se llegue a un punto muerto donde cada persona asuma que no se puede cambiar a la otra y ambos se resignen a convivir por los dictados de la economía, la dificultad de conseguir un nuevo hogar o la crianza de los hijos.

Lo ideal seria conocer a fondo a la otra persona antes de consolidar una relación amorosa, pero solemos estar tan faltos de amor y cariño, que nos lanzamos por el tobogán de la vida esperando que al final la caída sea en blando, cosa que pocas veces ocurre.

¿Por qué se mantiene el machismo en el hombre actual?

Diariamente somos masivamente bombardeados por los medios de comunicación con noticias y comentarios de profesionales que nos informan de los avances de la ciencia, la cultura, la política, los deportes, en fin, de todo aquello que conforma nuestra existencia en un mundo que cambia cada vez a más velocidad.

La vida ya no es la misma que la de nuestros antepasados, ni siquiera la de hace 50 o 60 años. Entonces no existían los ordenadores, los teléfonos móviles, ni el correo electrónico, el fax, las fotocopiadoras, o las *tablets*... ni todo aquello que nos hace la vida más «cómoda». Algo inesperado ha ocurrido.

Mirando hacia atrás, los profetas vaticinaban que gracias a la tecnología tendríamos cada vez más tiempo para el ocio. Lamentablemente, parece que es al contrario y que cada vez trabajamos más y con más estrés, pues las nuevas tecnologías nos permiten hacer más cosas y más rápidamente, pero también con mayor control por parte nuestra y de los estamentos superiores, ya sean familia, parejas, jefes, políticos o financieros.

Ha ocurrido además algo totalmente impensable en las generaciones anteriores. En tiempos pasados, las personas mayores eran respetadas y consultadas porque tenían la experiencia de los años y los acontecimientos vividos. Eran útiles consejeros de la vida en general, del amor y de los problemas del trabajo.

Pero el avance vertiginoso de las tecnologías y las reformas sociales los han dejado fuera de juego. Hoy los jóvenes se mofan de los mayores porque éstos no entienden los nuevos artilugios electrónicos. Y tampoco entienden ni asimilan con facilidad los profundos cambios sociales, sobre todo los cambios en el estatus social de las mujeres.

Estamos inmersos en un cambio social, político y religioso, cuyos resultados se verán probablemente antes de que termine este siglo que acabamos de comenzar.

Es una de esas encrucijadas históricas que conmueven los cimientos de la sociedad.

Este fenómeno de transformación permanente en las relaciones sociales, lleva aparejado que los jóvenes no tengan referentes válidos para armonizar su vida en pareja en los nuevos tiempos que les ha tocado vivir. Desgraciadamente, a las personas mayores les es muy difícil cambiar sus esquemas mentales, ya muy consolidados, y adaptarse a las continuas novedades, tanto tecnológicas como sociales.

Las mujeres avanzan firmemente, ayudadas en principio por los políticos progresistas, hacia una pretendida igualdad de deberes y derechos en relación con los hombres, tanto en el terreno laboral, como social, político, amoroso, el cuidado de los hijos, las labores del hogar y la sexualidad.

Los hombres jóvenes de hoy se encuentran con un panorama inesperado. Nadie les ha preparado para vivir en una convivencia de pareja igualitaria con una mujer, ni pueden pedir consejo a sus padres o abuelos, de tan veloz ha sido el cambio. La mayoría se han educado a la sombra del machismo paterno. «Un hombre no debe expresar sus emociones afectivas, ni mostrar excesiva sensibilidad; debe mandar en casa y llevar los pantalones o si no es un calzonazos», habrán oído decir a sus mayores masculinos.

Este cambio tan profundo y rápido en las relaciones hombre-mujer, no lleva aparejado que todos los hombres vayan a ser maltratadores en el peor sentido de la palabra. Todo lo más que ocurre en muchas relaciones es que ambas personas aceptan un «estatus quo» tácitamente, y soportan la vida común en bien de la estabilidad familiar, aunque renunciando a sus sueños de felicidad. En los casos en los que la vida en común sea imposible, se produce la separación.

Otros –afortunadamente los menos– optan por el camino de la violencia y el maltrato psicológico o/y físico para dar salida a su frustración. La pregunta clave de este comportamiento antisocial es «qué» impulsa a estas personas hacia la dominación esclavista de su pareja.

¿Tienen los maltratadores una personalidad específica que les hace ser así?

Si quieres conocer los 10 factores que modelan la personalidad, descárgate el contenido de este bidi:

Cuando conocemos a una posible pareja, no podemos analizar todas sus particularidades personales para saber si en el futuro será un maltratador, pero sí podemos, con cierta facilidad, detectar algunas conductas y formas de gestionar sus emociones que nos ayuden a descubrir indicios de un posible maltrato más o menos larvado, antes de que la relación sea más profunda y la ruptura más difícil y dolorosa.

El maltratador de grado extremo no tiene empatía; desconoce esta emoción y se acerca al estado psicótico, pues no percibe las emociones negativas que sus acciones violentas producen en la mujer que las sufre.

Esto no quiere decir que no sea capaz de distinguir la malicia de sus acciones y la repercusión que las mismas tienen en la otra persona. Sabe perfectamente que su conducta no es aceptable para la sociedad de hoy (por eso la oculta), y conoce el alcance negativo de la misma sobre la autoestima de la mujer a la que pretende llevar a un estado de total dependencia física y anímica.

Generalmente hay cuatro tipos de maltratadores:

1. El *maltratador psicológico*, que nunca llega a usar la violencia física directa. Suele ser un gran manipulador; imprime en su víctima un fuerte sentido de culpabilidad y degrada la autoestima de la mujer hasta poder manejarla a su antojo, convirtiéndola en una sombra de lo que podría ser como persona. Con su habilidad manipuladora, puede llegar a convencerla de que esa forma de dominio machista es lo mejor para ella, pues la libera del peso de tomar decisiones (la aceptación por parte de la mujer de este dominio de su maltratador es un síndrome parecido al llamado «síndrome de Estocolmo», por el cual las personas secuestradas llegan a encariñarse con sus secuestradores porque les dan de comer y no las maltratan físicamente si permanecen sumisas). Los maltratadores psicológicos pueden llegar a golpear puertas, patear muebles y arrojar objetos contra las paredes o el suelo para amedrentar a sus víctimas e infundirles un miedo insuperable que les impide tomar decisiones congruentes con la búsqueda de la libertad.

2. El *maltratador progresivamente violento*. Suele pasar del maltrato y la manipulación psicológica a la violencia extrema, dependiendo del grado de sumisión que muestre la mujer. Emplea una táctica insidiosa, comenzando por prohibir a su pareja vestir determinadas prendas o

maquillarse. Más tarde puede ir eliminando sus amistades, el contacto con la familia y así la aisla progresivamente, al tiempo que va erosionando la autoestima de su víctima. Todo ello en virtud de un pregonado «tremendo amor por ella» que le impulsa a tener celos de todo y de todos. Cuando empieza a golpearla le dice que «ella le obliga» con su comportamiento. Suele decirle que la ama con locura y que no puede soportar siquiera el imaginar perderla. Si ella se niega a tener relaciones sexuales, él explota en una violencia extrema al sospechar que las tiene con otro. La mujer se siente aprisionada en su propia casa, con sensación de angustia y miedo a que llegue el maltratador. Si tiene hijos, procura que ellos no vean los golpes y llora en silencio. Fuera de casa, cuando va a la compra o al colegio, intenta disimular, y si le preguntan dice que todo va bien. Si tiene alguna señal de maltrato, alega que se ha caído o se ha golpeado con algo. No ve salida a su situación debido a que no suele tener medios económicos y teme la reacción del marido o de la pareja. El aislamiento social al que le ha sometido poco a poco su verdugo, impide que pida ayuda.[5]

Esta clase de individuos no pueden soportar que su «esclava» rehaga la vida con otro hombre. Por eso, otras ve-

---

5   Esta reacción de «inmovilidad y aceptación» se ha estudiado en laboratorios con modelos animales, y se ha encontrado que las ratas enjauladas, sin posibilidad de escape y sometidas a una leve corriente eléctrica molesta, recorren la jaula buscando una salida, y al no encontrarla, se inmovilizan en un rincón, soportando la molestia y sometidas a un fuerte estrés que puede originarles úlceras gástricas, caídas del pelo e infartos, e incluso tumores. Una vez «condicionadas» para aceptar la molestia, ya no huyen aunque se les abra una puerta. Se adaptan a esa situación.

Algo similar ocurre con las personas que soportan la infelicidad y los castigos porque ya los conocen y piensan que no hay escapatoria posible; se han acomodado a ellos y tienen miedo al cambio que supone la huida y a la reacción de su verdugo.

Si al final un día ella decide separarse, el maltratador reaccionará violentamente y puede llegar al asesinato. Unas veces de manera impulsiva, otras con un plan premeditado. La frase que suelen decir es: «o eres para mí o para la tumba».

ces no cometen la agresión definitiva cuando se separan sino con posterioridad, cuando descubren que «su mujer» está saliendo con otro, lo cual hiere profundamente su orgullo de machos. Suelen estar informados de cuanto hace su expareja, vigilando sus salidas, siguiéndola o preguntando a compañeros de trabajo, amigos, hijos y parientes. No pocas veces intentan que la mujer les perdone y vuelva al redil. La obstinación en la negativa de su expareja les produce una irritación emocional muy fuerte, pues consideran imposible que ella se niegue a volver. Suelen alternar promesas de «ser buenos y considerados» con amenazas de muerte si las ven con otro hombre. Todo lo justifican porque «están locos por ella» o porque es «su mujer para siempre». Entienden el contrato matrimonial como la adquisición de una criada y un útero a su servicio. No dudan en utilizar a los hijos para extorsionarlos, sin importarle los sufrimientos de la prole ni los traumas que esa actitud les pueda ocasionar. Algunos llegan incluso a matar a los hijos para «castigar» a la mujer «rebelde» a sus requerimientos.

3. El *maltratador puntual y ocasional*. Suele ser una persona difícil en las relaciones de pareja, pero no llega a la violencia mientras ella acepte su superioridad y no le empuje a situaciones límite (que sólo él interpreta como tales). Considera que el hombre debe «llevar los pantalones» en las ocasiones en que se deben tomar decisiones que afectan a los dos o a los hijos. Pero si ella quiere sacudirse el dominio o le supera en las discusiones, responde con violencia, llegando a la agresión mortal, a veces involuntariamente, al golpear con fuerza o apretar la garganta de su pareja, pues este tipo de maltratadores sienten fuertes arrebatos de furia y acuchillan, golpean o disparan, dependiendo de las armas que tengan a su

alcance. Después de la agresión, tienen fuertes remordimientos pero ya no hay remedio. Entonces pueden intentar suicidarse (algunos lo consiguen) o se entregan a la policía. El motivo de su arrebato violento es la incapacidad de comprender y aceptar la igualdad o la «rebeldía» de la mujer a la que consideran como algo de su propiedad. Otra versión de este tipo de maltratador es el alcohólico o dependiente del consumo de drogas, que sólo golpea a su pareja cuando está bajo los efectos del alcohol o tiene «síndrome de abstinencia».

4. El *maltratador silencioso*. No maltrata a la mujer psicológica o violentamente, pues asume su papel de «macho dominante» casi inconscientemente, aunque surgen fuertes discusiones con la pareja en temas de importancia. No realiza ninguna labor en el hogar, limitándose a sentarse a la mesa para comer, esperando ser servido. Si hay hijos, ejerce de patriarca dando un ejemplo negativo para ellos, especialmente a los varones. La mujer, aunque refunfuñe, suele aceptar esta situación para evitar males mayores, pero se lamenta con la familia y las amigas. Él se apodera del mando de la TV y visiona los partidos de fútbol y la información deportiva, mientras los demás miembros de la familia deben soportarlo o encender otras teles en sus habitaciones, si las hay. Suele proclamar que es quien lleva dinero a la casa y que todos viven gracias a él para justificar su arrogancia y su nula colaboración doméstica. Opina que las mujeres sólo sirven para limpiar y algunas para la cama, y otras ni para eso, refiriéndose a su propia mujer. Suele mirarla con desprecio si ella se queja o pone mala cara, y acostumbra a salir a tomar cañas con los amigos, irse de caza, practicar deporte o ver espectáculos, dejando a la pareja en casa. Si ella protesta y sale con amigas, se muestra

desconfiado y celoso. Si la mujer se niega a tener relaciones sexuales como represalia, le dice que ya se buscará «algo» fuera de casa para amenazarla. Otras veces la castiga con un silencio total, ignorándola por completo, como si fuera un mueble inútil. Muchas personas piensan que este tipo de hombre no es un maltratador porque no pega a su mujer. Pero su forma de vivir en pareja es en sí misma un maltrato formal, debido a que usa una «violencia silenciosa» que no reconoce la dignidad de la mujer ni permite que ella comparta la vida en común y participe en la toma de decisiones.

Vistos los cuatro tipos de maltratadores, hay que señalar que las mujeres bajo maltrato que habitan en los medios rurales tienen todavía menos posibilidades de escapar de sus verdugos que las mujeres de las grandes ciudades, donde la vida es más anónima. En los pueblos la gente se entromete mucho más en la existencia de los vecinos, y suelen tener mucho más acentuadas y aceptadas las costumbres tradicionales machistas. Ponerse del lado de la mujer maltratada en los medios rurales puede acarrear represalias o murmuraciones aparte de menor comprensión general por el sufrimiento de la víctima. En estas circunstancias la huída es mucho más difícil, ya que todo el mundo se conoce.

Acudir a la autoridad del pueblo que debe velar por la seguridad de todos, resulta a veces una gran frustración para la mujer maltratada psicológicamente y amenazada de continuo con la agresión física, y que por lógica, se encuentra sometida a un estrés y a un miedo insufribles, temerosa de que en cualquier momento su pareja pueda cruzar la línea roja y matarla.

Para esta mujer, no hay salida posible de su infierno particular salvo huir a la desesperada con lo puesto sin saber qué va a ser de ella, si ya cortó los lazos que la unían con amigas o familia. Escapar es una decisión muy difícil, por no decir imposible de tomar.

Generalmente en castellano, decimos «te quiero» en lugar de «te amo» que sería más correcto. «Te quiero» implica posesión, y la posesión de otra persona; el concepto de que es nuestra y de que ya no tiene libertad de acción y pensamiento; no es amor, sino todo lo contrario.

No hay nada más hermoso que dos personas que se aman y respetan mutuamente su libertad. El problema de fondo es que nadie nos enseña a amar verdaderamente a nuestra pareja; nos dejamos llevar por las emociones, las experiencias culturales y los ejemplos que vemos en el cine, la tele o los amigos y familiares.

El maltratador no ama: posee a la mujer como posee un automóvil, la casa o el perro. Los estima porque le obedecen o le ayudan a enaltecerse socialmente y a tener una vida más cómoda. No comprende, dicta órdenes. No reflexiona, tiene la verdad absoluta y la razón. No siente piedad, es el «macho alfa» y tiene derecho a obtener respeto y a castigar para mantener su posición.

Si quieres saber más acerca de dónde proviene el comportamiento machista descarga el contenido de este bidi:

¿Qué quieren las mujeres de hoy respecto a los hombres?

¿Qué pretenden las mujeres de hoy? Nada extraño e imposible para los hombres, siempre que dejen atrás los atavismos machistas del pasado.

Lo primero que desean las mujeres es ser ellas mismas y amor, pero más que amor pasional, un amor sosegado, cariñoso, tierno. La pasión vendrá a continuación, pues nada derrite más a una mujer que una caricia llena de ternura, una mirada cariñosa y amable, un gesto de complicidad.

Otra cosa que ellas desean es el compañerismo, la camaradería, la complicidad, sentirse parte igualitaria de la pareja, que el hombre las respete como seres humanos, que las considere como iguales en cualquier decisión de la vida que afecte a ambos. Sentirse libres e importantes para él. Por supuesto, recibir apoyo en sus proyectos e ilusiones, y sentirse seguras.

También ocupan un papel preeminente la fidelidad y los detalles cariñosos. Una flor en el momento menos esperado puede conmover el corazón femenino.

A cambio, la mujer entregará al hombre elegido todo el potencial de amor y dedicación que su gran alma es capaz de generar. Puede amar sin medida, sin fisuras, para siempre. Será una compañera fiel, una mujer que colaborará totalmente en el hogar con su pareja, feliz y enamorada. Y todo ello puede compatibilizarlo con un trabajo fuera de casa, porque las mujeres tienen una capacidad y una energía que ya quisieran los hombres para sí. Por supuesto que los varones deben ayudarlas en todo lo que sea necesario, dentro y fuera del hogar. Se trata de compartir una vida, no de ser amos y señores de criadas.

Esto es todo lo que la mujer necesita: sentirse libre, útil, valorada, respetada y amada. Hay muchas personas que piensan (así se lo han enseñado) que amar a una persona es renunciar a la libertad. Nada más lejos de lo que debería ser el verdadero sentimiento del amor. Si sientes que te atan limitando tus anhelos y esperanzas, obstaculizado/a en tu proyecto de vida, es que no estás con la persona adecuada o no entiendes el amor, y más bien tienes una pasión, una posesión y un apego.

Rompe los estereotipos caducos sobre el amor. Vívelo con libertad y respeto mutuo y serás y harás feliz a la otra persona. No contemples al ser amado como una propiedad que debe satisfacer todos tus deseos. Mírala como alguien igual a ti, libre, que te ama porque quiere y no por obligación, que puede tomar decisiones distintas a las tuyas, que conserva sus amistades y las actitudes que tenía antes de conocerte, y que tú debes respetar. Apóyala en sus proyectos, dale consuelo en sus fracasos, sé la mano firme que siempre encontrará en su camino. Y si algún día decide dejarte por otro amor o por cualquier otra causa, acéptalo sin rencor, deseándole buena suerte y felicidad.

Sé que esto último es difícil, aunque no es imposible. Nuestro ego se siente herido, ofendido, huérfano, pero nuestro ego no somos nosotros; es la ilusión de lo que somos y nuestro tirano. El ego se alimenta de paradigmas aprendidos en una cultura, de conductas y actitudes vistas en nuestras familias y redes sociales, es un conglomerado ajeno a nosotros mismos, a nuestro auténtico Ser. Desde pequeñitos nos imponen creencias que aceptamos como la verdad absoluta, y por comodidad, evitamos investigar si esas creencias y actitudes sociales tradicionales heredadas son convenientes para nosotros. Si investigáramos por nuestra cuenta, averiguaríamos que todo tiene un principio y que se puede cambiar, pues las relaciones sociales «normales» no son más que normas instauradas en un tiempo pasado por personajes influyentes o circunstancias históricas.

Sólo tenemos que mirar la historia del mundo para ver los paradigmas sociales que han surgido y muerto a lo largo de los siglos. Seamos, pues, libres y auténticos, y dejemos el ego a un lado en nuestras relaciones amorosas.

Es normal sentir pena cuando se pierde un amor. Como a toda pérdida, le sigue un tiempo de duelo, de tristeza vital. Utilízalo para cerrar la herida. Generalmente lamentamos una pérdida amorosa porque pensamos en la cantidad de tiempo, energía y sentimientos que hemos «malgastado» en esa relación. Pero no debemos considerarlo un desperdicio sino algo extraordinario mientras duró. Alegrémonos de haber tenido esa bonita experiencia antes que lamentarnos de haberla perdido.

La vida sigue y siempre se puede encontrar un nuevo amor. Si uno ha terminado, es que no era el que nos merecemos para siempre; había una imperfección, un obstáculo, a pesar de que insistiéramos en ignorarlo cegadas muchas veces por la pasión.

Lamentablemente existen muchas personas que tienen miedo a iniciar una relación, pues piensan que si ésta fracasa, sufrirán enormemente. A veces, incluso, este miedo impide que lleguen a conocer el amor durante años o durante toda su vida.

Perdamos el miedo al fracaso sentimental. Las emociones y los sentimientos que se experimentan en una relación amorosa, mientras ésta es positiva, compensan con creces los posibles efectos negativos de la ruptura. Ama sin miedos, vive el aquí y ahora con total plenitud y la vida será mágica.

La violencia de género en parejas de distinto origen cultural

Los machistas empedernidos tienen las horas contadas, al menos en los países occidentales. En los países sujetos a tradiciones religiosas y sociales que relegan a las mujeres a una segunda categoría, la opresión cultural es tan grande que salir de ese circulo vicioso es muy difícil, ya que las mismas mujeres están seguras de que ese papel es el que tienen asignado desde siglos. Se han acomodado a vivir así y tienen miedo del cambio. En estas actitudes pesan de manera determinante las tradiciones religiosas que elevan nada menos que hasta Dios, el origen de la discriminación de género.

Sólo las que emigran a países socialmente avanzados, pueden ver cómo viven allí las mujeres. La esperanza está en sus hijas y nietas que acuden a colegios y están inmersas en una nueva cultura con distintos paradigmas.

A pesar de la resistencia de padres y madres, estas hijas y nietas educadas al estilo occidental, tarde o temprano empezarán a reclamar sus derechos, ante el horror de sus familiares anclados en las tradiciones. Ello está dando lugar ya a tragedias sin fin, llegando algunos familiares a maltratar, encerrar, repatriar e incluso matar a aquéllas que pretenden salir de la esclavitud cultural.

El abismo que se abre entre las generaciones de emigrantes es casi insalvable, debido a la programación condicionada que tienen los progenitores que llegan de otras culturas machistas.

Los matrimonios mixtos son muy poco duraderos, si la mujer no acepta el papel de inferioridad y sumisión frente a los maridos procedentes de culturas con dominancia varonil extrema.

Los hombres criados bajo tradiciones machistas religiosas suelen ser amables y condescendientes al inicio de las relaciones, pero cuando se han casado, su carácter cambia y emerge su auténtica personalidad, antes escondida. Se niegan a que los hijos sean educados de otra manera que no sea su cultura de origen, y obligan a la esposa a aceptar sus normas tanto en el vestido como en las costumbres cotidianas.

Por lo general, estos matrimonios o relaciones terminan mal y con secuelas trágicas por la separación de los hijos, pues generalmente los padres se los llevan, legal o ilegalmente, a sus países de origen.

Otras veces la violencia se impone para acabar con la vida de aquella desdichada que creyó en las dulces palabras y en el atractivo físico de un extraño a su cultura. Todo esto no quiere decir que no pueda haber parejas estables de distintas creencias y actitudes, pero si ya de por sí la convivencia no es fácil entre personas con los mismos paradigmas culturales, imaginemos lo difícil que puede llegar a ser en parejas de distinto origen.

Está sobradamente demostrado que las tradiciones culturales y religiosas nos hacen ver el mundo y la vida de diferente manera. Lo que para unos puede ser nimio y aceptable, para otros puede resultar totalmente inaceptable y hasta repulsivo.

Mucho cuidado por lo tanto si se va a iniciar una relación complicada. Asegúrate de que es la persona indicada, de sus ideas y actitudes, de sus creencias y proyectos, de su tolerancia y su educación. No te lances dejándote llevar solamente por el atractivo físico. Una relación basada solamente en el exterior de una persona no tiene mucho futuro.

Incluso la diferencia de educación puede hacer surgir la violencia entre parejas de la misma cultura.

Generalmente el que la mujer tenga mayor cultura o un mejor trabajo no suele ser bien aceptado por los hombres, incluso por los que presumen de no ser machistas, y por la sociedad en general. Lo contrario, en cambio, se contempla con absoluta normalidad.

Si quieres saber por qué algunos hombres pueden cambiar tanto desde el inicio de una relación, descárgate el contenido de este bidi:

Mujeres psicológicamente dependientes

Cuando una mujer sale de una relación con violencia de género, necesita un tratamiento psicológico adecuado para que vuelva a recuperar su autoestima, su independencia y su dignidad como ser humano.

Imaginemos cómo era esa vida antes de promulgarse leyes específicas contra este tipo de violencia, bien vista y aprobada por la cultura patriarcal como algo necesario. Afortunadamente, la sociedad está cada vez más concienciada de este problema, debido a que día a día más mujeres acceden al conocimiento y a la educación, y se han dado cuenta de la terrible trampa en la que han vivido durante milenios.

Gracias a su empuje, y también a la toma de conciencia de muchos hombres, existen leyes reguladoras de la violencia de género, aunque muchas veces para la mujer es muy difícil denunciar a la misma persona que la sustenta económicamente y a la que se siente ligada por lazos de amor, relaciones familiares e hijos compartidos.

Algo que a muchas mujeres les parecerá inaudito es que las futuras víctimas de maltrato «atraigan» inconscientemente a sus agresores. No queremos decir con esto que ellas sean culpables en parte de su situación, ni mucho menos.

Lo que ocurre —y está psicológicamente demostrado—, es que el maltratador busca a su víctima, la elige por diversas «señales» que detecta en ella. Este «perfil» de víctima suele darse en personas con tendencia a no desairar a nadie, a las que les cuesta decir «no» y contrariar las opiniones y los requerimientos de los demás. Suelen ser mujeres tímidas, introvertidas, con pocas habilidades sociales y potencialmente sumisas. Personas que han recibido una educación machista y religiosa.

El acosador explora primero a la persona que puede ser su presa. Si ésta demuestra un carácter fuerte, seguridad en sí misma, alguien que se afirma en sus convicciones y capacidad de independencia, es decir, que tiene una fuerte autoestima, el maltratador la deshecha antes o después, pues sabe que con esta clase de personas no va a poder desplegar su tela de araña anuladora y que ella no va a soportar su dominio.

Prefieren a las otras, aquéllas que no tienen gran autoestima y son propensas a decir «sí» aunque por dentro sientan que no están de acuerdo, y a las que perciben como fácilmente dependientes.

Una persona psicológicamente dependiente es aquélla que otorga a otra su mantenimiento, su libertad y su voluntad, porque piensa que no es capaz de sobrevivir por sí misma en absoluto. Desafortunadamente, el mundo está lleno de miles de personas dependientes, casi todas ellas mujeres, debido a la educación recibida.

Pero es que la cultura patriarcal en la que vivimos –en algunos países mucho más acendrada que en otros–, ha conseguido convencer a las mujeres de que no pueden o es muy difícil que se desarrollen en todos los aspectos y vivan por ellas mismas.

¿Cuáles son las señales que delatan a un futuro maltratador? Afortunadamente existe el modo de detectar tempranamente al hombre que se va a convertir, de amoroso acompañante, a verdugo implacable.

Cada alma tiene su forma única de evolucionar,
por ello es siempre acertado cada paso.
Tu vida y tus vivencias, sólo a ti te corresponden.
Es esa experiencia la que hace posible,
el encuentro con el verdadero camino del corazón.

UN PASO MÁS

XV

Programa para la recuperación integral

Tras una tempestad de violencia y malos tratos físicos y/o psicológicos, el prisma que tenemos de todo cuanto nos rodea es muy distinto del que tienen otras mujeres que no han sufrido esta experiencia.

No obstante, cuando decidimos salir de ese laberinto caótico y oscuro del maltrato y lo hacemos con convicción y confianza, iniciamos el proceso de ascensión. Pero una cosa segura va a pasar: podremos saborear la vida con un sentido distinto, el de la valoración de nuestra libertad. Una libertad que, una vez recuperada, ya no volveremos a perder si hemos aprendido de la experiencia.

Cuando comenzamos este proceso de recuperación, estamos preparándonos para vivir, no para sufrir. Antes de comenzar hay que tomar conciencia de ese poder extraordinario que poseemos todos los seres humanos, sin excepción, en nuestro interior. Tenemos que proponernos realizar este proceso hasta el final, pase lo que pase, ya que lo más fácil es comenzar con fuerza e ir disminuyendo poco a poco el ritmo de la recuperación hasta abandonar.

Porque, en verdad, es un esfuerzo tremendo y por ello difícil; pero si somos capaces de avanzar, de perseverar, la recompensa será grande. Yo sé lo que cuesta mantenerse erguida cuando el sólo hecho de caminar ya es un esfuerzo, cuando el entusiasmo por cualquier persona o vivencia está apagado del todo. Aún recuerdo mis primeros escritos, en los cuales me preguntaba: ¿por dónde tengo que ir? Yo ya estaba en marcha, trabajaba como una condenada, me entregué hasta saturar mi energía, pero aún no encontraba sentido a casi nada. En aquellos momentos, cuando no encontraba el propósito de mi vida, escribí un texto que puedes leer aquí:

¿Qué propósito hay en mi vida?

No lo sé. Casi nada de lo que hago diariamente, me satisface interiormente, excepto cuando actúo positivamente sobre los problemas de algún cliente que me pide ayuda.

Hago cosas sí, por una responsabilidad que ya tengo, que yo me he creado y me quedo a gusto al saberla cumplida, ya que es mi propia imposición. Pero nada más.

Transcurren los días, las semanas y los años, y yo sigo esclava de cosas vacías. Cuando tengo mi propia alegría, la que genera mi alma, me siento niña y feliz. Pero hay muchas veces que me impongo el estar alegre porque no me «sale» naturalmente. Entonces consigo esa alegría forzada para mí misma y para regalar a los demás. La tengo muy practicada y en realidad, me sirve, me da la oportunidad de tener una actitud que yo misma me creo a veces. Pero sólo mi auténtica alegría me llena de voluntad por ser feliz. Y esta alegría profunda y genuina, a veces se va por mucho tiempo. ¿Por qué?

Siento que en el fondo de mí no hay nada que alimente mi alma. Sé que tiene que haber algo más de lo que veo, vivo o siento. Algo que eleve mi espíritu. Un motor que alimente cada acto que realice y tenga sentido en mi vida. Todos tenemos una facultad única, y en mí, la tengo que descubrir y desarrollar. ¿Pero cómo busco? ¿Por dónde empiezo? ¿Qué es?

Todos los que creen conocerme, piensan que con 'El Camino' he realizado mi sueño. Pero yo no he tenido nunca un sueño con 'El Camino'. El universo y mi Ser se confabularon para ello y, de forma casi inesperada, me vi haciéndolo. No sabía en ningún momento lo que iba a pasar al día siguiente. Pero una vez metida en un montón de deudas, había que seguir adelante, es decir, que me puse delante del toro y tuve que torearlo sí o sí.

'El Camino' creo que me satisface, pero no lo disfruto como debiera, ya que no puedo desconectar del trabajo. Para mí es una bella cárcel. No me puedo escapar de él cuando yo quiero. Y estoy conforme sí, porque después de seis años he aprendido algo: a creer más en mí, a reconocer mi poder, a superar el sufrimiento de la duda, y a confiar más en la sincronía superior que todo lo une.

He aprendido a no tener expectativas a largo plazo, a no ceder a los chantajes emocionales de otras personas, a vivir sola o acompañada por propia elección, a valorar todo lo que tengo, lo que viví y cada momento que tengo presente.

Pero... aquí estoy, con este bagaje de experiencias y mi alma un poco vacía. La motivación de cada día me la impongo yo, y es como un motor que se pone en marcha y ya no puede parar. Una cosa y otra, y otra... y yo ahí, de maquinita, como muchas personas, sin sentir plenitud con el trabajo realizado. Y pasa un día, y otro, y otro, y se vuelven a repetir las mismas cosas, de la misma manera y todo el mundo que me rodea me dice: 'Qué bien, qué feliz debes ser de vivir aquí, ¡qué orgullosa debes sentirte de lo que has hecho!' Y yo, sin enterarme de nada de eso que llaman felicidad y orgullo de una misma».

¿Ya está? ¿Eso es todo? ¿La vida se basa en trabajar, ganar, pagar para seguir trabajando, comprando y pagando? ¿Dónde está la magia de la vida? Seguro que en la propia vida, seguro que en el trabajo cuando éste es para algo. Seguro que en la relación con los demás cuando hay comunicación desde el alma. Seguro que en un proyecto donde se olvidan las horas y los días porque éstos dejan de existir.

Éste es el mejor momento de todos mis momentos vividos, pero yo no estoy plena. Siento que no estoy haciendo bien algo, sé que por ahí no es. ¡Si no puedo comprenderlo, pues no puedo! ¿Qué me pasa? ¿Dónde estoy en este momento? ¿Por qué reacciono así? ¿Por qué se me crea esta inestabilidad interna en el pecho, sobre el corazón? ¿Qué puedo hacer?

No lo sé, se me va la alegría y me gusta estar sin hablar y en silencio. Ahí es donde me siento mejor. Creo que tengo que encontrar un sendero que me motive lo suficiente como para imprimirme alegría de acción. De lo contrario, siento que lo que hago no es lo que he venido a hacer. Quizás es que tenga que aprender a aceptar y valorar lo que se me ha dado, pero eso ya lo hago, y aun así, con todo mi agradecimiento al todo y a todas las personas que hay en mi vida que me ayudan y acompañan, sé que me falta algo y quiero encontrarlo.

Seguiré pidiendo al universo que me guíe por donde mejor sea para mí y para los demás. Pero quiero ser feliz de verdad, y no sólo aparentarlo. Infeliz no soy, pero feliz tampoco. Puede que esté saturada y necesite un descanso. Puede que no me haya liberado de mi pasado aunque así lo crea. Puede que esté entrando en una nueva fase de mi vida en continuo cambio. Puede que no esté bien de la azotea, ¡¡¡qué sé yo!!! Me gustaría saberlo.

Tuve suerte en cada paso de *El Camino* pero mi alma quemada aún estaba cicatrizando. Cada ser humano tiene el regalo de una memoria celular ancestral de miles de vidas y conocimientos. No te limites a decir: «no puedo, no sé».

¡¡Levántate y anda!!

Cuando la energía está tan machacada y el espíritu tan pisoteado, lo único que apetece es tumbarse en la cama y quedarse ahí para siempre. Es en ese momento cuando tenemos que hacer el esfuerzo de levantarnos y actuar. ¿Qué hacían los gladiadores romanos antes de competir o luchar con sus adversarios, o los grandes exploradores?. Estudiaban hasta el más pequeño detalle de la lucha o la travesía que querían hacer, entrenando su cuerpo física y psicológicamente, ya que su vida dependía de su preparación y confianza.

Pues bien, nosotras tenemos que hacer otra travesía o aventura en la cual vamos a prepararnos en tres puntos esenciales para encontrarnos a nosotras mismas, pues en lugar de luchar para vencer, exploraremos para descubrir.

Primer paso:

Es casi el más difícil, ya que nos tendemos trampas para autonegarnos. Hay que ser muy honestas y comenzar a amarnos mucho. ¿Cómo? Con calma, profundizando en la experiencia vivida y reconociéndola, pero perdonándonos todo aquello que no supimos ver. Aquello a lo que no fuimos capaces de enfrentarnos y decir «no», nuestras mentirijillas para salvar situaciones que no eran salvables, nuestra ceguera, nuestro miedo.

Tenemos que enfrentarnos a nuestras sombras y mirarlas de frente para que vayan perdiendo fuerza y desaparezcan. Desde este análisis diario, iremos limando poco a poco las asperezas encontradas y comprendiéndonos cada vez mejor. Continuaremos aceptando lo pasado como un aprendizaje para despertar de nuestro letargo, para decirnos cada día: «yo sí puedo». Desde este punto, hay que comenzar a trabajar el perdón. Si no somos capaces de perdonar, ya nos podemos olvidar de todo el programa; no servirá nada más que para entretenernos y pasar el tiempo. Es muchísimo mejor no molestarse en intentarlo.

El perdón es el mayor regalo que nos podemos hacer y podemos hacer. Perdonar es amar y esto sé que es muy difícil cuando se ha tenido la experiencia de una mala convivencia.

Perdonar es dar por terminada la historia y querer que la otra persona siga su vida como pueda, aunque pidamos que sea lejos de nosotras, pero sin desearle cosas malas para que pague por lo que ha hecho, de eso ya se encargará la vida, Dios o el universo. Siempre la existencia te devuelve lo que siembras a tu alrededor; es una ley implacable.

Si somos capaces de zanjar una historia semejante y dejarla ir, también seremos capaces de comenzar una nueva historia en nuestra vida y, además, de vivirla a tope. Pero para eso, primero tenemos que soltar. Si tenemos las manos ocupadas con cosas pesadas y dolorosas, el corazón oprimido, lleno de resentimiento, y el pensamiento siempre en busca de venganza alimentando y avivando recuerdos que sólo nos producen negatividad, no podremos abrazar lo nuevo. El perdón, es el primer y más importante paso para comenzar a vivir.

Segundo paso:

Dependiendo de la etapa vivida, del estado de adaptación que haya tenido nuestro organismo a los acontecimientos de sabotaje no esperados, de la herencia física mental y anímica de que dispongamos, de la duración y grado de sufrimiento, de nuestra capacidad de superación, y de nuestras posibilidades económicas y lugar de residencia, nuestro cuerpo requerirá cuidados más o menos estables y responsables, a fin de recuperar la energía.

Cuando hay castigo de cualquier índole, el cuerpo intenta adaptarse pues nuestro sistema de recuperación es muy flexible, siempre que haya voluntad de querer salir del pozo emocional. Este hecho mueve motores internos de activación, muy positivos para lograrlo. Pero si la situación se extiende y nos cansamos de luchar y adaptarnos, tiraremos la toalla y el desequilibrio se potenciará más aún, ya que el abandono hace disminuir la energía vital dando paso a la dejadez y el descuido en la nutrición y el descanso, y al abandono de muchos comportamientos activos imprescindibles para la retroalimentación energética. En este estado se puede producir una alteración del metabolismo corporal con cambios en el peso y la imagen. La obesidad y el deterioro están a la vuelta de la esquina. Disminuye la función del sistema respiratorio, circulatorio, digestivo, hormonal, sanguíneo, neuronal y endocrino.

Como resultado, sentiremos un cansancio extremo y pocas ganas de movernos, deficiencia circulatoria, varices, celulitis, flacidez y coloración amarillenta pálida de la piel en general, sensación de frío, digestiones pesadas, estreñimiento, insomnio, obesidad, mente cansada, cefaleas y propensión a coger alguna gripe o herpes o lo que haya por ahí, ya que nuestro sistema inmune estará por los suelos.

Ser conscientes de este estado es un paso importante para comenzar un nuevo camino hacia la recuperación. Sin esta conciencia y voluntad no es posible cambiar la vida ni las vivencias. Para ello no voy a dar recetas mágicas ni dietas de depuración complicadas, ni complementos dietéticos (porque a veces no se tiene la solvencia económica como para acceder a ellos) pero sí voy a dar unas pautas sencillas que sean accesibles para todos los bolsillos.

Lo primero es desintoxicar y activar el organismo. Es normal que en una depresión o incertidumbre vital, se consuman más dulces y alimentos procesados. Primero eliminaremos de nuestra dieta todo lo que no está vivo y no es sano.

Intentaremos por todos los medios no abusar de los dulce ni de las harinas refinadas, erradicándolos de nuestra dieta al máximo.

Existen muchos libros de nutrición y alimentación sana y equilibrada. Es muy interesante acceder a este tipo de información, comer sano y con un PH equilibrado alcalino, nos ayudará a eliminar residuos tóxicos almacenados durante todo el proceso negativo. Nuestra circulación sanguínea se activará, se harán mejores digestiones y deposiciones, aumentará el sueño placentero que rehabilitará y armonizará la energía y la sangre, y se equilibrará el peso hasta el ideal para cada persona.

Ejercicio físico: Preparar nuestro cuerpo para la vida

El cuerpo humano está capacitado para el movimiento. Nuestro organismo alberga una gran cantidad de agua; el 65% como término medio aproximadamente de nuestro cuerpo es agua. Es el agua de la vida, capaz de limpiar, nutrir y regenerar todos nuestros órganos y sistemas de recuperación. Cuando hay carencia de líquidos, no sólo nos deshidratamos, apareciendo signos de cansancio, bajo rendimiento intelectual, alteraciones en el sistema respiratorio, digestivo, y energético, sino que se seca la piel, volviéndose flácida y poco elástica. Aparecen las arrugas, el cabello seco sin brillo y los músculos se vuelven atónicos y vacíos. Es decir, nos desmoronamos poco a poco.

Lo que más nos interesa saber es que ese agua que circula en nuestro organismo, necesita dinamismo. Debemos contribuir a este dinamismo rítmico que ejerce nuestro corazón y a nuestra energía, desde un esfuerzo consciente, observando cada día los avances y los límites, saboreando el placer que produce el saber que estamos haciendo algo por nosotras mismas. Pues el ejercicio imprime una alegría profunda que alimenta nuestra motivación para realizar nuevas y positivas acciones que nos ayudarán a aprender y comunicarnos con otras personas que hacen la misma actividad y que nos abrirán nuevos horizontes.

Nuestro cuerpo en movimiento dinámico crea y agranda nuestro alma, y el alma nutre y activa nuestro cuerpo. Con el movimiento se activan nuestros recuerdos ancestrales, de cuando vivíamos en la Naturaleza y trepábamos ágilmente por los árboles. Cuando hacemos ejercicio, nos sentimos poderosas, libres, desinhibidas, y hasta un poco salvajes, porque sentimos nuestro cuerpo sano y fuerte y eso nos produce euforia; a la vez nuestras capacidades creativas, intuitivas, intelectuales, emocionales y espirituales se afinan como un instrumento musical de cuerda, donde la tensión adecuada produce melodías armónicas.

Comprometernos con el movimiento es crear un vínculo con la buena salud. Es fantástico sentir un corazón fuerte y unas piernas ágiles capaces casi de volar. Hacer ejercicio como si fuera una tarea impuesta más es tedioso si no se disfruta sintiendo el cuerpo y observando los pequeños avances de cada semana o mes.

El ejercicio produce alegría y euforia, debido a que se liberan en el organismo unas sustancias naturales llamadas endorfinas. Las endorfinas están emparentadas con la morfina y otros opiáceos, de ahí la sensación de bienestar, pero sin los efectos los secundarios dañinos de las drogas.

Está generalizada la creencia de que el envejecimiento y el deterioro muscular comienzan a partir de los 55 o 60 años y las creencias hacen posible nuestra realidad. Estamos dando órdenes continuas a nuestro cuerpo para que envejezca a la vez que nos abandonamos, ya que ése es el proceso en el cual creemos por tradición cultural, y como somos crédulas por naturaleza, casi todas las personas piensan que la vejez es debilidad y que ya no tenemos que esforzarnos más. Permaneciendo sentados en el sofá largas horas viendo la tele, el deterioro es vertiginosamente rápido. Un médico me dijo: «Los mayores que están muchas horas inmovilizados en el sofá, se mueren mucho antes que aquéllos que hacen ejercicio».

Con el ejercicio físico controlado y adaptado a cada persona, dependiendo de su estado físico y su edad, está asegurada la salud progresiva. Hay un dicho popular muy sabio que dice: «¡¡El agua que se estanca acaba podrida!!» No nos estanquemos en el butacón.

El movimiento, del cuerpo, bien sea en gimnasio, en casa, paseando, corriendo, bailando, aprendiendo alguna disciplina corporal, haciendo yoga, pilates, danza del vientre, jazz, etc., hace posible que nuestro equilibrio interno se restaure y nuestra imagen externa manifiesta lo que está sucediendo dentro.

Beneficios del ejercicio para la salud

- *Plano físico/aparato locomotor*
  - Se fortalece el sistema músculo-esquelético
  - Incremento de la fuerza, la resistencia y el tono muscular
  - Mejora la movilidad y la elasticidad
  - Prevención de la osteoporosis

- Prevención de las afecciones y dolores articulares y musculares
- Concienciación acerca de errores posturales

• *Sistema cardiovascular*
- Aumenta la eficacia de todo el sistema circulatorio
- Disminución del gasto cardiaco y de la tensión arterial
- Aumenta la resistencia a la fatiga
- Disminuye el riesgo de enfermedades cardiovasculares

• *Sistema respiratorio*
- Aumenta la capacidad vital
- Mejora la resistencia a enfermedades pulmonares y aumenta la capacidad del sistema cardio-respiratorio
- Aumenta la eliminación de tóxicos en sangre y la capacidad para tomar, transportar, repartir y utilizar el oxígeno

• *Sistema nervioso*
- Favorece el funcionamiento del sistema nervioso central
- Estimulación de los reflejos
- Ejercitación de la memoria y exigencia de concentración mental
- Mantenimiento de la capacidad de coordinación
- Incremento de la capacidad de reacción

• *Sentidos*
- Reeducación de los sentidos
- Ejercitación propioceptiva
- Aumento de la sensibilidad de los sentidos

• *Fuerza de voluntad*

- La tenacidad y la continuidad son los ingredientes que necesitamos para mantener la disciplina, al menos durante 6 meses, ya que las molestias musculares (agujetas) y la dificultad de coordinación, nos invitarán más de una vez a tirar la toalla. Pero tenemos que mantenernos firmes porque la recompensa es maravillosa; el esfuerzo y la superación mantenida, harán posible la continuidad y el progreso en otras acciones que comencemos en nuestra vida; la pereza y el desamor son los peores enemigos de nuestra evolución.

«Mujeres unidas nunca serán vencidas»

Es una lástima tanto tiempo perdido, siglos con gran gasto de energía femenina para adaptarnos a un sistema patriarcal castrante para las mujeres, que ha estancado y retrasado nuestra evolución, libertad y felicidad, debido al lavado sistemático de cerebro utilizado institucionalmente para desarrollar y hacer germinar una simiente diabólica y efectiva que todavía hoy hace posible la aparente naturalidad de una «lucha» o rivalidad entre mujeres.

Al igual que hemos sido manipuladas y disminuidas en nuestros valores y en nuestro poder, también se nos preparó para que la amistad entre nosotras no fuese posible, o al menos fuese complicada, ya que sabían que unidas no podríamos ser domesticadas. Casi siempre hemos visto en las otras mujeres competencia para atraer a los hombres.

A veces consciente y otras totalmente inconscientemente, los hombres han desarrollado, durante miles de años, una estrategia corporativa patriarcal, no sólo para menguar en las mujeres toda clase de posibilidades físicas, psíquicas, emotivas y espirituales, sino también para estar cómodamente «servidos» como los reyes de la creación sin dar «un palo al agua», adquiriendo, mediante la fuerza bruta y una estrategia sin escrúpulos, el ascenso absoluto al poder sobre bienes materiales, poder político, social, religioso, y doméstico.

Aunque todavía queda mucho camino por recorrer, esta corporación de torpes egoístas, machistas e inconscientes, se está debilitando a pasos agigantados (al menos en los países occidentales), y ya empieza a desfallecer en los orientales tímidamente, aunque la oscuridad aún es total en los países musulmanes, paradigma del machismo más acendrado.

La conciencia de muchos hombres, dormida por el opio de la repetición en contra de la valía y la libertad de las mujeres, tiene que empezar a despertarse. Tienen que darse cuenta de que ellas, atadas de pies y manos y amordazadas en un mundo lleno de oscuridad, no podían demostrar toda su inteligencia, sin fuerzas, sin medios ni apoyos de ningún tipo, cargadas de hijos y labores domésticas. Lo tenían muy difícil para demostrar su valía intelectual.

Pero existe una parte no menos grave en esta encrucijada: la disociación de las mujeres. Mujeres en contra de mujeres. Hoy en día son todavía muchas las que protestan contra el progreso de los derechos de la mujer. Quieren seguir como antes, reinas del hogar, cómodas en su pequeño dominio, sin mucha responsabilidad, salvo la limpieza, el cuidado de los hijos pequeños, y tener la ropa y la comida lista para el marido. Es una elección legítima pero tienen que dejar a las demás alcanzar sus metas y ambiciones.

Desde aquí hago un llamamiento a la conciencia de muchas mujeres que están cerca de este patrón de conducta y creencias, con una actitud de sumisión y conformismo, herméticamente metidas en su mundo de falso confort, sin seguridad ni valentía para alzar la voz y gritar: ¡ya está bien! ¡se acabó! ¡quiero ser yo pase lo que pase! (en realidad no puede pasar nada grave pues es mucho peor morir en vida).

Las mujeres tenemos que unirnos, apoyarnos, reírnos, inventar, indagar, defender, crear y, sobre todo, creer las unas en las otras, no tener celos ni querer ser protagonistas, y colaborar en pos de un bien común. Debemos movernos hacia nuestra felicidad, valorando nuestro poder individual, y uniéndolo con la enorme fuerza de todas las mujeres hasta dar forma a una energía real capaz de transformar tantos años de inconsciencia y oscuridad en pura luz.

Si nos ponemos de acuerdo y sentimos desde la unidad, aceptando nuestras habilidades particulares, que pueden ser distintas pero complementarias a las de otras mujeres, podremos saborear la vida y reconocernos como lo que somos. Si no rivalizamos y nos fortalecemos desde unos nuevos cimientos de ayuda mutua, comprensión y cariño, comenzaremos a sanar muchas y profundas heridas ancladas en nuestro ADN desde tiempos inmemoriales.

Desde la sanación y el fortalecimiento se formará una red invisible pero potente de mujeres, cada vez mayor, que irá eliminando el dolor profundo anclado y enquistado en cada una de nosotras, haciendo llegar esa energía vibracional positiva y sanadora hasta los más recónditos rincones del planeta que dejará en las demás mujeres un mensaje de fuerza, valor, libertad y una nueva esperanza de cambio.

Unamos nuestra energía, intuición, sabiduría, amor y acción, en pos de unas mujeres y hombres del mañana más equilibrados, más amorosos, con mayor conciencia. Así, los habitantes de este precioso planeta seremos —serán— más justos y felices, y menos egoístas y violentos.

XVI

Una mirada hacia el futuro de la mujer

Llegados a este punto, y sabiendo ya lo que ha supuesto para la mujer la gran represión recibida durante siglos por los hombres... ¿cuál es el destino que les espera en el devenir del tiempo?

Los movimientos feministas han conseguido muchos avances reivindicando los derechos de las mujeres. Pero algunos han errado sus reclamaciones y los medios para conseguirlas.

Muchas mujeres se muestran resentidas hacia los hombres. Lideran movimientos de inspiración vindicativa, despreciando la parte masculina de la sociedad, con un profundo rencor y ansias de desquite.

Otras quieren imitar a los hombres, pretendiendo transformarse en una especie de «clones masculinos» en su vida laboral y social.

Ni lo uno ni lo otro son caminos correctos para el desarrollo pleno y armonioso de lo femenino en el mundo.

Hombre y mujer no son opuestos, sino física y emocionalmente complementarios. No deben «guerrear» sino despertar las maravillosas sinergias que sin dudar surgen de la unión armoniosa y la mutua ayuda.

Algunos místicos dicen que el ser humano no es hombre ni mujer, que cada uno por separado sólo es la mitad. Juntos configuran el «ser humano completo», pues lo que le falta a uno lo tiene la otra y viceversa.

Es verdad que las mujeres han sufrido una cruel represión durante varios milenios por parte de los hombres. Pero también es verdad que los varones han sido en la mayor parte inconscientes de lo que estaban haciendo. Se limitaban a seguir las tradiciones patriarcales heredadas de sus mayores, fundamentadas y reforzadas por determinantes enseñanzas religiosas. Tal vez les ha faltado una mayor toma de conciencia y sensibilidad hacia el estado de la mujer.

Otro factor que ha influido de manera decisiva en la represión femenina han sido las constantes guerras que la Humanidad ha sufrido desde la desaparición de la Diosa-Madre. La fuerza bruta del guerrero conseguía ganar las batallas, las ciudades, los reinos.

Las mujeres se limitaban a quedarse embarazadas, y cuantos más hijos varones tuvieran mejor para restituir las bajas de la guerra, cuidar la casa, confeccionar ropa, hacer la comida, y ser el «reposo del guerrero».

En el pasado ha sido frecuente (e incluso se sigue produciendo hoy) que muchas mujeres eminentes se han oscurecido voluntariamente para que su marido o pareja destacara en el mundo. Dicen que «detrás de un gran hombre siempre hay una gran mujer». Pero... ¿por qué las mujeres deben estar detrás?

La mujer es amorosa y sensible por naturaleza, y si ama a su pareja, es capaz de los mayores sacrificios, incluso el de anularse como persona y dejar sus sueños aparcados para que el hombre se sienta importante y triunfe en la sociedad. Muchas se conforman con ser la «señora de».

No es que esta forma de proceder sea mala en sí misma –salvo si se hace en contra de la voluntad de la mujer–, pero perjudica su imagen general y se pierde un talento para el mundo y un faro para el despertar de otras féminas (aparte de los perjuicios que esa actitud puede acarrear a la psique, pues en el fondo, aunque se haga por amor, hay una frustración que erosiona el alma, una amargura).

En general, que el predominio machista haya conseguido, a través de los siglos, la sumisión femenina sin apenas una protesta, se debe a la gran capacidad de amar que tienen las mujeres, a su enorme paciencia, a su instinto maternal y a su adaptabilidad a cualquier tipo de situaciones. Por la gran y perenne represión a la que ha sido sometida, las mujeres se han visto obligadas a disimular su verdadera capacidad.

¿Cuántas veces se ha dicho que los hombres no se casan con mujeres que están demasiado preparadas intelectualmente, que son «demasiado listas»?

Durante siglos, la carrera de las mujeres, la solución de su porvenir ha sido el matrimonio, supeditarse a un hombre de por vida. En muchos países todavía pierden su apellido al casarse y toman el apellido de su marido, como en los mismos Estados Unidos o en Gran Bretaña por ejemplo.

En España, hasta hace muy poco se decía que una mujer casada ya no era ella misma, sino la «señora de...» naturalmente, señora de un varón sin el cual no valía nada. Esta fórmula social ya está en bastante desuso, pero todavía la siguen utilizando algunas mujeres con cierto orgullo trasnochado.

Hay todavía mucho camino por recorrer hasta que la mujer alcance la total emancipación de los designios sociales y religiosos de la sociedad androcéntrica.

Una mujer puede perfectamente ser libre estando casada. Eso no quiere decir que sea promiscua o que engañe a su marido o a su pareja cuando le apetezca, sino que pueda ser ella misma, desarrollarse como ser humano y recibir el apoyo incondicional de su esposo en cuantas empresas comience

La completa emancipación de la mujer, en esta sociedad, pasa porque ellas mismas se lo crean. Que tengan fe absoluta en sus capacidades y en su potencial. Sabemos que es muy difícil desligarse de todos los miedos ancestrales recibidos durante milenios, pero pueden y tienen que hacerlo.

Lo mejor para lograrlo es la formación intelectual, emocional, espiritual, y tener una buena autoestima y, por supuesto, no creerse todas las «leyendas» que han pergeñado los «grandes» filósofos y pensadores sobre la incapacidad intelectual femenina.

Si quieres leer más sobre la condición de la mujer a lo largo de la Historia, descárgate el contenido de este bidi:

Detección temprana de maltratadores. La armonía de los géneros. El amor

El futuro se abre prometedor para las mujeres occidentales. Pero una amenaza pende sobre ellas. Mientras escribimos estas líneas, en sólo tres meses, ¡18 mujeres han sido asesinadas por sus parejas en España! la mayoría de ellas nunca había presentado una denuncia por maltrato. En el año 2014 hubo una media de 347 denuncias diarias por malos tratos, y casi 30.000 hombres fueron condenados por los tribunales de justicia. En este mismo año, 51 mujeres fueron asesinadas por sus parejas sentimentales y 5 muertes están siendo investigadas, que de ser también a causa de la violencia de género, elevarían la cifra de asesinatos a 56. De las asesinadas, sólo el 31% había presentado denuncia ante las autoridades.

¿Cómo prevenir estos ataques mortales? ¿Cómo detectar un comportamiento incipiente de violencia machista?

¿Existen indicios que permitan a las mujeres saber que la persona con la que conviven o tienen relaciones amorosas, puede ser su peor enemigo en un momento dado, incluso su asesino?

Como hemos mencionado, vamos a proponer un test psicológico muy exhaustivo de las conductas y actitudes machistas precursoras de agresión física, mediante el cual, respondiendo a unas sencillas preguntas, las mujeres pueden obtener un esquema del grado de peligrosidad que puede presentar su pareja sentimental actual.

Las preguntas deben ser contestadas con total veracidad, pensando muy bien la respuesta y siguiendo las instrucciones.

Finalmente damos unos consejos en relación con los puntos obtenidos en la cumplimentación del test.

Los enunciados (ítems) tienen una valoración de 0, 1 y 2, siendo «0» la ausencia total de lo que expresa el ítem. Marcar el 1 significa que ocurre algunas veces, y marcar el 2 significa la identificación máxima con el enunciado, es decir, que es algo muy frecuente y habitual. Para no cometer errores, lo mejor es rodear con un círculo de lápiz la puntuación que pensamos que es la adecuada. Después se suman todas las puntuaciones señaladas. También hay ítems que tienen un significado determinante que se explican al final.

Parece increíble, pero hay muchas mujeres que no saben que están empezando a ser maltratadas. Algunas incluso ven normal que sus parejas las manejen a su antojo, porque creen que eso es lo habitual. Ellas ya han aceptado la sumisión extrema, han renunciado a su independencia y a su intimidad como seres humanos, y han entregado todo su poder y su subsistencia a otra persona por un concepto equivocado del amor y del deber, ese deber que la sociedad patriarcal ha logrado interiorizar en la mente y el alma de muchas mujeres.

Este test puede ayudar a darse cuenta de que, en realidad, lo que muchas consideran un amor apasionado, es en realidad una manipulación y una posesión total de ellas como mujeres.

Test de identificación temprana de un posible autor de violencia de género o maltratador

1.	El padre de mi pareja es muy machista con su mujer, está «chapado» a la antigua y minusvalora a su esposa	0, 1, 2
2.	El padre de mi pareja maltrata de palabra a su esposa, la insulta y la humilla delante de otras personas	0, 1, 2
3.	El padre de mi pareja maltrata o ha maltratado físicamente alguna vez a su esposa	0, 1, 2
4.	Mi pareja es un celoso obsesivo	0, 1, 2
5.	A mi pareja no le gusta que me ponga cierta clase de ropa para salir, que él considera provocativa; intenta que no lo haga con comentarios negativos o enfadándose, aunque al principio de conocernos no decía nada, incluso le gustaba	0, 1, 2
6.	Se pone furioso si algún hombre me mira y me echa la culpa porque, según él, me gusta coquetear, aunque no es verdad	0, 1, 2
7.	No permite que me maquille a mi gusto	0, 1, 2
8.	Mi pareja no me ayuda nada en las tareas de la casa	0, 1, 2

9. Él elije, siempre que está en casa, los programas de la tele que tenemos que ver aunque yo le diga que me gustan otros	0, 1, 2
10. Él selecciona las películas si vamos al cine sin tener en cuenta mis gustos	0, 1, 2
11. Me prohíbe tener ciertas amigas «por mi bien o por el bien de nuestra relación» y poco a poco me va alejando de ellas	0, 1, 2
12. No se lleva bien con mi familia y no quiere que tenga contacto con ella, porque dice que no le miran bien o me aconsejan mal y nunca me han querido ni a mí ni a él	0, 1, 2
13. Hace comentarios machistas y despectivos sobre las mujeres en general cuando ve en la tele una que alcanza un puesto de relevancia en la política, el arte o los negocios	0, 1, 2
14. Me prohíbe comprar en ciertos sitios donde ha visto que hay vendedores simpáticos	0, 1, 2
15. No soporta que le rebata o tenga opiniones contrarias a las suyas	0, 1, 2
16. Tiene estallidos de ira cuando las cosas no salen como él quiere	0, 1, 2
17. No le gusta que le diga que voy a estudiar para tener un mejor trabajo, o me dice que ya sé demasiado, o me dice con burla que no sirvo para eso	0, 1, 2
18. Decide sobre todos los asuntos de la casa: compras, colegios, muebles, viajes, salidas, educación de los hijos	0, 1, 2
19. A veces me llama con un «mote» ofensivo a pesar de que le he dicho que no me gusta que me llame así	0, 1, 2

20. Me compara con sus ex-parejas negativamente	0, 1, 2
21. Me mira con desprecio	0, 1, 2
22. Se siente frustrado por la vida; los trabajos que le salen no le gustan y dice que todos quieren engañarle y explotarle	0, 1, 2
23. Cuando le pregunto que «por qué hace esas cosas» dice que él es así y que así le debo querer y aceptar	0, 1, 2
24. Siempre quiere saber lo que hago en cualquier momento del día y si estoy con alguien	0, 1, 2
25. Me controla el teléfono móvil, mira mis mensajes, llamadas y emails. Si no le doy la contraseña monta un escándalo de celos o no me habla ni me mira durante días	0, 1, 2
26. Es muy persuasivo y manipulador; sabe cómo darle la vuelta a las situaciones y tener siempre razón	0, 1, 2
27. Dice que el problema soy yo y mi manera de ser, que soy muy rebelde y poco comprensiva	0, 1, 2
28. Me controla el dinero, me lo da justo y me pide los resguardos de la compra	0, 1, 2
29. Tiene cambios de humor inesperados	0, 1, 2
30. Quita importancia a su conducta controladora y la justifica a su manera	0, 1, 2
31. Siento que estoy totalmente controlada por él; me da miedo hacer algo que a él no le guste	0, 1, 2
32. Sigue mis movimientos a través del móvil por GPS	0, 1, 2
33. Me dice que me comporto de manera sospechosa	0, 1, 2

34. En público se comporta de manera distinta a en casa. Fuera es seductor, simpático y afable; todos piensan que es un «buen tío»	0,1, 2
35. Habla siempre de él y nunca valora lo que yo hago ni mis opiniones	0, 1, 2
36. Algunas veces, cuando discutimos o se enfada, golpea puertas y rompe objetos o da patadas a los muebles	0, 1, 2.
37. Si no me interesa lo que cuenta, no me atrevo a decírselo y hago como que le escucho	0,1, 2
38. Me tiende trampas para ver si caigo en contradicciones, en lugar de preguntarme directamente	0, 1, 2
39. Me culpa de cualquier cosa que le sale mal	0, 1, 2
40. Consume alcohol en exceso o alguna droga	0, 1, 2
41. Se refiere con desprecio a mis «kilitos» de más o a esas partes de mi cuerpo con las que no estoy contenta	0, 1, 2
42. Cuando me niego a tener relaciones sexuales se enfada mucho	0, 1, 2

SUMA DE PUNTOS	

Debes hacer este test de detección temprana, pues las conductas reflejadas son las típicas que predicen un maltratador grave en el futuro; de hecho, si el resultado supera las puntuaciones señaladas más abajo, tu pareja ya te está maltratando, aunque no use la violencia física aún. Por lo general, el mecanismo o proceso que siguen estas personas es de menor a mayor gravedad.

Si los puntos obtenidos en el test de detección temprana son menos de 20, tu pareja no es un posible maltratador, aunque tiene rasgos de machista. No obstante, hay que tener en cuenta los ítems 2, y 3, ya que si has obtenido puntos en alguno de ellos, la cosa se complica pues muchos hijos de maltratadores han recibido un «aprendizaje» que puede manifestarse dependiendo de la edad y las circunstancias de dos maneras opuestas: o bien rechazan totalmente el uso de la violencia con la pareja por haber vivido en su casa terribles escenas, o aceptan esa posibilidad, ya que su padre lo hacía y consideran que el hombre debe «llevar los pantalones» a ultranza en una relación. Si has obtenido alguna puntuación en los ítems 4, 5, 6 y 7, deberías dialogar con él sobre su creencia de que los celos son una prueba de amor.

Hazle ver que está equivocado y que, en una pareja que se ama, lo más importante es la confianza mutua para una buena convivencia. También debes hablar con él si has obtenido puntos en los ítems 11, 12 y 13, expresándole que no debe intentar alejarte de tus amigas y tu familia; y que si sigue por ese camino vas a tener que replantearte tu relación, pues no estás dispuesta a aislarte de los demás. Tus amigas y tu familia serán tus mejores aliados en la vida, si llega el caso de que tu pareja comienza a dar señales de un posible maltrato más violento.

Si los puntos obtenidos son entre 20 y 35, tu pareja tiene claros rasgos machistas; deberías aclarar con él todos los temas problemáticos de sus creencias y actitudes respecto a las mujeres. Antes de que los comportamientos machistas vayan a más, es mejor poner las cosas claras y hacerle ver que seguir por ese camino os llevaría al fin de vuestra relación.

Si los puntos obtenidos son más de 35, ten mucho cuidado; estás relacionándote con un machista con ideas muy estereotipadas sobre la inferioridad de la mujer, un candidato perfecto para maltratador. Lo mejor sería reconsiderar esta relación o enfrentar los desajustes directamente, poniendo sobre la mesa lo inadecuado de sus rasgos machistas para que él los reconozca y acepte una revisión de sus postulados misóginos. Corres el peligro de que su actuación pase al estadio siguiente, a la violencia física pura y dura.

Si persiste en sus ideas, postulados y conductas, plantéate dejarlo cuanto antes, porque en realidad ya te está maltratando psicológicamente e intenta aislarte del mundo, lo cual es un signo claro de que está preparando el terreno para agravar su conducta.

Si ya ha pasado la barrera y te ha golpeado, plantéate dejarle inmediatamente y busca apoyo en familiares de confianza o en amigas que puedan estar contigo. Nunca te quedes a solas con él. Pide toda clase de ayuda a organizaciones, policía y jueces.

Si tienes heridas físicas, acude a un hospital y que te hagan un parte de lesiones, ya que él lo va a negar todo si dejas que esas señales de maltrato físico se borren. Los partes de lesiones son un elemento clave para un pronunciamiento del juez a tu favor, y para que impongan medidas para tu protección. Los médicos tienen protocolos que activan en el caso de que identifiquen heridas causadas por malos tratos.

No confíes en que con el tiempo él va a cambiar o a suavizar su conducta si le perdonas; todo lo contrario, seguirá en su progresión avasalladora y las agresiones físicas serán cada vez más frecuentes, por la más nimia excusa, y más graves.

Ten siempre en cuenta que la mayoría de los maltratadores persisten en su acoso después de la separación, pues no quieren renunciar a su «esclava» ni a su sensación de poder. Utilizarán cualquier treta para «demostrar» que están dispuestos a cambiar: desde las amenazas de muerte y el suicidio, hasta la agresión a un familiar e incluso a los hijos. Pueden recurrir a la farsa de matricularse en un tratamiento psicológico dirigido a eliminar su conducta agresora para tratar de convencer a su pareja de que van a cambiar y éstas les readmitan.

Pero todo son trucos con el fin de conseguir de nuevo su propósito: recuperar el poder absoluto sobre «su» mujer y satisfacer su sadismo. Extrema las precauciones y no salgas sola durante un tiempo; las estadísticas de los juzgados dicen que un 75% de los maltratadores vuelven a atacar a su pareja después de la separación.

Te aconsejamos que busques en Internet la *Guía para mujeres maltratadas* de Ángeles Álvarez; simplemente ponlo en Google y la obtendrás. Es un trabajo excelente para saber cómo actuar en caso de violencia de género, con consejos claros y fáciles de entender, incluso para moverse en los juzgados.

¿No hay solución que acabe con los asesinatos de mujeres a manos de sus parejas? Sí la hay, pero es una solución a largo plazo que pasa por la educación en los colegios a los menores, donde se les enseñe que ambos géneros son iguales y con los mismos derechos.

Necesitamos una campaña masiva de concienciación y un nuevo plan educacional desde el colegio. Es fundamental que antes de los seis o siete años, los niños y las niñas interioricen la igualdad de género en todos los aspectos. Mientras tanto las leyes deben amparar y proteger a las mujeres víctimas de maltrato y perseguir a los maltratadores para que sepan que su ignominia no quedará impune y que tarde o temprano serán castigados por la ley y por el desprecio de la sociedad.

Si quieres ser una mujer libre, independiente, que pueda vivir su vida como quiera, que tenga su intimidad, incluso viviendo en pareja, no dejes que te «secuestren» subrepticiamente sin que te des cuenta hasta que sea demasiado tarde.

Tener un amor no significa que tengas que cambiar, que dejes tus amigos y amigas, que abandones tu familia y tus aficiones, que renuncies a tus sueños. Enamorarse es tener una persona en la que apoyarte para seguir con tu vida y conseguir tus objetivos vitales. Es tener una persona que te ayude en los momentos difíciles, con la que compartir las cosas buenas y las menos agradables. Juntos es más fácil que separados, pero con la persona que te ame y te respete como igual en todas las circunstancias.

Si te equivocas al elegir a la persona de tu vida, en cuanto detectes los primeros síntomas de intento de control, corta por lo sano y abandona esa relación tóxica. No te aferres, no sientas apego. La vida es bella y se puede vivir en felicidad al lado de una persona que entienda la igualdad entre géneros y respete a la mujer.

Si quieres saber más acerca de los celos, descárgate el contenido de este bidi

El peor problema que tienen las personas para empezar una nueva relación es el miedo. Miedo a un nuevo fracaso, a «perder el tiempo» amando a alguien que no lo merece.

Hay que vencer ese miedo, conocer bien a las personas antes de intimar, emprender una relación amorosa y amar sin barreras. Es mejor haber tenido un amor pleno y haberlo perdido, que no haber vivido esa sublime experiencia. Sigue el viejo dicho: «no llores porque terminó, sonríe porque ocurrió».

No tengas miedo a reiniciar tu vida de nuevo. Al final, cuando tengas muchos años y recapacites, te arrepentirás de las cosas que no te atreviste a realizar por miedo al «qué dirán» o al fracaso, nunca de aquellas que emprendiste y fallaron. Esto es algo comprobado ya en psicología. No nos arrepentimos de aquello que hicimos para cumplir un sueño, sino de lo que no nos atrevimos a emprender por miedo, aunque el resultado de la experiencia fuera un gran dolor o una decepción. No importa, al menos lo intentamos.

Cuando algo sale mal y nos caemos, nos levantamos más fuertes, pues ya tenemos una experiencia que debe evitarnos caer en el mismo tropiezo. ¡Vigila que no repitas el mismo tipo de pareja que no te ha salido bien! Suele ocurrir en algunas personas que siempre «caen» en una relación tóxica con personas de perfil parecido.

Examina bien a la persona que puede ser tu pareja. Pregúntale sus gustos, aficiones, pero sobre todo, sus ideas y actitudes ante la vida y la relación amorosa. Permanece vigilante y no permitas que tenga ni una sola conducta de las que aparecen en el test de detección de maltratadores.

Una relación amorosa se emprende para vivir la vida de una forma más plena y armoniosa. Si esa relación te da más disgustos que experiencias positivas, sé valiente y usa tu inteligencia, ¡déjala!

Muchas mujeres aguantan el maltrato y la esclavitud porque ven muy difícil empezar de nuevo. No se aceptan a sí mismas físicamente ni el paso del tiempo. Probablemente tengan hijos y lleven años sometidas a la esclavitud del hogar, sin relacionarse con nadie, solas bajo la bota cruel de la pareja maltratadora.

Si deciden separarse, ante ellas se abre un futuro lleno de incertidumbre, pero este futuro es mil veces preferible a la «vida en pena» que tenían. Además, todas estas mujeres que han sufrido maltrato durante años tienen secuelas psicológicas como bajísima autoestima (visión negativa de ellas mismas), ansiedad, estrés y una muy posible depresión.

Deben buscar ayuda terapéutica lo antes posible, de un psicólogo especialista en estos temas. Tienen que recuperar las amigas y los familiares perdidos y formar una nueva red social que las ampare y les permita contar sus problemas, escuchar consejos, y lo que muchas veces es más importante, recibir abrazos, solidaridad y aliento.

Pero no guardes rencor ni odio en tu corazón hacia la persona que te ha maltratado. El odio es un veneno que afecta primero al espíritu y luego al cuerpo. Puedes y debes perdonar a tu agresor, aunque eso no quiere decir que vuelvas con él o que le permitas que intente someterte de nuevo. Perdonando, pasarás esa negra página de tu vida y podrás empezar de nuevo.

Una vez recuperada la autoestima, y con una sólida red social, ya estarás lista para emprender una nueva etapa de tu vida, lejos del tirano que te había reducido a ser un objeto de usar y tirar a su antojo en el que descargaba sus frustraciones y su cobardía.

Si eres una mujer de más de 50 años y te sientes «mayor», sin ilusiones ni esperanzas, como si el tren de la vida ya hubiera pasado, no pienses que para ti ya se han terminado las oportunidades. No es cierto que el cerebro sea incapaz de aprender en la etapa madura de la vida, eso es una idea ya superada por la psicología y la medicina. Siempre es tiempo para aprender algo nuevo, y además, con el esfuerzo del aprendizaje, se agiliza y despierta la mente y se establecen nuevas conexiones neuronales.

El cerebro es como un músculo: se hace más eficaz cuando se ejercita y se atrofia cuando se repiten constantemente los mismos hábitos de vida.

Nunca es tarde para aprender ni para el amor. No te des por derrotada porque hayas perdido muchos años bajo el maltrato de un hombre. La vida te espera con los brazos abiertos, dispuesta a entregarte nuevas experiencias positivas.

Sólo tienes que cambiar de actitud pues el mundo es tal y cómo lo miramos y deseamos que sea. Pero tenemos que ser valientes y «empujar» con todas nuestras fuerzas y anhelos.

XVII

Reflexiones para una nueva vida

A punto de concluir es te libro, quiero hacer hincapié en algunas cuestiones importantes.

Reflexionar sobre nuestras experiencias, desde una posición imparcial, sin apegos ni aversión, aceptando lo que inconscientemente hemos atraído a nuestra vida desde un determinado estado de conciencia no es fácil, lo sé.

Todas, absolutamente todas las crisis, personales, económicas, emocionales o espirituales, conllevan una larga serie de alteraciones físicas y existenciales, y éstas tienen una misión subyacente de revolución creativa, aunque la mayoría de las veces nos remuevan hasta la última fibra sensible de nuestro precioso organismo en una tormenta de renovación, crecimiento y resolución que nos hace despertar, muriendo para renacer, rompiendo para crearnos a nosotras mismas desde una conciencia superior, de donde sale la fuerza necesaria para romper todas las barreras que aprisionan y matan.

Intenta bucear en tu océano profundo para descubrir, destapar y reconocer todo aquello que hiciste desde el corazón, desde tu verdadero sentir. Recuerda cómo te sentiste entonces actuando desde tu integridad: ¿feliz? ¿llena de energía y creatividad? ¿radiante? ¿segura?

También es positivo que recuerdes sin dolor, todo aquello que tuviste que hacer desde la imposición, desde el miedo consciente o inconsciente, sintiendo cómo tu energía menguaba debido a la inseguridad de la incertidumbre, de la pregunta continua sin respuesta; ¿por qué lo hago? ¿por qué lo acepto? ¿por qué continúo?

¿Cuánto has dado sin querer sólo por quedar bien ante alguien que al final veías que no valía la pena?

¿Cuánto has aguantado por no perder un mísero trabajo, debido a la poca confianza en ti misma para buscar, descubrir y conseguir algo que te llenase de júbilo y motivación?

¿Cuántas convivencias erradas llenas de carga y culpabilidad, intoxicadas por un castigo psicológico machacante forzado y progresivo, como un veneno dosificado que iba resquebrajando tu integridad y confianza en ti misma?

Un ojo morado es muy visible y lastimoso, pero existen heridas más profundas, de un maltrato psicológico continuo, que carcomen el alma hasta deshacerla y que no muestran un solo hematoma visible en la piel.

Mírate de frente con valentía, no para torturarte, sino para tomar conciencia de tu trayectoria, de tu aprendizaje y la responsabilidad que tienes contigo misma y efectuar una transformación desde tu propio reconocimiento, el de tu Ser superior, el de tu verdadero poder y así, desde tu libertad decidir qué, con quién, cómo, cuándo y hasta dónde hacer y deshacer, parar o continuar, entrar o salir.

Nadie, absolutamente nadie, está en ti, con lo cual nadie sabe qué es lo que más te conviene salvo tú misma.

Pregúntate: ¿Qué estoy haciendo con mi vida? ¿Actúo desde mi libertad? ¿Cómo y cuánto estoy dispuesta a hacer por mí? ¿Me quiero lo suficiente como para decidir lo que realmente anhelo? ¿Hay algo que me pueda frenar? ¿Soy capaz de tirar por la borda todo lo que ahora no me sirva aunque me haya costado trabajo conseguirlo porque ya no me satisface o descubro que ha sido erróneo?

Todas las personas nos aferramos a la vida, ¿pero de verdad todas vivimos?

La vida es armonía, cambio, movimiento, luz, color, sincronía, motivación, creación continua, amor, alegría, equilibrio, dar, recibir... sentir la energía danzar por nuestras venas, con el corazón vibrante marcando con su latir continuo cada segundo, todos los estados emocionales de certeza y felicidad.

La libertad es el motor de la vida; sin libertad, no puede haber nada de lo mencionado, ni amor, ni estabilidad, ni felicidad ni paz. La libertad se relaciona con la conciencia, con la verdad y la coherencia del Ser.

Y para que esa libertad sea cada vez más extensiva, cada mujer ha de vibrar en la frecuencia de su autenticidad, siéndose fiel, amándose, reafirmándose y manifestándose con las demás mujeres, en pos de un despertar individual y colectivo que abarque cada vez mayores espacios dentro y fuera de la sociedad.

Todavía queda mucho camino, pero todo camino, comienza con un solo paso; si no das ese primer paso con decisión y confianza, todo volverá hacia atrás una vez más.

Yo he podido salir y tú ¡¡también puedes hacerlo!! Sólo tienes que reafirmarte en ti misma, comenzar con todas tus fuerzas, con tu mente enfocada en una sola dirección sin desvíos, por una autopista sin límite de velocidad. Nada de pequeños caminos, esto no se hace poquito a poco, ya es hora de poner en marcha todos los recursos a tu alcance y no desfallecer ni un solo momento hasta conseguir tu verdadera meta, tu libertad, el descubrimiento de tu alma grande, de todos tus dones escondidos, de dejar que se manifiesten y de sorprenderte de toda la riqueza que hay en ti.

Es tu momento para realizar eso que has venido a conseguir en este mundo y para lo que estás preparada desde siempre; descúbrelo y confía en ti.

Con el primer paso, ya has comenzado un gran camino hacia el encuentro con tu divinidad, con tu verdadera presencia, donde tu mente, tu conciencia y tu sabiduría, entrarán en resonancia con la mente la conciencia y la sabiduría universal, es decir, con el Todo. Tu cambio de pensamientos y tu nueva forma de actuar en tu vida facilitarán el viaje hacia un nuevo horizonte, hacia la libertad, la felicidad y el amor que tú eres y que puedes compartir.

¡¡Te lo puedo asegurar!! ¡¡Confía en ti!! ¡¡Tú puedes!! ¡¡Yo confío en ti, confía tú en mí!!

Si me necesitas, estoy contigo, yo soy tu, tú eres yo.

Puedo crear caminos plenos de luz y emoción
Por los que se abre la vida dando sentido a la existencia
Llenando mis células de alegría profunda
Desde donde renace la inocencia cargada de sabiduría.

Puedo sentirme liviana y sentir el fluir
de la sangre en mis venas
Divisando el gran horizonte donde no existen barreras
Unida al ritmo infinito que marca la canción del todo
Donde se deshacen la monotonía la
limitación y la mentira impresa
Dando paso a la expansión, al poder majestuoso de mi Ser
A la locura de la creatividad, generadora
de energía y firmeza.

Ningún tiempo fue mejor que este presente vibrante
En el cual brotan las semillas que, a lo largo de mi vida,
Sembré y aboné con paciencia, amor e incertidumbre.
Ahora veo la respuesta con bellos y
pequeñitos brotes de certeza
Sintiendo vibrar mis alas, que se
despliegan de un gran letargo
En el cual se fortalecieron de la no
aceptación de la inmovilidad
Dando paso a la impaciencia del despliegue
y la experiencia de por fin poder volar.

TODO ES POSIBLE

MARÍA CASTEJÓN

Durante 15 años ejerció como entrenadora de gimnasia rítmica deportiva en el INEF. Una lesión desvió su trayectoria hacia la medicina alternativa. Desde hace 15 años dirige el hotel rural *El Camino* en la Sierra de Gredos. Además, imparte cursos de aromaterapia, gimnasia consciente para la salud y la escucha interior, biodanza, relajaciones guiadas, acupuntura, tratamientos para el estrés y belleza integral entre otros.

JOSE LUIS DE MONTSEGUR

Jose Luis de Montsegur ingresó en la universidad tardíamente, ya que comenzó a estudiar psicología a los 53 años. Antes de licenciarse en esta disciplina había sido administrativo, vendedor, asesor comercial, gerente de un comercio, escaparatista, publicitario y contable. Cuando se graduó en psicología ya tenía un «master» en la mejor universidad del mundo: la vida misma. Tiene varios libros publicados dedicados a despertar la conciencia.

KOLIMA
BOOKS